明清民国山西商人藏书研究

教育部人文社会科学研究青年基金项目『明清民国时期晋商私家藏书史料整理与研究』（18YJC870013）和山西省社会科学界联合会晋商文化研究专项课题『明清民国山西商人著述整理与研究』（jskt2019.015）研究成果

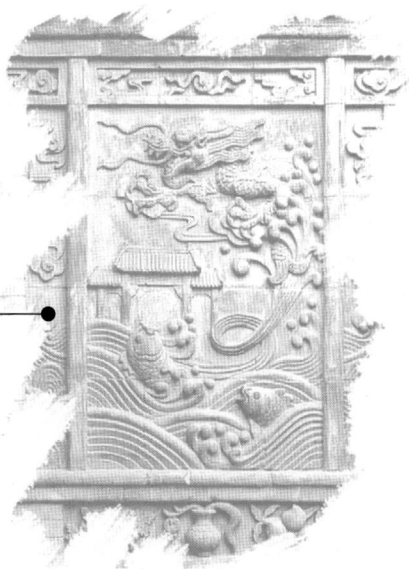

卢厚杰 著

武汉大学出版社
WUHAN UNIVERSITY PRESS

图书在版编目(CIP)数据

明清民国山西商人藏书研究/卢厚杰著.—武汉:武汉大学出版社,
2022.11

ISBN 978-7-307-23134-4

Ⅰ.明… Ⅱ.卢… Ⅲ.①商人—私人藏书—研究—中国—明清时
代 ②商人—私人藏书—研究—中国—民国 Ⅳ.G259.258.3

中国版本图书馆 CIP 数据核字(2022)第 102763 号

责任编辑:陈 红 责任校对:李孟潇 版式设计:马 佳

出版发行:**武汉大学出版社** (430072 武昌 珞珈山)

(电子邮箱:cbs22@whu.edu.cn 网址:www.wdp.com.cn)

印刷:武汉邮科印务有限公司

开本:720×1000 1/16 印张:13 字数:211 千字 插页:1

版次:2022 年 11 月第 1 版 2022 年 11 月第 1 次印刷

ISBN 978-7-307-23134-4 定价:49.00 元

目　　录

下编　山西商人藏书史料

绪 论

一、研究背景

明代以降数百年中，山西商人组成的晋商商帮成为中国商业史上的重要力量。作为一个社会群体，明清晋商在政治、经济、生活、文化、地方社会等方方面面，均留下浓厚的历史痕迹。因此，近三十年来山西商人研究成为海内外明清经济史和商业史学界的重要课题之一，资料整理不断推进，学术研究不断深化。[①] 但是，目前学界对于明清民国时期山西商人文化相关问题的研究偏于宏观和笼统，比如山西商人藏书这一主题便没有得到深入的挖掘和探讨。

明清民国时期，山西商人（以下或简称"晋商"）藏书是中国古代藏书文化的重要内容之一。受限于史料挖掘不足、研究视角单一等，相关学术问题的研究尚存在较为薄弱的环节。比如，晋商藏书史料零散分布于谱牒、方志、文集、碑刻、书目等文献中，迄今尚无全面收集整理。再如晋商藏书的兴起背景、藏书聚散、藏书特色、保存整理、题跋按语、藏书利用、藏书楼宇、藏书思想等问题，更是缺少系统、全面和深入的研究。摆脱明清民国时期晋商藏书研究困境的关键在于民间地方文献的搜集整理、研究视角的转换以及跨学科综合研究等研究方法的引入。因此，笔者拟细致爬梳山西地方民间文献以及山西各级图书馆藏晋商捐献古籍等资料，揭示明清民国时期晋商的藏书活动及文化贡献，意在推动对历史时期商人群体私家藏书实践的整体认识，从而丰富中国古代藏书史的研究范畴，揭示中国古代不同身份、职业出身藏书家的多重历史面貌。

---

① 孙长青：《晋商学说史概论》，经济管理出版社 2008 年版；赵海涛、胡海桃：《近十年晋商研究综述》，《山西社会主义学院学报》2014 年第 1 期。

二、研究述评

20 世纪以来，学界对中国古代私家藏书史的研究，一度聚焦于宏观分析。① 在宏观研究基础上，鉴于中国古代藏书数量巨大、藏家群体众多，中国藏书史上的著名藏书家个案或区域藏书家群体，近年来已在丁延峰、刘鹏等学者有关明清私家藏书史的研究中得到考察，② 并逐渐演变成为私家藏书史研究领域较为习见的分析视角。在这一研究趋势影响下，本书选取明清民国时期晋商藏书家群体作为研究个案，探讨有关明清民国时期晋商藏书的诸多历史细节与场景侧面。

近百年来，晋商藏书研究经历以下阶段：民国时期的萌芽期、改革开放以来的发展期以及 21 世纪以来的繁荣期，三个阶段各有不同的关注焦点。经过数十年的探讨，在明清民国晋商藏书史研究领域，学界已取得了较为丰硕的成果，从不同的角度推动晋商藏书研究。

一是突出对个别晋商藏书家的研究，考察何绍庭、常赞春、赵铁山等人的藏书情况。1928 年，聂光甫重点考察山西历代学者、进士藏书，文末简略论及清末民初著名晋商藏书家常赞春的藏书情况，揭开了晋商藏书研究的序幕。③ 1942 年，常赞春等编写《榆次县志》，大量记载晋商常氏家族藏书状况。④ 1996 年，薛愈在爬梳文献和社会调查基础上，对明清民国时期数位晋商藏书家及其藏书情况进行了考察，是为专门研究晋商藏书问题之滥觞。⑤ 2009 年，武殿琦、渠荣鏻对祁县晋商藏书家渠仁甫的藏书收购、流散等问题进行了研究。⑥ 2010 年，范维令搜集整理了祁县晋商何家"对蒙轩"藏书楼古籍流散资料，为进一步分析何氏藏书问题提供了资料支撑。⑦ 2013 年，乔俊海论述了祁县晋商乔超五、渠本翘、

①　徐雁：《80 年代以来中国历史藏书的研讨成果概述》，《中国史研究动态》1999 年第 4 期。

②　丁延峰：《海源阁藏书研究》，商务印书馆 2012 年版；刘鹏：《清藏书家顾之逵藏书、校书、刻书活动述略》，《国家图书馆学刊》2012 年第 6 期；王桂平：《论明代苏州府藏书家的藏书风气和刻书风尚》，《出版科学》2014 年第 6 期。

③　聂光甫：《山西藏书考》，《中华图书馆协会会报》1928 年第 6 期。

④　张敬颢、常麟书：《榆次县志》，太原范华印刷厂民国二十九年（1940）铅印本。

⑤　薛愈：《山西藏书家传略》，山西古籍出版社 1996 年版。

⑥　武殿琦、渠荣鏻：《渠仁甫传》，三晋出版社 2009 年版。

⑦　范维令：《晋商巨族：祁县何氏家族》，中国社会科学出版社 2010 年版。

渠仁甫等人的藏书活动。① 2014 年，韩丽花对祁县、太谷、榆次等地著名晋商藏书家的藏书活动进行了个案式考察，从中可见清代民国时期晋中商人藏书的发展历程。② 此外，郭齐文撰写的《铁笔松风赵铁山》，③ 畅显明、范维令合著的《渠本翘史传》，④ 分别论及近代晋商赵铁山、渠本翘等人的典籍收藏活动。

二是强调对晋商所藏古籍文献的研究，涉及藏书目录、版本、刻书、善本等方面。《祁县人民文化馆收藏古书登记册》（祁县图书馆藏手抄本，1955 年）以祁县晋商何家、渠家所捐 4 万余卷古籍为对象，对古籍名称、版本、卷数、册数、用纸和捐者等进行详细登记。⑤ 祁县图书馆善本组发表的《山西祁县图书馆发现宋版〈昌黎先生集考异〉》⑥和曾抗美发表的《〈昌黎先生集考异〉成书与版本线索述原》⑦对祁县晋商何家所捐南宋刻本《昌黎先生集考异》的发现过程、版本价值进行了深入考察。李晋林等所撰的《山西古籍出版印刷史志》对清代部分晋商刊刻古籍的文化活动进行了分析。⑧ 韩丽花发表的《山西省祁县图书馆古籍述略》以祁县图书馆收藏的晋商藏书家后人所捐 4 万余卷古籍为研究对象，对这些藏书的来源、数量和珍本善本进行了较全面的梳理和分析。⑨

三是侧重对私家藏书与晋商家族发展内在关系的研究。直接从私家藏书角度考察其对晋商家族发展影响的研究很少。从家风家训培育、商人日常生活等角度切入，分析私家藏书对于家族文化和子弟教育影响的成果则较多。比如，程光等人编著的《儒商常家》和《晋商十大家族》，对藏书利用与晋商子弟科举教育发展关系的探讨，⑩⑪ 殷俊玲所撰的《晋商与晋中社会》围绕晋商家族教育与藏书互动

---

① 乔俊海：《明清晋商人物·祁县帮》，三晋出版社 2013 年版。

② 韩丽花：《晋商中的藏书家——以晋中地区为例》，《晋图学刊》2014 年第 6 期。

③ 郭齐文：《铁笔松风赵铁山》，山西古籍出版社 2008 年版。

④ 畅显明、范维令：《渠本翘史传》，山西人民出版社 2018 年版。

⑤ 祁县人民文化馆：《祁县人民文化馆收藏古书登记册》，手抄本，1955 年。

⑥ 祁县图书馆善本组：《山西祁县图书馆发现宋版〈昌黎先生集考异〉》，《文物》1979 年第 11 期。

⑦ 曾抗美：《〈昌黎先生集考异〉成书与版本线索述原》，《华东师范大学学报》1998 年第 4 期。

⑧ 李晋林、畅引婷：《山西古籍出版印刷史志》，中央编译出版社 2000 年版。

⑨ 韩丽花：《山西省祁县图书馆古籍述略》，《山西档案》2016 年第 2 期。

⑩ 程光、梅生：《儒商常家》，山西经济出版社 2004 年版。

⑪ 程光、盖强：《晋商十大家族》，山西经济出版社 2008 年版。

关系的研究,① 郭娟娟等发表的《清代晋商家族代际流动分析——以山西榆次常氏为中心的考察》对藏书、科举与教育在清末晋商常家子弟代际流动和家族转型中历史意义的探讨,② 张明富及其指导的研究生围绕明清时期山西商人文化、休闲生活等主题进行的一系列考察。③

由上可见，已有成果初步勾勒了明清民国时期山西商人藏书活动的基本面貌，为本课题的开展提供了重要的研究基础，但是本课题仍存在一定的挖掘空间：

一是资料整理不足。史料是历史研究的基础，遗憾的是明清民国时期晋商藏书史料收集整理工作不够系统、全面。长期以来，史料运用陈陈相因，以致缺少深入论证和综合提升的史料条件，影响明清民国晋商藏书史研究的深度挖掘和广度拓展。

二是研究领域有限。从研究时段上看，既有研究关注清末民初数位晋商藏书家，对于此前为数众多的晋商藏书活动关注不够，以致部分晋商藏书家的藏书事迹隐没不彰；从研究内容来看，多论述晋商藏书活动某一侧面，对于晋商藏书家的刻书活动、藏书特色、藏书思想、善本价值等学术问题以及存世文献的调查、整理和利用等考察不够。

三是研究视角单一。首先是比较研究意识不足，难以从全国角度观察晋商藏书在中国藏书史上的地位、影响和意义。其次是鲜有文献学、历史学、编辑出版学等交叉学科研究方法的尝试和运用，一定程度上限制了对历史本质与规律的揭示和分析，因此需要综合运用跨学科研究法，学习借鉴社会科学理论，不断拓展私家藏书的研究视角。

三、研究内容

本课题从藏书个案研究视角切入，以明清民国时期晋商藏书活动为研究对

---

①　殷俊玲：《晋商与晋中社会》，人民出版社 2006 年版。

②　郭娟娟、张喜琴：《清代晋商家族代际流动分析——以山西榆次常氏为中心的考察》，《安徽史学》2014 年第 4 期。

③　张明富：《明清商人文化研究》，西南师范大学出版社 1998 年版；师冰洁：《明代晋商与乡村社会变迁——以晋南地区为中心的考察》，西南大学 2008 年硕士学位论文；李伟志：《方志所见明清时期山西商人休闲娱乐生活研究》，西南大学 2017 年硕士学位论文。

象,运用多学科交叉研究方法,紧紧围绕藏书史料整理和私家藏书研究两条主线,依次探究晋商藏书的背景、特色、整理、利用、思想、积散和历史地位等问题。通过对以上问题的层层推进,最终对明清民国时期晋商藏书史料整理与研究的基本框架进行探讨。

(一)史料挖掘

明清民国时期晋商藏书史料零散分布于谱牒、方志、碑刻等地方民间文献中,迄今尚无系统的收集整理成果,极大地限制了晋商藏书研究的推进,晋商藏书史料理应得到深入细致的查阅、收集和整理。本课题工作内容之一便是从卷帙浩繁的地方文献中搜集、辑录晋商藏书史料,并进行校勘、标点等整理工作。作为学界对晋商藏书史料展开的首次全面、系统的收集整理工作,其在私家藏书史料整理方面具有重要学术价值。

笔者通过文献查阅和社会调查,编制明清民国山西谱牒、方志、文集、碑刻、日记和馆藏书目等有关晋商藏书史料的文献目录,将相关文献中所载晋商藏书史料全文辑出。在明确晋商藏书史料整理凡例和细则的基础上,详细著录文献题名、作者、朝代、文献出处、卷次等,若有必要则对辑录史料进行标点、校释。此外,按照资料来源类型、行政区划单元和商人族属差别,对晋商家族藏书史料进行梳理和分类。

本课题搜集整理的晋商藏书史料主要分为如下几个类别:一是书目,主要是搜集 20 世纪 50 年代山西省祁县人民文化馆抄录的祁县晋商藏书家何氏、渠氏等捐献藏书的登记册,该登记册是目前有关清代民国时期晋商藏书最全面的书目;二是日记,主要是整理祁县晋商藏书家渠仁甫以及曾在晋商家中坐馆的太原士人刘大鹏的日记,《渠仁甫备忘录》详细记载了晋商藏书家的藏书聚散历程和细节,《退想斋日记》是以旁观者的角色分析清末民初晋商家庭的文化、教育等实践;三是年谱,主要是整理太谷著名商人藏书家赵云山的年谱,以及榆次常赞春的行年自记,太谷商人赵云山与邑人孙阜昌等晋商藏书家交往颇深,热衷典籍、碑帖等的收藏,其弟赵铁山为其所作年谱记叙行事颇为细致,榆次常赞春是清末民国知名学者,行年自记中关于藏书内容虽不甚多,但详细记录常氏读书、应举以及著书等历史细节;四是方志,笔者爬梳明清民国时期山西地方志书,从中挖掘整理商人藏书史料，尽管记录此类史料的方志较多，但是较有价值的历史记载仍是集中在榆次、祁县、灵石、平遥等清代中后期晋商云集的区域；五是碑刻，主要是搜集祁县晋商藏书家何绍庭、乔致庸等人的墓志铭，从中可见其藏书、用书的历史细节；六是谱牒，藏书实践经常被作为家族人物文化活动而记入家族谱牒，相对而言，榆次《常氏家乘》、代州《冯氏族谱》二谱所载藏书史料较为丰富；七是从《山西献征》《张四维集》《山西省图书馆史料汇编》等著作中摘录与晋商藏书相关的历史资料。

(二)学术拓展

晋商藏书研究的拓展着力于研究内容的不断细化与深化，本课题以晋商藏书史料整理与研究为主题，在界定研究时段(明、清、民国)和研究对象(蒲州张家、代州冯家、祁县何家、祁县渠家、祁县乔家、榆次常家、太谷赵家、太谷曹家、太谷孙家、灵石王家、灵石何家等晋商家族)的前提之下，从晋商藏书的积聚、特色、保存、整理、利用、思想、流散和评价等问题入手，对晋商藏书进行较为全面的研究。

1. 藏书积聚。首先，对明清民国晋商藏书兴起的社会背景进行考察，继而对影响晋商藏书积累的文化和经济因素进行梳理。其次，对主要晋商藏书家族的藏书事迹始末进行考察，勾勒明清民国时期晋商藏书发展演变的历史脉络。最后，通过对购书、赠书、刻书、抄书、著书等不同藏书途径的梳理和分类，分析晋商藏书积聚的基本方式。

2. 藏书特色。首先，根据山西省图书馆、山西省博物馆、祁县图书馆等收藏的晋商后人捐赠的古籍，对晋商藏书数量进行量化估测。其次，根据晋商藏书目录和捐书登记信息，对晋商藏书内容进行分析，重点考察书画碑帖、算学、方志等的收藏状况，并对这一藏书特色出现的原因进行阐发。

3. 藏书保存。首先，对晋商藏书楼的修筑情况进行梳理，以祁县何家"对蒙轩"、乔家"有融斋"等为案例，分析晋商藏书楼选址、结构、布局以及环境等，探讨藏书建筑的文献保护功能及其对典籍保藏的影响。其次，对晋商藏书家以编目和校勘为代表的藏书整理活动进行梳理，并对不同晋商藏书家的文献整理活动进行比较分析。

4. 藏书利用。首先，对晋商藏书家的学术著述和题跋按语进行辑佚、整理和研究，全面掌握相关文献的存佚情况。其次，通过对晋商藏书家刊刻活动的分析，借助量化统计、表格汇总和个案分析，考察其刻书数量、种类、特点以及价值，并分析刊刻活动对于保存和传播古籍的文化贡献。

5. 藏书思想。首先，对晋商藏书家"藏以致用"的思想和实践进行梳理和总结，以儒家经典、算学、方志和书帖为分析案例，分析私家藏书之于晋商子弟科举教育和学徒商业教育的基础作用，探讨长时段内晋商藏书对家族文化和商业发展的影响。其次，对晋商藏书家的开放思想进行整体性考察，主要涉及晋商藏书家如赵铁山及常赞春等人开放思想的阐释、民国初年晋商藏书家兴办公益图书馆的分析等内容。

6. 藏书流散。对清末民初、抗日战争时期、解放战争时期以及中华人民共和国成立初期晋商藏书流散过程、方向和特点进行考察，主要涉及常赞春捐书予榆次图书馆、祁县晋商捐书予祁县中学堂、渠仁甫创办竞新小学校和竞新图书馆、抗战时期"对蒙轩"藏书和渠家"书业诚"藏书流散以及中华人民共和国成立初期晋商何家、渠家和赵家等后人捐赠藏书等的分析。

7. 藏书地位。首先，以古籍收藏和刊刻为例，探讨晋商藏书家在文献古籍的保存和传播、乡邦先哲文献的收藏和整理等方面的文化贡献。其次，通过对晋商藏书家学术活动的分析，考察晋商藏书家的学术贡献，分析晋商藏书之于晋商从事学术活动的图书支撑作用。最后，通过对清末民国大量晋商捐赠藏书事例的分析，探析晋商藏书在近代山西新式图书馆事业发展中的历史作用。

四、研究方法

（一）文献法

从研究领域而言，本研究属于历史文献学的范畴。因此，研究过程中，文献法的运用成为最为基础的研究方法。在文献收集、整理和研究中，基于明清民国山西商人文献史料的存留特点，笔者一方面从方志、谱牒等地方文献入手，另一方面从书目、碑刻等民间文献着眼，在对所得文献史料进行摘录、比对和校勘的基础上展开历史研究。

(二)跨学科研究法

本研究是中国古代藏书史研究中的一个微观课题，相关藏书史研究成果为我们提供了成熟的研究范式。笔者在前人研究基础上，尝试借鉴社会学、编辑出版学、历史地理学等学科的研究视角，运用法国社会学家布迪厄的"资本""场域"理论考察明清民国时期山西商人藏书的背景条件和行动逻辑，运用编辑出版学的知识分析山西商人群体私家刻书的人力、物力和技术等条件，同时从时间分布和空间分布的视角考察明清民国时期山西商人藏书、刻书活动的分布特征，以上尝试的目的在于更全面、系统和深入地考察山西商人的藏书刻书历史。

五、研究不足

本课题旨在从史料整理和学术研究两个维度探讨明清民国时期晋商藏书问题，扎实开展晋商藏书史料的收集整理工作，展现晋商藏书积累、保藏、利用、散佚的背景、过程及其主要特征，揭示晋商藏书与家族教育、商业经营等之间的互动关联，突出晋商藏书的历史特色，为努力推进中国古代私家藏书史料收集整理，以及拓展中国私家藏书史研究领域提供分析个案。在此目标引导下，笔者认真挖掘历史资料，尝试运用多种研究方法，对明清民国时期晋商藏书问题展开深入探讨，尽管在研究过程中取得了一定的阶段性成果，坦白来说，本课题的研究仍旧存在不少缺憾与不足。

首先，从研究主题而言，本研究考察了藏书聚散、管理、使用的诸多环节，却没有将藏书实践中最重要的对象——古籍，作为主题之一展开专门性的探讨。事实上，单以目前山西省晋中市祁县图书馆典藏的数万册晋商藏书家所捐古籍为对象，考察其版本特征、文献价值等问题，便是极有价值和意义的研究活动。遗憾的是，笔者的文献学素养不足以支撑此类研究的展开，只能将 20 世纪 50 年代晋商捐赠古籍目录整理出版，以待来人从中发现有文献学价值的研究主题。

其次，从研究视角而言，一方面，在藏书史、图书史、书籍史等研究视角不断更新、变化的背景下，对私家藏书的研究可以更加精细化，这有助于进一步揭示晋商藏书的多重面相；另一方面，教育史、日常生活史、文化史等历史研究视角，均有助于从多重维度推动明清民国时期晋商藏书研究的不断深化。笔者学识浅陋，对于晋商藏书家在清末民初地方学术文化构建中的历史贡献、日常生活史视角下的清后期晋商藏书读书生活、晋商所藏书算文献与子弟职业教育等学术问题，均有待来日继续探讨。

上编 山西商人藏书研究

第一章　背 景 条 件

晚明以降，传统中国经济脉络、制度构建、社会结构等的历史变迁，① 推动位居"四民"之末的商人群体的社会角色和社会地位出现新的动向。作为拥有雄厚经济资本的商业精英，明清商人注重"儒贾兼通"的行为实践和价值追求。② 从事藏书、读书甚至著书等文化学术实践，成为他们塑造社会形象和提高社会声誉的重要行动选择。历史时期的徽商③、晋商等均积聚了丰富的典籍文献，以致明清私家藏书领域出现"商人藏书家"这一新的群体力量，一定程度上改变了明清之前中国古代藏书家主要存在于士人、学者和官员等身份性群体的历史状况。

遗憾的是，学界既有成果聚焦于对明清商人藏书活动、文化贡献等问题的考察，④ 尚未对明清商人藏书的实践逻辑予以充分的探讨和分析。鉴乎此，本书以山西商人藏书家作为个案，着重展开对明清时期商人藏书家实践逻辑的考察。研究认为，明清商人占有的主要资本是经济资本，文化素养、科举功名等文化资本的数量、质量均不占优势，社会形象和社会声誉等资源同样不足。因此，明清商人私家藏书是经济资本的转换形式，实际上是"文化化的资本"，目的在于改变商人群体在传统文化学术场域中的劣势地位，重塑商人的社会形象和提升商人的社会地位。换言之，明清商人私家藏书活动的兴起，是商人群体的理性选择。

---

①　万明：《晚明社会变迁：问题与研究》，商务印书馆 2005 年版。

②　张明富：《"贾而好儒"并非徽商特色——以明清江浙、山西、广东商人为中心的考察》，《中国社会经济史研究》2002 年第 4 期。

③　王新田：《明清徽商藏书事业述析》，《图书馆杂志》2002 年第 4 期。

④　桑良之：《十大商帮与藏书文化》，《黄山高等专科学校学报》2001 年第 1 期。

第一节　文化资本：商人藏书的动力

在中国古代的社会分层机制中，"唯有读书高"和科举功名的作用至关重要。遗憾的是，包括山西商人在内的明清商人群体普遍缺乏足够数量的优质文化资本。因此，对于希冀实现社会地位变迁和社会角色重构的明清晋商而言，私家藏书的目的之一在于增加家族子弟的文化资本，推动明清山西商人家族在阶层竞争中获取更多的社会资源，比如文化素养的提升以及科举功名的获取。基于这一价值追求，明清商人将私家藏书视作改变社会地位和阶层位置的重要途径。

一、对文化素养的追求

儒家文化是中国古代思想文化的主流，在传统社会的各个方面均发挥重要的作用。即便是非文化学术领域的行动者，亦注重增强自己的儒学素养并塑造个体的社会角色，比如军队将领对"儒将"称号的追求，商业人物对"儒商"角色的执念。更值得注意的是，文化素养作为一种存在于个体内部的能力与知识，不受外界条件变化的约束，可以为家族子弟提供更多的发展路径和选择空间。

明清山西商人藏书实践的背后，蕴含着对"儒贾兼通"这一理想的追求。明朝山西商人王文显说道："夫商与士，异术而同心。故善商者处财货之场，而修高明之心，是故虽利而不污。善士者引先王之经，而绝货利之经，是故必名而有成。故利以义制，名以清修。各守其业，天之鉴也。如此则子孙必昌，自安而家肥富"。① 由此可见山西商人对士商结合与义利兼取的认识，表现出对儒家文化素养的重视，而这一素养的获取自然离不开儒学图书的收藏。在这一方面最具代表性的是清代祁县晋商乔致庸。乔致庸"幼嗜读书，思以儒术昌门阀。又恶乎文士之舍本也，遂笃志为忠实无妄之诣"，后因"家政纷赜""乃弃举子业"，弃儒从商的经历并未阻断商人乔致庸的读书之路，他"仍肆力史册，籍扩识量，不沾沾以研桑术自阻"，史谓其"卷轴外无它玩好，冠服质朴如老儒生"。饱读诗书的乔致庸谦恭平和，形塑出儒贾的个人形象，"贾而富，富而骄，骄而偠者比比矣

---

① 郭三娟：《晋商五百年·崇儒重教》，山西教育出版社 2014 年版，第 45 页。

公特以忠实无妄者自持，意契《论语》之好礼"。①

对于生活环境安逸的山西商人家族而言，家族子弟的藏书、读书活动，可以使其获得一定的文化素养，从而具备更多的生存能力和人生选择。如榆次晋商常怿认为："贤而多财损其志，愚而多财则益其过。财之有累于子孙者，古今同忧之"。② 再如常沛春，"晚年鉴于徒殖家人生产者不足以保家也，于是多购图籍"。③ 可见，明清山西商人希望子女具备一定的文化素养，而非成为单纯拥有商业技能的商人，更非耽于玩乐享受的不肖子弟。在此理念的影响之下，常家藏书活动十分兴盛，如常立德、常立爱、常立屏与常立方诸公，皆四部列架。再如常望春，"时家用裕饶，子弟辈恒荒正业，为饮博及奢侈""先生独与堂叔全甫立模、弟绂章麟书，以读书相砥砺，暇则博览诗词"。④ 可见，明清山西商人对于子弟的生存能力和竞争能力感到忧心，尤其是东伙制度实行之后，多由职业经理人主持晋商家族的商号运营，山西商人子弟参与商业经营的几率逐渐降低，如何避免子弟沉迷纵乐享受以致家族败亡，成为很多晋商富户考虑的问题。作为一种获取文化素养的媒介，私家藏书和读书成为清代山西商人保持家业不坠的手段之一。

二、对科举考试的期待

科举考试是传统中国持续 1300 余年的人才选拔机制，成为统治者进行政治管理和社会分层的策略工具。作为四民之末，明代以前的商人子弟难以参加科举考试，极大影响了商人群体藏书、读书的内在动力。明清科举考试政策的变迁，推动商人子弟通过科考改变自身和家族发展轨道，为明清商人藏书读书提供了选择空间和制度支持。⑤ 正如清人沈尧所言："货殖之事益急，商贾之事益重，非

① 张正明等：《明清山西碑刻资料选·续一》，山西古籍出版社 2007 年版，第 381 页。
② 常赞春等：《常氏家乘》，太原范华印刷厂民国十三年(1924)铅印本，后影印收入王春瑜：《中国稀见史料》第 1 辑，第 16 册，厦门大学出版社 2007 年版，第 216 页。
③ 常赞春等：《常氏家乘》，载王春瑜：《中国稀见史料》第 1 辑，第 16 册，厦门大学出版社 2007 年版，第 274 页。
④ 常赞春等：《常氏家乘》，载王春瑜：《中国稀见史料》第 1 辑，第 16 册，厦门大学出版社 2007 年版，第 107 页。
⑤ 刘希伟：《清代科举考试中的"商籍"考论——一种制度史的视野》，《清史研究》2010 年第 3 期。

兄老先营事业于前，子弟即无由读书以致身通显。是故古者四民分，后四民不分。古者士之子恒为士，后世商之子方能为士"。① 明清时期士商渗透的深度结合，提升了商人群体的社会地位和社会声望。②

从商人到士人的身份转换，必须获取制度性的文化资本，意即世俗意义上的"功名"。在这一过程中，私家藏书是必不可少的媒介和工具。明清晋商便有买书教育子弟的事例，如明后期官居首辅的张四维，其父经商业贾，"跋涉川陆，或数岁一归，每贻书督励，购诸经传注、疏义及《史》《汉》诸书，车寄之，或议其非要者，夫君曰：'儿辈资可教，吾冀其为通儒也。'"。③ 又如三晋士族代州冯氏，家族子弟中进士、官员与学者等人才辈出，事实上代州冯氏最早于明代经商起家，丰厚的财富实力成就了冯氏家族藏书的积聚，至四世冯文泉考中进士，实现了代州冯氏家族阶层跨越和形象重塑，自此之后，冯文泉"严定课程，训励子侄曰：'文种自我兴，不可使自我废。'"。④ 再如榆次常家不惜重金购书，辅以家塾等教育机构，带动的是家族科举人才的兴起。作为常家第一位进士的常麟书，又继续收藏旧式典籍以及新式图书，供家族子弟读书获取文化资本。⑤ 类似的实践也存在于祁县晋商乔家，乔致庸、乔超五等积聚丰富藏书以教育子弟，促成乔氏后人中举者辈出。⑥

要之，作为传统时代最为重要的社会流动途径，文化素养和科举功名成为打开仕途权力大门的敲门砖。对于政治地位和社会声望相对有限的商人而言，他们一旦得到参与科举考试的机遇，自然会将之视为难得的社会资源，从而展开积极有力的竞争，如明代山西蒲州商人吕公"训儿读书，夜阑及晨起，必坐以督之""生平苦青吏追呼，示儿曰：'偿获半职，其甚。'"。⑦ 需要指出的是，官商结合

---

① 郭三娟：《晋商五百年·崇儒重教》，山西教育出版社 2014 年版，第 127 页。

② 张海英：《明中叶以后"士商渗透"的制度环境——以政府的政策变化为视角》，《中国经济史研究》2005 年第 4 期。

③ 张四维：《张四维集·条麓堂集》卷 30《先考封光禄大夫柱国少师兼太子太师吏部尚书中极殿大学士岵川府君行状》，张志江点校，上海古籍出版社 2018 年版，第 805 页。

④ 郭三娟：《晋商五百年·崇儒重教》，山西教育出版社 2014 年版，第 50 页。

⑤ 张敬颢、常麟书：《榆次县志》卷 13《艺文考》，太原范华印刷厂民国二十九年（1940）铅印本，第 6 页。

⑥ 张正明等：《明清山西碑刻资料选·续一》，山西古籍出版社 2007 年版，第 381 页。

⑦ 曹于汴：《仰节堂集》卷 5《明义官小川吕公墓志铭》，李蹊点校，上海古籍出版社 2018 年版，第 117 页。

是中国古代商人的生存策略之一，通过科举考试将家族子弟引入传统时代的权力场域，对于财富万贯的山西商人无疑具有极大的吸引力，成为其积累文化资本和实现精英再生产的重要选择。在这一过程中，图书收藏和使用成为不可缺少的基础环节。

第二节　社会声望：商人藏书的引力

传统中国"抑商""贱商"等一系列统治策略的实行，导致商人的社会形象出现"污名化"，在官方与民间的传播媒介中，商人成为贪财丧德、重利轻义等负面形象的代表性人物。尤其是与士人、官员等社会群体相比，商人及其家族的社会声望和社会名誉相对匮乏。对于拥有雄厚经济资本的商人而言，自然不甘于接受这一既定的社会角色，他们希望可以重塑自己的社会形象。在重视儒家文化和礼仪尊卑的传统中国，向主流文化靠拢是他们实现预期目标的理性选择。[1]

明清商人利用雄厚的经济资本，通过收藏典籍、交往士林等方式塑造"儒贾"的社会形象，将自己从重利轻义、重财轻德的社会角色塑造为接受儒家文化熏陶、崇尚义利兼顾的新的社会形象，获得主流社会阶层和社会文化的认可，从而积累一定的社会地位和社会声誉。从"重利"到"重儒"的商人形象构建过程中，私家藏书等文化实践成为商人新的角色塑造的资源基础，以及明清商人从"低贱"到"高贵"、从"末途"到"正途"的形象跨越的文化资本。

从明清商人藏书的具体实践中可以看出他们对社会声望的追求，以及对改变家族声誉名望的渴求。如明代李晋德所撰的《客商一览醒迷》记云："世间秀才尚少，何况科甲，然书香不可绝也。书香一绝，则家世日微。家声既卑，上无君子之交，下无治生之智"。[2] 可见，"书香"是否存在直接关系到"家声"的尊卑。再如山西商人阎旺告诫子弟云："予以贫乏不能读书，今衣食粗给，但愿若辈勉为读书人，予志毕矣"。[3] 从"商人"到"读书人"的社会角色转变，意味着家族声望和社会地位的提升，更意味着家族社会名誉的积累，故而成为明清时期许多山西

---

① 毕苑：《晋中商人的角色特征与阶层流动分析》，《清史研究》2002 年第 2 期。

② 郭三娟：《晋商五百年·崇儒重教》，山西教育出版社 2014 年版，第 49 页。

③ 郭三娟：《晋商五百年·崇儒重教》，山西教育出版社 2014 年版，第 50 页。

商人毕生之志向。

清代山西商人代表性人物，如祁县乔氏、榆次常氏等，均致力于家族形象的塑造和社会声望的积累。如乔致庸、乔超五等修建"有融斋""息影园"等藏书楼，意图仍在改变家族声望和子弟发展轨迹，"常私淑燕山窦氏风，欲诸子以文学显"。① 榆次晋商常氏尤以投身藏书、读书等实践而被视为清代山西儒商之代表，② 清末太原举人郝荫榕曾称赞道："魏榆素封之家，不一而足，而以读书为急务者为常氏"。③ 作为"素封之家"，榆次常氏将藏书、读书视为改变家族地位和提升社会声望的媒介之一。如常怿搜求图籍的同时，"视读书也独重""重先人之财，而喜为后人读书用"。④ 清代山西商人乔氏、常氏等藏书、读书的实践逻辑是力图通过读书起家，实现"商人"到"士人"之间的身份转换和形象重塑。

明清晋商大院的楹联往往蕴含着通过藏书提升家族声望的美好愿景。灵石静升王家大院里遍布带有训诫意义的楹联，如"河山对平远，图史散纵横""簾簌风敲三径竹，玲珑月照一床书"，又如"万卷诗书四时苦读一朝悟，十年寒窗三鼓灯火五更明""青灯一盏文章铺锦绣，苦心几番诗词发春华"。⑤ 从楹联内容来看，晋商王家将藏书、读书等活动视为执着追求的生活方式，更将数量丰富的私家藏书视作一种荣耀和光环。如此种种均显示出清代灵石晋商王家对社会声望和社会形象的渴求，希冀同时积累经济资本和文化资本，成为兼重儒术和商业的儒贾，塑造重儒崇文的社会形象，改变自身的社会地位，赢得地方社会的认同。

第三节 经济资本：商人藏书的物质基础

作为一种文化消费品，明清时期私家藏书对经济资本和财富实力的要求较高。如清代嘉庆时期，著名藏书家黄丕烈购进古籍时，宋刻本每册均价为 8.57

① 张正明等：《明清山西碑刻资料选·续一》，山西古籍出版社 2007 年版，第 381 页。

② 郭娟娟、张喜琴：《清代晋商家族代际流动分析——以山西榆次常氏为中心的考察》，《安徽史学》2014 年第 4 期。

③ 常赞春等：《常氏家乘》，载王春瑜：《中国稀见史料》第 1 辑，第 16 册，厦门大学出版社 2007 年版，第 206 页。

④ 常赞春等：《常氏家乘》，载王春瑜：《中国稀见史料》第 1 辑，第 16 册，厦门大学出版社 2007 年版，第 216 页。

⑤ 程光、盖强：《晋商十大家族》，山西经济出版社 2008 年版，第 10 页。

两银，元刻本的价格为每册 3.41 两银，至光绪年间，宋元刻本的均价分别为 13.0 和 4.86 两银。需要指出的是，上述两个时期的日工价分别为 0.26 两银和 0.21 两银。① 显然，对于承受养家糊口压力的寻常百姓而言，购买古籍文献是一种奢望。再如作为清末四大藏书楼之一，聊城海源阁杨氏购买珍本古籍耗费了巨额开支，其中宋刻本《史记》花费白银 380 两，而其藏宋元刻本七百余种，累计购书开支惊人，以致学界专门探讨位居从一品官阶的杨以增的购书资金来源问题。②

明清时期，山西经商致富者众。明代晋南商人依靠食盐贩运富甲一方，如蒲州盐商王海峰"计岁月之入，以粗率不舍当封君之万户者"。③ 经商带来的高额利润以及蒲州王氏等商人家族的兴起，导致明末蒲州经商之风甚盛，"其挟轻资，牵车牛，走四方，十而九之，商之利倍于农"。④ 故明人谢肇淛云："山右或盐，或丝，或转贩，或窖粟，其富甚于新安"。⑤ 至清代，山西晋中商人发展更为突出，时人称之"金太谷、银平遥、铜祁县"，即说此三地商家云集。《太谷县志》记载："经商异域，讲信耐劳，足迹遍天下，执各大埠商界之牛耳，起家至数十百万者，尤为谷人之特色，故自明以迄有清中叶，谈三晋富庶之区者，无不于谷首屈一指"。⑥ 清代晋商财富暴增的关键节点是 19 世纪 20 年代以后，山西商人开创了票号金融产业，"平遥、祁县、太谷，票号最多，得利最大"。⑦

关于清代晋商财富数量，官方与民间均有一定的测度。如乾隆五十一年（1786），"山西富户，百十万家资者，不一而足"。⑧ 咸丰年间，"山西太谷县之孙姓，富约二千余万，曹姓、贾姓富各四五百万，平遥县之侯姓、介休县之张姓富各三四百万。榆次县之许姓、王姓聚族而居，计合族家资约各千万，介休县百

① 孙文杰：《清代图书价格的比较及特点》，《图书馆理论与实践》2013 年第 8 期。

② 林丽：《杨氏海源阁藏书资金来源探微》，《图书馆工作与研究》2013 年第 6 期。

③ 张四维：《张四维集·条麓堂集》卷 21《海峰王公七十荣归序》，张志江点校，上海古籍出版社 2018 年版，第 558 页。

④ 张四维：《张四维集·条麓堂集》卷 21《海峰王公七十荣归序》，张志江点校，上海古籍出版社 2018 年版，第 558 页。

⑤ 张正明：《明清晋商商业资料选编》，山西经济出版社 2017 年版，第 249 页。

⑥ 刘玉璘、仇曾祜、胡万凝：《太谷县志》，台北成文出版社 1976 年版，第 11 页。

⑦ 刘大鹏：《退想斋日记》，乔志强标注，山西人民出版社 1990 年版，第 47 页。

⑧ 张正明：《明清晋商商业资料选编》，山西经济出版社 2017 年版，第 250 页。

万之家以十计，祁县百万之家以数十计"。① 再如光绪年间，徐珂记载："山西富室，多以经商起家"，② 其中介休侯家资产七八百万两，太谷曹家六七百万两，祁县乔家四五百万两，祁县渠家三四百万两，榆次常家百余万两，其他晋商家族的资产也在三十万两以上。③ 富裕的家境使得山西商人藏书家不必像贫寒之士那般节衣缩食以积聚藏书。④ 清代晋商财富一览见表 1.1。

表 1.1　　　　　　　　　　　清代晋商财富一览

家族	身家财富	藏书概况	藏书楼宇	代表人物
祁县乔家	四五百万两银	—	有融斋、息影园	乔致庸、乔超五
太谷曹家	七八百万两银	—	—	曹培德
祁县渠家	三四百万两银	—	四不若斋、 闇修书室	渠本翘、渠仁甫
榆次常家	百数十万两银	累世藏书， 不惜重金	两座藏书楼	常麟书、常赞春
太谷赵家	—	书法碑帖丰富	絅斋藏书室、 心隐庵	赵维周、赵昌燮
祁县何家	—	约十万卷	对蒙轩	何绍庭

资料来源：《清稗类钞》《榆次县志》《太谷县志》《常氏家乘》《山西献征》等。

雄厚的经济资本促成清代山西商人藏书活动的兴起。清中晚期的山西祁县、太谷、平遥、榆次、灵石等地区，涌现出一批藏书丰富的山西商人藏书家，他们对于购书一事，往往是不惜重金。如介休商人温绍周，"凡事省费，惟读书一事，绝不吝惜"。⑤ 洪洞商人刘午庄，"生平无他好，惟积书万卷"。⑥ 再如榆次晋商

---

　　① 中国第一历史档案馆藏：《军机处录副奏折》，档案编号 03-4264-003，微卷 293，第 198～201 页，咸丰四年（1854）七月初二日。

　　② 徐珂：《清稗类钞》第 5 册，中华书局 1984 年版，第 2307 页。

　　③ 张正明：《明清晋商商业资料选编》，山西经济出版社 2017 年版，第 251 页。

　　④ 丁延峰：《海源阁藏书研究》，商务印书馆 2012 年版，第 368 页。

　　⑤ 郭三娟：《晋商五百年·崇儒重教》，山西教育出版社 2014 年版，第 64 页。

　　⑥ 郭三娟：《晋商五百年·崇儒重教》，山西教育出版社 2014 年版，第 162 页。

常氏家族，是清代山西商人中最重视藏书的家族之一。族人常维丰笃嗜典籍书画，"有可者购之，不惜重资""所居图左史右，琳琅满架"。① 常立德平生最爱图书，"尤好古人法帖，遇原拓不惜重资以购之"。② 常立屏"学问渊博，凡家藏善本，不惜购以巨金，所居室备储四部各书"。③ 常怿在诵讲之余，"或欲求古图籍、古碑版，苟有益于学问，虽费数百金不靳也"。④ 作为富商云集之地，太谷商人讲究收藏，每年十月庙会，收藏家届期恒集，太谷晋商如赵铁山、武晋义、孙阜昌等人均是著名的藏书家。⑤

清代山西商人凭借财富实力修建了恢宏高阔的藏书楼宇，为藏书的保存提供优越的外部环境。如祁县晋商藏书家乔致庸，"肆力史册，广购图书"，⑥ 族中先后兴建"有融斋"与"息影园"两座藏书楼，"均为藏书万卷之所"。⑦ 再如祁县晋商藏书家何绍庭，"祁县自戴先生廷栻以文学鸿博鸣于时，先生所居小楼即丹枫阁故地"。⑧ 何绍庭在丹枫阁原址兴建"对蒙轩"藏书楼，藏书多达十余万卷。太谷晋商藏书家赵铁山建有"緬斋藏书室"五间，三间西屋收藏古籍文献，两间正屋藏碑帖字画。⑨ 榆次晋商常家建有两座藏书楼，并有十七座书房院，均是私家藏书之处，至今仍然伫立在榆次车辋村的常氏庄园。⑩

法国社会学家布尔迪厄认为，资本具有可转换性，相对而言，"经济资本可

---

① 常赞春等：《常氏家乘》，载王春瑜：《中国稀见史料》第 1 辑，第 16 册，厦门大学出版社 2007 年版，第 209 页。

② 常赞春等：《常氏家乘》，载王春瑜：《中国稀见史料》第 1 辑，第 16 册，厦门大学出版社 2007 年版，第 225 页。

③ 常赞春等：《常氏家乘》，载王春瑜：《中国稀见史料》第 1 辑，第 16 册，厦门大学出版社 2007 年版，第 236 页。

④ 常赞春等：《常氏家乘》，载王春瑜：《中国稀见史料》第 1 辑，第 16 册，厦门大学出版社 2007 年版，第 216 页。

⑤ 薛愈：《山西藏书家传略》，山西古籍出版社 1996 年版，第 112 页。

⑥ 程光、盖强：《晋商十大家族》，山西经济出版社 2008 年版，第 135 页。

⑦ 祁县地方志编纂委员会：《祁县志》，中华书局 1999 年版，第 217 页。

⑧ 常赞春等：《山西献征》，董润泽点校，三晋出版社 2017 年版，第 314 页。

⑨ 郭齐文：《书法家赵铁山》，山西人民出版社 1987 年版，第 27 页。

⑩ 常青：《学而优则贾——儒商家族的生命之源》，载高增德：《晋商巨擘：晋商常氏文化学术研讨会论文集》，山西经济出版社 2005 年版，第 289 页。

以更容易、更有效地被转换成象征资本(包括文化资本和社会资本)"。① 因此，明清时期山西商人积累了经济资本之后，步入"资本文化化"的历史进程，② 投身于购买、收藏古籍的文化实践。在这一过程中，明清山西商人家族的财富实力和经济资本是私家藏书实践得以展开的基础保障，作为文化资本的私家藏书，事实上是山西商人家族经济资本的转化形式。

第四节　东伙制度：商人藏书的时间保障

明清以前的巨商富贾不胜其数，但是商人群体掀起私家藏书风潮却集中在明清时期。这一现象表明，仅从经济资本层面尚无法完全阐释商人藏书实践兴起的内在机制。我们认为，藏书活动兴起的另一条件，即藏书家的时间成本，也应被纳入分析的范畴。众所周知，私家藏书包括选书、购书、存书、晒书等一系列实践，诸项环节需要耗费相当的时间成本，对于长期奔波于国内国际贸易路途的明清山西商人而言，牺牲大量时间来积聚和整理藏书意味着机会成本的损失，这显然是对商业经营的一种伤害。从理性角度而言，这一举动并不符合商人逐利的属性。那么，什么原因导致山西商人可以放下商业经营而投身藏书实践？

清代山西商人大规模地投身私家藏书实践的一个前提性保障，来自商业管理制度的历史性变迁，这一变迁使其较之前朝商人拥有更多的生活时间和活动空间。具体而言，清代中叶，山西商人内部出现了一种新的经营制度——东掌制(东家、掌柜)，类似于今天的职业经理人制度。③ 东掌制度的实行成为一种历史性的变革，将山西商号的所有者(即东家)从商号企业的日常经营中解放出来，从而使得他们获得了收藏图书画帖的时间条件。比如祁县晋商渠仁甫，拥有长裕川、永春原、是盛楼和书业诚等商号，各家商号又在全国各地设有多家分号，但是每家商号均有掌柜和伙计，"(渠仁甫)终日在家里读书写字，商号事务一概委

---

① 宫留记：《资本：社会实践工具——布尔迪厄的资本理论》，河南大学出版社 2010 年版，第 124 页。

② 刘迪：《时代、文化资本与支配权：对张謇创办南通博物苑的再思考》，《东南文化》2016 年第 6 期。

③ 李永福：《山西票号人力资源管理》，《太原理工大学学报(社会科学版)》2005 年第 1 期。

托于各号掌柜(经理)负责,仁甫先生只做些原则性指导"。①

由表1.2可见,在私家藏书领域成就突出的晋商多出现在清中后期,即东掌制度实行之后。事实上,参与私家藏书文化实践的山西商人如祁县乔家、祁县何家、祁县渠家、太谷赵家、榆次常家和太谷曹家等均是清代商业史上影响卓著的商家。他们多以长途贩运贸易起家,继而从事票号等金融行业。鼎盛时期,常家主导中俄之间的茶叶等外贸交易,曹家拥有商号六百余家,赵家几乎垄断清代徐州的典当、金融等行业,乔家的大德昌等票号业务繁忙,渠家从事茶叶贸易、金融票号、图书笔墨等行业。② 换言之,以上晋商家族均有庞大的家族产业,倘若缺少东掌制度这一管理体系的创新,清代山西商号则成为家族性经营的企业,山西商人子弟必然将大量时间和精力运用于商业技能的习得,以及投身于家族商号的日常运营和决策执行,难以抽出充足时间从事私家藏书等文化学术实践。

表1.2　　　　　　　　　　清代晋商藏书家活跃期一览

晋商藏书家	藏书活跃期	晋商藏书家	藏书活跃期
乔致庸(祁县)	同治、光绪	渠仁甫(祁县)	民国
何绍庭(祁县)	同治、光绪	赵铁山(太谷)	光绪、宣统、民国
渠本翘(祁县)	光绪、宣统	常赞春(榆次)	光绪、宣统、民国
曹润堂(太谷)	光绪	乔超五(祁县)	咸丰、同治、光绪
常麟书(榆次)	光绪		

资料来源:《常氏家乘》《太谷县志》《榆次县志》《山西献征》《祁县志》等。

要之,清中后期,东掌制度的践行为晋商藏书、读书提供了时间保障。如祁县晋商乔致庸经商之余,"读书之挈,数十年如一日"③,晚年专事购书、藏书、读书以及教育子弟,他之所以在经商与藏书之间达成平衡,与东掌制度的实行密

---

① 中国人民政治协商会议祁县委员会文史资料委员会:《祁县文史资料》第8辑,1991年,第205页。

② 张正明:《晋商兴衰史》,山西经济出版社2010年版,第199页。

③ 张正明等:《明清山西碑刻资料选·续一》,山西古籍出版社2007年版,第381页。

不可分。又如榆次晋商藏书家常立德，"既富藏书，且究心考订学，于《皇清经解》《印雪轩随笔》《曾文正文钞》均有识语或考订"。① 再如祁县晋商藏书家何绍庭，"筑园城东约十余亩，激流植援，缀以亭台，藏书数万卷，其中尤多弄周秦铜青、汉魏石墨。每至胜日，乌帽筇仗，招携二三佳士，徜徉清流嘉木间，弹琴赋诗以为乐。已而籯毂漉浊酒，相与辨析疑义，商定体裁，所编辑者，有《山右四朝诗》《王太史稿》，都已付梓"。② 可知商人藏书家常立德、何绍庭等人的文化休闲生活与清代地方士绅几无区别，而这一生活方式的演变与东掌制度的变迁是同步的。

第五节　书商世家：商人藏书的职业便利

藏书家积聚图书的途径主要是刻书、购书、抄书以及赠书，并以购书为主。众所周知，图书售卖是明清时期的一种商业活动，而且利润较为可观，因此吸引部分山西商人从事古籍、文物等行业的商业活动。③ 对于从事古籍、文物生意的山西商人而言，他们在购书、聚书等过程中具有一定的职业便利。在清代山西藏书家群体中，直接受益于图书贸易职业的藏书家主要有两位，一位是灵石藏书家耿文光，另一位是祁县藏书家渠仁甫。

一、耿洲书肆

灵石县的耿文光是清末山西藏书最丰富的藏书家之一，"家中藏书万卷""以藏书论，全省望族推为巨擘"。④ 更难得的是，耿文光著述丰富，现存有《万卷精华楼藏书记》等目录学、文献学著作。⑤

通过分析耿氏藏书来源途径可知，耿文光的藏书一部分来自其父亲耿洲的旧

---

① 常赞春等：《常氏家乘》，载王春瑜：《中国稀见史料》第 1 辑，第 16 册，厦门大学出版社 2007 年版，第 318 页。

② 黄兴涛、荆宇航：《杨深秀集》，北岳文艺出版社 2020 年版，第 169 页。

③ 孔祥毅：《晋商文化及其特点》，载高增德：《晋商巨擘：晋商常氏文化学术研讨会论文集》，山西经济出版社 2005 年版，第 30 页。

④ 李凯明、耿步蟾：《灵石县志》，台北成文出版社 1976 年版，第 507 页。

⑤ 杨琦、张宪荣：《论耿文光〈目录学〉与〈万卷精华楼藏书记〉的关系》，《图书馆研究》2018 年第 2 期。

藏。耿洲是一名经营书肆的书商，"家道素丰"。① 据耿文光所言，"余家先世多藏书，兼设书肆，故余得以书为师。凡宋元精椠及影抄佳本，旧藏为多，详见玉函书目"。② 耿氏所撰的《仁静堂书目》序中进一步说明了其父耿洲的藏书情况，"余先世藏书多善本，零落段残，不可复整。宋本《文选》《山谷内集任注》皆脱数十页。宋本小说数种，可校《稗海》。《茶苑》四册，蓝丝栏，抄本。《山水图》八册，红丝栏，抄本。翁覃溪《诗话》四册，门人所抄；《辽史拾遗》十二册，知不足斋原抄本，二书被人盗去。今所有者为元本《古今韵会》，为完帙"。③ 显然，从事图书买卖生意的耿洲，为其子耿文光留下不少家藏图书，其中不乏精善版本，从而为耿文光的藏书积聚提供了丰富的家藏基础。需要指出的是，耿洲不但给耿文光留下丰富的藏书，并在价值观念方面对耿文光产生影响，如遗言嘱咐其继续收藏图书，"临终训以慎交游、甘淡泊、读古书、求秘本四语"。④ 在家庭环境熏陶下，耿文光"筑室藏书，自号苏溪渔隐以见志"。⑤

二、渠家书业诚

祁县渠家是晋商世家，1917 年，性喜读书和藏书的渠仁甫开始参与家族生意。1923 年，渠仁甫通过书业德经理王利宾，从介休籍股东手中接办清代知名私人刻书坊——书业德，并题写对联曰："书无尽藏，福地琅環钟惠业；诚以将事，洞天清秘尝奇文"。⑥ 他将"书业德"更名为"书业诚"，继而在山西太原和祁县成立书业诚商号，"以贩卖新旧书、帖、字画、笔墨为营业"。⑦

书业德是清代山东运河城市——聊城境内的知名书坊，书版千余种，且重视校勘、纸张、印刷等工作，刻书质量精良，在山东聊城以及山西太原等地分号众多。⑧ 渠仁甫经营下的书业诚是民国山西省内最有影响的书肆之一，担任民国山

---

① 李凯明、耿步蟾：《灵石县志》，台北成文出版社 1976 年版，第 507 页。
② 耿文光：《苏溪渔隐读书谱》卷一，清光绪年间刻本。
③ 耿文光：《苏溪渔隐读书谱》卷三，清光绪年间刻本。
④ 耿文光：《苏溪渔隐读书谱》卷二，清光绪年间刻本。
⑤ 耿文光：《苏溪渔隐读书谱》卷四，清光绪年间刻本。
⑥ 渠明祐：《先父渠晋山事略》，《山西文史资料》1997 年第 6 期，第 59 页。
⑦ 武殿琦、渠荣鏷：《渠仁甫传》，三晋出版社 2009 年版，第 53 页。
⑧ 陈清义：《聊城运河文化研究》，山东画报出版社 2013 年版，第 235 页。

西图书馆馆长多年的柯璜曾致信渠仁甫说："昔于太原市上，屡经尊号书业诚，悉左右收藏丰富，每逢子襄（常赞春）、铁山（赵昌燮）两兄探知动静，时拟进谒高富，籍聆明诲，复饱眼福"。① 作为收售古籍图书的商号，"书业诚"是渠仁甫积聚藏书的平台和媒介，"凡书店收到书画珍品和古籍善本、珍本时，首先要让东家（渠仁甫）看，凡是他喜爱的就留下"。② 至 1937 年日军侵略山西之前，渠仁甫已成为知名藏书家，"藏有《四部丛刊》《四部备要》《四库全书珍本初集》《百衲本二十四史》《资治通鉴》《皇清经解》《五礼通考》等古籍善本两千余部，共六七万册"。③

　　山西商人从事的古籍文物买卖行业，为山西商人私家藏书的积聚提供了一定的职业便利，既有助于山西商人藏书家聚拢大量的珍稀善本，又可以减少图书购买过程存在的差价问题，从而使得山西商人藏书家花费较低的经济成本积聚丰富的私家藏书。

　　综上可知，本章致力于挖掘明清商人藏书实践背后的驱动机制和行动逻辑，为认识传统时代的商人藏书活动提供一个分析视角。我们认为，山西商人私家藏书是他们将经济资本转为文化资本的理性策略。在这一过程中，经济资本成为推力，图书生意成为助力，追求文化资本和社会声望成为动力，而 19 世纪中叶出现的东掌制度则为山西商人藏书提供时间保障。对于山西商人而言，通过积聚私家藏书这一"客观性文化资本"，进而提升商业技能、儒学素养等"身体性文化资本"，并获得科举功名等"制度性文化资本"，最终提升晋商学徒的人力资本和商人家族的社会声望，便构成明清时期山西商人藏书的实践逻辑。

---

① 武殿琦、渠荣镱：《渠仁甫传》，三晋出版社 2009 年版，第 94 页。
② 武殿琦、渠荣镱：《渠仁甫传》，三晋出版社 2009 年版，第 159 页。
③ 武殿琦、渠荣镱：《渠仁甫传》，三晋出版社 2009 年版，第 159 页。

第二章　藏书积聚

明清时期，山西商人雄厚的经济实力和对教育文化的重视，加之部分清代晋商自身从事文物、书籍贸易活动，为古籍书画搜集和收藏提供了基础条件，许多山西商人家族的藏书风气十分兴盛。从现存史料可见，明清三晋大地上涌现出许多商人藏书家，成为中国古代私家藏书史上一派独特的历史景象。在爬梳史料基础上，本章拟对明清民国时期山西商人藏书家族的藏书事迹进行考察，力图勾勒山西商人藏书发展演变的历史脉络，探讨山西商人藏书家彼此之间的藏书承继情况。[①]

第一节　藏书源流

明清时期，山西商人群体不断发展壮大，"商贾之称雄者，江南则称徽州，江北则称山右"。[②] 从历史地理分布而言，明代山西商人集中于晋南地区，"平阳、泽、潞，豪商大贾甲天下，非数十万不称富"。[③] 至清代以来，晋中地区如汾阳、平遥、太谷、祁县等地商人成为晋商的主体，其所主导的茶叶贸易和金融票号等影响深远。因此，本节论述明清山西商人藏书活动时，将视野聚焦于明代晋南和清代晋中二地商人的藏书人物和藏书实践。

一、明代晋南商人藏书活动

有明一代，依靠食盐、粮食等商品贸易致富的山西商人集中于晋南地区。[④]

---

① 黄鉴晖：《明清山西商人研究》，山西经济出版社 2002 年版。
② 谢肇淛：《五杂俎》卷 4《地部二》，上海书店出版社 2015 年版，第 74 页。
③ 张正明：《明清晋商商业资料选编》，山西经济出版社 2017 年版，第 250 页。
④ 杜正贞、赵世瑜：《区域社会史视野下的明清泽潞商人》，《史学月刊》2006 年第 9 期。

经商致富的晋南商人着力于买书、读书和应举等文化教育活动。遗憾的是，有关明代山西商人藏书活动的史料记载较为少见，我们仅能依据方志、家谱以及文集等历史文献，简略述及明代山西部分商人家族的藏书活动。

蒲州地处山西之西南，自古是河东池盐生产之地。在明代开中法等制度安排的影响下，明代蒲州成为盐商巨贾云集之地，盐商张家、王家等成为家资雄厚、读书入仕的名门望族，其中曾经培育出明代内阁首辅张四维的蒲州张氏更是明代山西商人之翘楚。有赖于《张四维集·条麓堂集》收录的商人墓志，我们从中可以管窥明代晋南商人的购书、读书之路。

明代蒲州商人张氏购书之路始自张四维之父。张父南北各地营商，"居货张掖、酒泉间。数年，乃南循淮泗，渡江入吴。又数年，业益困，则溯江、汉西上夔峡，岁往来楚、蜀间，已乃北游沧、博，拮据二十年，足迹且半天下"。长期在外经商的张父重视诸子之读书，"迨不孝辈知学，府君方跋涉川陆，或数岁一归，每贻书督励，购诸经传注、疏义及《史》《汉》诸书车寄之"。较之同时期的商人，张父的谋虑显然更为深远，"儿辈资可教，吾冀其为通儒也"。① 张父重视家族子弟由商转士的阶层跃升和职业变化，为此不远千里购书寄回蒲州供诸子阅读研习。与此同时，张母负责督导诸子的课业学习，"维兄弟始知学时，读《千文》《孝经》《庸》《语》诸书，悉先母口授于瀚澼、箴组之间，邻母亦有以其儿来学者，至今历历焉……母且授以儒业，稍长，即遣外就傅，自馆归辄稽当日课，一不及程，即正色斥退，比明日课及程，始色解"。② 蒲州张氏"城东有康乐庄，封翁营以为游玩地。公（张四维）藏万卷其中，间禀命于封翁而往，纵目缣缃，数日不归，手不释卷"。③ 在家族丰富藏书以及重视教育氛围的影响下，张氏子弟在学识文化领域取得一定的成绩，除去进士及第、位居内阁首辅的张四维，继承父业的胞弟张四教，"年仅十六，即服贾远游，历汴泗，涉江淮，南及姑苏、吴兴之境"，亦是具备一定的学识素养，"尤精《九章算术》，凡方田、粟布、勾股、商

---

① 张四维：《张四维集·条麓堂集》卷30《先考封光禄大夫柱国少师兼太子太师礼部尚书中极殿大学士峭川府君行状》，张志江点校，上海古籍出版社2018年版，第806页。

② 张四维：《张四维集·条麓堂集》卷30《先母王孺人行略》，张志江点校，上海古籍出版社2018年版，第809页。

③ 沈懋：《书〈条麓堂续集〉卷末》，载张四维：《张四维集·条麓堂续集》，张志江点校，上海古籍出版社2018年版，第909页。

分等法，廛中有白首不得肯綮者，弟皆按籍妙解，不由师授"。① 可见张四教的数学素养尤为突出，此一能力的获取与良好的教育和大量读书是分不开的。

张四维的文集记录了与之交游密切的蒲州商人购书、读书的信息。比如，明代蒲州商人沈廷珍，"幼知学，进取甚锐，后以家务服贾，所欲不存也。故南帆扬越，西历关陇，乘时废居，用能拓产殖家，所至必携《小学》《通鉴》，时诵习之，遇事辄有援证。工楷书，喜为近体诗，盈于囊箧，其嗜好然也"。② 再如明代蒲州商人韩玫，"雅嗜洁净，而尤好观古今史籍，故虽牵车服贾，能以心计阜通货贿而擅其赢……（嗣子韩楫）与余辈二三同志共学南亭，离经考业……孺人时更僮诃之，已则大悦，其供馈之需、器用之备，岁且再易，未有厌焉"。③ 沈、韩二人兼重商业和读书，在这一过程中，他们的生活中自然存在购书、读书等文化实践。值得注意的是，张四维笔下，沈、韩二人读书治学与贸易营商并无冲突，反而取得相得益彰之成效。

要之，明代蒲州商人留下一定的文献史料，有助于我们简略勾画出明代晋南地区商人的商业发展和藏书、读书实践，蒲州张氏更是成为我们重点分析的山西商人家族。整体而言，囿于史料保存之稀少，我们无法对同一时期山西其他商人家族的藏书、读书实践进行更深入的考察。但是我们认为，经商致富的晋南商人购书、藏书和读书应是一种较为常见的现象。作出这一推断的原因在于，在士人为先、科举至上的明代时期，社会地位不高的商人群体应会利用家族的经济资本，谋求更多的文化资本和社会资本，购书、藏书和读书是商人家族达成这一目标的基本条件。

二、清代晋中商人藏书活动

清代晋中地区的民众，通过东口、西口至东北、西北等地区进行经商贸易。在艰辛创业过程中，乔氏、渠氏、常氏等取得较为成功的商业成就，在各地开办

---

① 张四维：《张四维集·条麓堂集》卷28《明威将军龙虎衔指挥佥事三弟子淑墓志铭》，张志江点校，上海古籍出版社2018年版，第772页。

② 张四维：《张四维集·条麓堂集》卷28《毅斋沈公暨配孺人张氏合葬墓志铭》，张志江点校，上海古籍出版社2018年版，第758页。

③ 张四维：《张四维集·条麓堂集》卷28《义官南桥韩公暨配薛孺人合葬墓志铭》，张志江点校，上海古籍出版社2018年版，第761~762页。

有大量的商号，积聚有巨额商业利润。在物质财富基础上，晋中商人望族在文化教育领域开始从事藏书、家塾等文教活动，借此维护家族的兴盛态势。不过清代山西晋中商人家族藏书史料存留状况各有差异，相对而言，祁县、太谷和榆次等地商人藏书活动遗留有较为丰富的文献史料，它们也因之成为我们的考察重点。

(一)祁县晋商藏书活动

晋商何家以经营茶叶、药材等为业。① 至何绍庭主持家政时，基于个人意趣喜好，何氏开始致力于藏书实践，"筑园城东约十余亩，激流植援，缀以亭台，藏书数万卷，其中尤多弄周秦铜青、汉魏石墨"。② 借由多样的藏书方式，至清末，晋商何家"对蒙轩"藏书楼聚集了十万卷藏书。1950 年，何家后人何晓楼将"对蒙轩"剩余藏书全部捐给祁县人民文化馆，共计 946 种、2662 函、21451 部。③ 何家藏书不仅数量惊人，更是不乏珍善本古籍，如何晓楼捐献的南宋绍定二年(1229)刻本《昌黎先生集考异》是海内外孤本。④ 再如明万历纂修、崇祯二年(1629)刻本《山西通志》，扉页注明"祝徽编山西通志/明崇祯二年刻/昭余何氏对蒙轩藏"，目前海内外仅存两部。⑤

晋商乔家从事远程贸易和金融票号等商业活动，是清后期较有影响的山西商人家族，族人乔致庸与乔超五对乔家藏书贡献尤大。乔超五是乔家"保元堂"的代表人物，乔家"保元堂"的商号经营业绩不及"在中堂"，但文化素养和藏书数量远胜"在中堂"。乔超五藏书六十余箱，是清末华北有名的藏书家。⑥ 乔致庸幼嗜读书，"思以儒术昌门阀""甫入邑庠，而守约公即世，家政纷赜。公以力肩，乃弃举子业"。经商之后，乔致庸"仍肆力史册，籍扩识量，不沾沾以研桑术自阻云……常私淑燕山窦氏风，欲诸子以文学显，督饬严无少懈。公亦孜孜矻矻，广购图书。所居泊然，卷轴外无它玩好，冠服质朴如老儒生"。⑦ 在商海叱咤风

① 范维令：《晋商巨族：祁县何氏家族》，中国社会科学出版社 2010 年版。

② 黄兴涛、荆宇航：《杨深秀集》，北岳文艺出版社 2020 年版，第 169 页。

③ 韩丽花：《山西省祁县图书馆古籍述略》，《山西档案》2016 年第 2 期，第 6 页。

④ 祁县图书馆善本组：《山西祁县图书馆发现宋版〈昌黎先生集考异〉》，《文物》1979 年第 11 期。

⑤ 薛愈：《山西藏书家传略》，山西古籍出版社 1996 年版，第 107 页。

⑥ 韩丽花：《晋商中的藏书家——以晋中地区为例》，《晋图学刊》2014 年第 6 期。

⑦ 张正明等：《明清山西碑刻资料选·续一》，山西人民出版社 2007 年版，第 381 页。

云的清代山西商人乔致庸，在私家藏书领域同样是成就斐然。

晋商渠家从事茶叶贸易和票号生意。渠家藏书始于乾隆年间，至清末民初，渠家藏书愈丰。在这一藏书过程中，渠本翘、渠仁甫叔侄二人贡献颇大。渠本翘是祁县著名藏书家乔超五的外孙，自幼博通经史，有"神童"之誉。光绪十四年（1888），渠本翘考取解元，十八年（1892）又中进士。他性嗜读书，晚年致力于收藏珍版古籍和名家字画，并征集整理祁县地方文献。① 民国初年，爱书如命的渠仁甫开始经营书业，至 20 世纪 30 年代，渠家"书业诚"成为太原最大的书店之一。通过"书业诚"这一平台，渠仁甫从戴廷栻、孙阜昌、耿文光、曹克让等清代山西著名藏书家后人手中收购大量珍善本古籍以及稀见书画、碑帖，聚书十余万册。1954 年，渠仁甫先将其中 477 部、11400 余册珍贵书籍捐赠予祁县人民文化馆，又于 1955 年将剩下的 554 部古籍和 600 余幅书画捐赠予山西省文化馆。②

（二）太谷晋商藏书活动

清代太谷系商业重地，"经商异域，讲信耐劳，足迹遍天下，执各大埠商界之牛耳，起家至数十百万者，尤为谷人之特色。故自明以迄有清中叶，谈三晋富庶之区者，无不于谷首屈一指"。③ 在这一经商沃壤之上，涌现出大量商人家族，其中从事私家藏书等文化实践的主要有赵氏、曹氏、孙氏等商人家族。

太谷商人赵家涉足钱庄、票号等商业领域，累世注重藏书。第九世赵维周喜欢收藏古籍，其子赵桂山、赵云山和赵铁山等均嗜藏书，曾刻"太谷赵氏伯仲叔季收藏金石书画之章"，赵氏兄弟藏书颇丰。其中，赵桂山"无世俗之好，独好书，旁及金石字画"。④ 赵云山"特好书，凡书贾过馆者，每倒屣吐哺以观其所携，至是得卓如夫子同声之应，学目录学，更推及于金石碑帖小学类。同邑藏书之富，首推孙弼予。兄才高学博，久为兄益友，时相过从，勤加讨论，载籍互假参考，曾约同人与兄结'探骊文社'，一时人文，皆由此出，不少荐伯兄等昔日'梯云之会'也。兄之学进于是，藏书亦略备于是"。⑤ 赵云山又喜收藏书帖，光

① 乔俊海：《清代晋商人物·祁县帮》，三晋出版社 2013 年版，第 1 页。
② 乔俊海：《清代晋商人物·祁县帮》，三晋出版社 2013 年版，第 35 页。
③ 刘玉璣、仇曾祐、胡万凝：《太谷县志·序》，台北成文出版社 1976 年版，第 11 页。
④ 郭齐文：《书法家赵铁山》，山西人民出版社 1987 年版，第 28 页。
⑤ 赵昌燮：《仲兄云山先生年谱》，太谷平民工厂民国十二年（1923）石印本，第 12 页。

绪二十九年(1903),"得夏承碑。仿原额篆书题眉,自记云:'此云山之第一善本也,与原拓华山碑可称双璧。'"① 赵铁山是清末著名书法家,精研经史诗文、目录考据、金石书画,又喜求名人精校善本。② 1900 年,他购得清源王氏所藏《西岳华山碑》精拓本,③ 所藏之善本书有唐开元《石经》、明版《太平御览》、明汲古阁仿宋陶诗等多种。④ 此外,太谷赵氏"心隐庵"藏有部分乡贤的稿抄本,如武先慎《晚香斋诗草》、杜瑞廷《饮霞轩诗草》残本和杜启智《萝月山房近草》写定未刊本三卷。⑤

太谷商人曹家"以资雄于并、晋间",⑥ 经营商号 630 余所,资产最多时可达到 1000 万两白银以上。⑦ 凭借雄厚财力,曹家收藏有大批珍贵的古籍古玩、名人字画,尤以曹润堂掌家时收藏最丰。曹润堂是光绪十五年(1889)举人,喜好搜求书画,尤其留心于山西乡贤傅青主著作之收集,对所藏《傅青主荀子评注手稿》爱护备至,曾于稿后跋云:"青主所书《荀子》,俟数年略加编纂,与所编年谱并付于民,即余生之愿也。倘不能遂,后之贤者,亦当成之,胜造七级浮屠。万勿误信人言,疑此册为伪作,而以天下之至宝,得而复失也"。⑧ 遗憾的是,1937 年 11 月,日军由太原南下,曹师肃将大批古籍古玩及百余幅名人书画集中放于一暗室,并用砖灰砌墙保存,后被日军抢粮时发现,惨遭劫掠一空。⑨

太谷商人孙家资财雄厚,史载:"山西太谷富户之孙姓,富约两千万"。⑩ 至道光、咸丰时,太谷首富孙阜昌"性爱理学而不解,偶有所悟辄忘寝食,好博古而不精,遇有所得心窃赏焉……于古图书画籍尤酷嗜之"。⑪ 孙氏有"太谷孙氏家

① 赵昌燮:《仲兄云山先生年谱》,太谷平民工厂民国十二年(1923)石印本,第 24 页。
② 郭齐文:《书法家赵铁山》,山西人民出版社 1987 年版,第 4 页。
③ 赵望进:《山西书法论文集》,山西人民出版社 2009 年版,第 173 页。
④ 张正明:《晋商与经营文化》,世界图书出版公司 1998 年版,第 187 页。
⑤ 刘玉玑、仇曾祜、胡万凝:《太谷县志》卷 8《著述》,台北成文出版社 1976 年版,第 1163 页。
⑥ 山西省政协《晋商史料全览》编辑委员会:《晋商史料全览·晋中卷》,山西人民出版社 2006 年版,第 806 页。
⑦ 赖惠敏:《太谷曹家的商贸网络》,《内蒙古师范大学学报》2018 年第 4 期。
⑧ 山西省史志研究院:《山西通志》,中华书局 2002 年版,第 27 页。
⑨ 程光、盖强:《晋商十大家族》,山西经济出版社 2008 年版,第 205 页。
⑩ 张正明:《明清晋商商业资料选编》,山西经济出版社 2017 年版,第 252 页。
⑪ 孟介臣、孙阜昌:《孙氏养正楼印存》,清道光十九年(1839)刻本。

藏""卫阳道人孙阜昌珍藏""孙阜昌印"等藏书印。孙阜昌还主持刻印图书，道光十九年(1839)，他邀请孟介臣刻印出版《孙氏养正楼印存》六册。① 清末民初，太谷私家藏书仍以孙家最多，太谷著名晋商藏书家赵铁山说："同邑藏书之富，首推孙弼予"。②

(三)榆次晋商藏书活动

榆次商人常家主营对俄茶叶贸易，③ "向以儒贾起家"④，是清代山西商人中最看重文化教育的家族之一。作为子弟读书学习的基本素材，榆次常氏重视图书收藏，"吾家向有藏书，其盛者十三世立德公、立爱公、立屏公、立方公，皆四部列架，即碑版类帖皆类是"。⑤

常氏子弟对古籍的喜好不同，藏书内容各有特色，但藏书主要集中于诗词文史等类书籍。常立德"既富藏书，且究心考定学，于《皇清经解》《印雪轩随笔》《曾文正文钞》均有识语，或考订字谊及文章者"，⑥ 常立爱"藏书亦多，为史学理学等，且究九数学"，⑦ 常立屏"藏书亦多史籍"，⑧ 常立方"既嗜史籍，复好金石学及词章，故藏书多此种"，⑨ 常立教"邃史学及词章，藏书多此种"。⑩ 此外，

---

① 李毅峰：《中国篆刻大辞典》，河南美术出版社 1997 年版，第 117 页。

② 赵昌燮：《仲兄云山先生年谱》，太谷平民工厂民国十二年(1923)石印本，第 12 页。

③ 赖惠敏：《山西常氏在恰克图的茶叶贸易》，《史学集刊》2012 年第 6 期。

④ 常赞春等：《常氏家乘》，载王春瑜：《中国稀见史料》第 1 辑，第 16 册，厦门大学出版社 2007 年版，第 318 页。

⑤ 常赞春等：《常氏家乘》，载王春瑜：《中国稀见史料》第 1 辑，第 16 册，厦门大学出版社 2007 年版，第 322 页。

⑥ 常赞春等：《常氏家乘》，载王春瑜：《中国稀见史料》第 1 辑，第 16 册，厦门大学出版社 2007 年版，第 318 页。

⑦ 常赞春等：《常氏家乘》，载王春瑜：《中国稀见史料》第 1 辑，第 16 册，厦门大学出版社 2007 年版，第 318 页。

⑧ 常赞春等：《常氏家乘》，载王春瑜：《中国稀见史料》第 1 辑，第 16 册，厦门大学出版社 2007 年版，第 318 页。

⑨ 常赞春等：《常氏家乘》，载王春瑜：《中国稀见史料》第 1 辑，第 16 册，厦门大学出版社 2007 年版，第 318 页。

⑩ 常赞春等：《常氏家乘》，载王春瑜：《中国稀见史料》第 1 辑，第 16 册，厦门大学出版社 2007 年版，第 318 页。

常维丰"生平笃嗜典籍书画，有可者购之，不惜重资"，① "家故多收藏"，② "所居图左史右，琳琅满架""编有目录，序次有法"。③ 常承祖"以古图籍古碑碣自娱，所居琳琅满室"。④ 常立经"茸精庐，拥图籍，酷嗜宋诸儒书"。⑤

除此之外，常家子弟收藏了大量医学书籍，如常望春"家居从事医学，家故富医书"。⑥ 常运吉"所藏医书多秘籍精本，太原李先生润章、徐沟董先生庆安均老，医学赅博，皆乐与君交，藏书互假。光绪甲午，秦中刻本经疏证称精善，君读之曰：'是犹有敚误不及余藏者'，为补敚勘误十许条，贻之书俾成完本"。⑦

(四)灵石晋商藏书活动

清代灵石县多个商人家族在藏书、刻书等方面均留下印迹，较有代表性者为静升王家、两渡何家与灵石杨家。需要指出的是，清代灵石商人的藏书实践有如下几个特别之处：一是两渡何家的文化成就十分突出，"吾晋灵石何氏，为旧家之最。其先人双溪先生思钧有名德，子砚农兰士，尤以文学显"。⑧ 读书、应举成绩突出的何氏家族自然藏书丰富，但是我们没有找到相关的藏书史料。二是以刻书著名的晋商杨氏，虽以"连筠簃"丛书留名青史，备受学界推崇，惜乎《灵石县志》等文献中并未留下太多其家族藏书史料。三是清末山西藏书大家之一的耿文光，其父耿洲系书商，"家道素丰"，耿文光"家中藏书万卷，著有万卷楼书目

---

① 常赞春等：《常氏家乘》，载王春瑜：《中国稀见史料》第 1 辑，第 16 册，厦门大学出版社 2007 年版，第 222 页。

② 张敬颢、常麟书：《榆次县志》卷 19《艺术录》，太原范华印刷厂民国二十九年(1940)铅印本，第 5 页。

③ 常赞春等：《常氏家乘》，载王春瑜：《中国稀见史料》第 1 辑，第 16 册，厦门大学出版社 2007 年版，第 322 页。

④ 常赞春等：《常氏家乘》，载王春瑜：《中国稀见史料》第 1 辑，第 16 册，厦门大学出版社 2007 年版，第 257 页。

⑤ 常赞春等：《常氏家乘》，载王春瑜：《中国稀见史料》第 1 辑，第 16 册，厦门大学出版社 2007 年版，第 249 页。

⑥ 常赞春等：《常氏家乘》，载王春瑜：《中国稀见史料》第 1 辑，第 16 册，厦门大学出版社 2007 年版，第 107 页。

⑦ 常赞春等：《常氏家乘》，载王春瑜：《中国稀见史料》第 1 辑，第 16 册，厦门大学出版社 2007 年版，第 277 页。

⑧ 苏华：《清代两渡何家——一个文化世族的递进史》，三晋出版社 2016 年版，第 322 页。

四本，以藏书论，全省望族推为巨擘"。① 可是，耿文光儒生出身，家道逐渐中落，并未见到他涉足商业的迹象，所以是否将其纳入晋商藏书家，学界存在争议。四是静升村晋商王家富于藏书，但是与藏书相关的直接史料并不多见。鉴于以上因素，灵石晋商藏书不再详细展开论述。

要之，明清时期山西商人藏书风气鼎盛，"明代吾晋多显宦，故藏书多有。清中叶以来，则洪洞董氏、介休白氏、曹氏、祁县孙氏、太谷曹氏、孙氏，均以雄资好事，特设书库储藏"。② 山西商人藏书家群体之众，藏书历史延绵之久，藏书数量之大，以及珍善本价值之高均值得世人瞩目。众所周知，明清时期地处西北的三晋大地，远离中国传统学术和藏书文化中心地如北京、江南等地，进而引致山西地区教育文化水平落后。但是，山西商人利用经营商号贸易业和票号金融业积累的巨额财富，肆力购买、刊刻、收集各种古籍文献与书画碑帖，既促进了山西商人家族文化素养的提升，也为三晋大地传统古籍文化遗产的保存和传承做出了重要的贡献。直至今日，山西及国内许多图书馆内均收藏有从山西商人藏书家手中流出的古籍书画。

第二节　藏书方式

明清时期，山西商人藏书家之间的日常交游，为私家藏书活动的展开提供了历史条件，如赵铁山云："同邑藏书之富，首推孙弼予。兄（赵云山）才高学博，久为兄益友，时相过从，勤加讨论，载籍互假参考……兄之学进于是，藏书亦略备于是"。③ 除去藏家之间交流提供的藏书机会，晋商藏书家主要是通过购书、刻书、抄书、著书等不同途径积累私家藏书。

一、购书

商人群体的特色之一是经济实力雄厚，因此较之生活相对清素的士人藏书家，山西商人藏书家在藏书购买方面颇显豪气。降至清代，山西商人藏书家一掷

---

① 李凯明、耿步蟾：《灵石县志》卷9《忠孝》，台北成文出版社1976年版，第507页。
② 常赞春：《苬寙语故》，民国年间印本，第31页。
③ 赵昌燮：《仲兄云山先生年谱》，太谷平民工厂民国十二年（1923）石印本，第12页。

千金购买心仪古籍、书帖的史料颇为常见。显然，通过购买来丰富家族藏书藏品，是明清民国时期山西商人积聚藏书的主要方式。

明代内阁首辅张四维之父，系明后期晋南地区蒲州商人，他身在外地经商，心系家中子弟读书，"每贻书督励，购诸经传注、疏义及《史》《汉》诸书车寄之"。① 在数百年前的物流体系之下，图书的寄送成本恐不会低，背后须有雄厚财力作为支撑，因此张父此举颇不被经商同人所理解。

榆次商人常家子弟多有豪购图籍碑帖之举。比如常承祖，"好读所未见书，偶遇诸目，即不惜重价购之"，② "求古图籍古碑版，苟有益于学问，虽费数百金不靳也"。③ 又如常维丰，"生平笃嗜典籍书画，有可者购之，不惜重赀"。④ 再如常立德"尤好古人法帖，不惜重赀以购之"。⑤ 常立屏在购书方面颇有大手笔，"凡家藏善本，不惜购以巨金"。⑥

从祁县晋商何家藏书的印章、题跋可知，何氏藏书大多来自名家旧藏，显然是以购买方式获取。比如，何氏所藏绍定本《昌黎先生集考异》，存有汲古阁毛氏、徐乾学、季振宜等人的藏书印。再如，何氏收藏的嘉靖本《甫田集》和连筠簃本《永乐大典目录》均是山西灵石藏书家耿文光的旧藏，存有耿氏题跋。⑦ 除此之外，何绍庭耗费巨资收购金石碑帖，"要半生精力所注，只在金石一门……于是重价购募，多方剔抉，每得一品，审年代，辩款识，录文字而考订之"。⑧

祁县、太谷二地晋商藏书家同样是豪购图书碑帖。如祁县晋商乔致庸年老之

---

① 张四维：《张四维·条麓堂集》卷30《先考封光禄大夫柱国少师兼太子太师礼部尚书中极殿大学士蒲川府君行状》，张志江点校，上海古籍出版社2018年版，第806页。

② 常赞春等：《常氏家乘》，载王春瑜：《中国稀见史料》第1辑，第16册，厦门大学出版社2007年版，第209页。

③ 常赞春等：《常氏家乘》，载王春瑜：《中国稀见史料》第1辑，第16册，厦门大学出版社2007年版，第216页。

④ 常赞春等：《常氏家乘》，载王春瑜：《中国稀见史料》第1辑，第16册，厦门大学出版社2007年版，第222页。

⑤ 常赞春等：《常氏家乘》，载王春瑜：《中国稀见史料》第1辑，第16册，厦门大学出版社2007年版，第225页。

⑥ 常赞春等：《常氏家乘》，载王春瑜：《中国稀见史料》第1辑，第16册，厦门大学出版社2007年版，第236页。

⑦ 王书豪：《祁县何氏"对蒙轩"》，[EB/OL][2020-12-20] http：//www.qxtsg. mh. libsou. com/newslist？cid＝26。

⑧ 黄兴涛、荆宇航：《杨深秀集》，北岳文艺出版社2020年版，第169页。

时，"孜孜矻矻，广购图书"。① 再如祁县晋商渠仁甫喜好收藏古籍善本和书画碑帖，"他开办的书业诚古籍书画店，主要业务是收购古籍书画。凡书店收到书画珍品和古籍善本、珍本时，首先要让东家看，凡是他喜爱的就留下"。② 又如太谷晋商藏书家赵云山，"特好书，凡书贾过馆者，每倒屣吐哺以观其所携"。③ 光绪二十六年（1900），赵云山购得华山碑，"此本起初询之售者，云系清源王效尊先生家物，光绪庚子五月端阳后，归于晶石山房"。④ 光绪三十四年（1908），赵云山于书肆购得尹宙碑旧拓本。⑤

二、刻书

山西商人家刻图书是清代晋商藏书的来源之一。这一藏书途径的出现，是伴随着清代中后期山西商人投身于私家刻书的兴起而出现的。目前来看，在家刻领域成绩较为突出的晋商主要有祁县何家、渠家、榆次常家、太谷赵家和灵石杨家。鉴于本书后面内容将专门考察晋商家刻图书问题，此处仅略谈晋商刻书与藏书之关系。

对晋商藏书家而言，刻书是仅次于购书的第二重要藏书途径，成为山西商人家族藏书的重要补充。如清代同光年间祁县晋商何绍庭辑刻《山右四朝诗》《王太史稿》《山右金石文钞》《四库全书目录》等书，⑥ 构成何氏藏书的重要一部分。灵石晋商杨尚文延请学者张穆主持"连筠簃"丛书刻印，杨氏刻书不但成为杨氏家族藏书来源，也成为同一时期山西商人的重要藏书。至清末民国，祁县晋商渠本翘、渠仁甫叔侄等人组织刻印祁县乡贤学者刘奋熙、乔尚谦等人文集，至今仍可在晋商后人所捐藏书中见到此类典籍。再如，太谷商人孙阜昌、曹润堂在生前或去世之后，家族出资刊刻印存、诗集等典籍。民国时期国内石印出版技术兴起之后，榆次常赞春、太谷赵铁山等积极出版个人著述，这一现象的出现与榆次常氏在太原成立经营的范华印刷厂是分不开的。

---

① 张正明等：《明清山西碑刻资料选·续一》，山西人民出版社2007年版，第381页。
② 武殿琦、渠荣錄：《渠仁甫传》，三晋出版社2009年版，第159页。
③ 赵昌燮：《仲兄云山先生年谱》，太谷平民工厂民国十二年（1923）石印本，第12页。
④ 赵昌燮：《仲兄云山先生年谱》，太谷平民工厂民国十二年（1923）石印本，第19页。
⑤ 赵昌燮：《仲兄云山先生年谱》，太谷平民工厂民国十二年（1923）石印本，第30页。
⑥ 范维令：《晋商巨族：祁县何氏家族》，中国社会科学出版社2010年版，第24页。

三、抄书

抄书是藏书积聚的一种方式，尤其是在印刷技术不成熟或古籍未公开出版时，手抄成为图书传播的主要途径之一。降至清代甚至民初，山西商人藏书家如渠仁甫曾有部分手抄书稿，"先父好读书，经史子集无所不读，尤好文史。曾点校过《文选》《御批通鉴辑览》《资治通鉴》《唐诗别裁集》等，也喜欢作诗，更喜抄书，曾把报章杂志上有关文史资料抄辑一处，名为《四不若斋丛钞》。此外还选抄《唐诗》《尤西堂诗选》及部分医书等"。① 需要指出的是，渠仁甫所抄录的书籍并非稀见，在文献学意义上价值有限，更多的是出于藏家个人喜好，但是此类抄录仍能增加个人藏书内容，并且成为藏书家个人藏书生活之一部分。

四、著书

著书是晋商家族藏书的来源之一，尤其是清代中后期山西商人子弟从商业经营管理中解放出来，更多地投身于读书和著述。因此，山西商人子弟留下丰富的个人著述，其中部分文稿公开出版刻印，但是大部分仍以抄本形式藏于家中。

榆次常氏子弟著述甚多，"吾宗向以儒贾起家，先人经商者，习于淳朴，无他记述可证，而业儒则所闻所见均有可述者焉"。② 比如，惺公"遗诗犹存，由家赴张家口所作七言绝句，写景抒情，均有佳胜云"。③ 常望春"所著有《读史札记》未卒，业诗则《莘华社诗四集》，外有《辛夷花馆诗词稿》《辛夷花馆杂文赋稿》，均藏于家"。④ 常第春"研习许郑学说，尤究尔雅，所作经论经说，均能旁通取畅……遗著于《莘华社诗四集》外，有《秋海棠吟馆诗钞》二卷、《杂文赋》一卷、《游汴纪程》一卷，刊登报章，都人士亦称其雅洁"。⑤ 常立教"存稿尚多，

---

① 渠明祜：《先父渠晋山事略》，《山西文史资料》1997 年第 6 期，第 57 页。

② 常赞春等：《常氏家乘》，载王春瑜：《中国稀见史料》第 1 辑，第 16 册，厦门大学出版社 2007 年版，第 318 页。

③ 常赞春等：《常氏家乘》，载王春瑜：《中国稀见史料》第 1 辑，第 16 册，厦门大学出版社 2007 年版，第 318 页。

④ 常赞春等：《常氏家乘》，载王春瑜：《中国稀见史料》第 1 辑，第 16 册，厦门大学出版社 2007 年版，第 108 页。

⑤ 常赞春等：《常氏家乘》，载王春瑜：《中国稀见史料》第 1 辑，第 16 册，厦门大学出版社 2007 年版，第 109 页。

待编订成书者有《女鉴》四编二卷，山中课女所辑取故事，约以四言韵语也"。① 常汝春"所为诗署《午村诗稿》，尚待点定也"。② 常龄"究医家言……所著有《治痘集要》《杂症萃精》，其群方集要则杂采各方书，加以评骘于儿科、喉症为多云"。③ 榆次晋商常氏著述见表2.1。

表 2.1　　　　　　　　　　榆次晋商常氏著述

人物	著述	版本	卷数	备注
常第春	《杂文赋》		一卷	
常麟书④	《中字知源录》	印本	二卷	据依字之笔画多少为次，摭《说文解字》中通用字，略加诠释
常麟书	《群经正义提纲》	印本		采摭《论语》《孝经》《孟子》疏，删去烦文及衍述
常麟书	《尔雅述义》	钞本		采摭邢、邵、郝疏，诠释、通例、篇题、子目等付印成册
常麟书	《左胰类聚》	写印本		为删节《左传》白文，或取事类，或存隽语
常麟书	《周礼述义》	写印本		大旨主郑注，旁采诸家说，止毕天官地官
常麟书	《礼记易简录》	钞本		系以清学部节本，未甚惬意，重据原本，加以删节，其说解则略采注疏及诸儒说
常麟书	《诗经述义》	写印本	三卷	大旨主毛传，旁及清代说诗经者汇辑
常立德	《读孟子札记》	钞本		大旨多析理言
常承祖	《实墨斋藏书目录》	钞本	一卷	家藏诸书，依四部类编

①　常赞春等：《常氏家乘》，载王春瑜：《中国稀见史料》第1辑，第16册，厦门大学出版社2007年版，第251页。
②　常赞春等：《常氏家乘》，载王春瑜：《中国稀见史料》第1辑，第16册，厦门大学出版社2007年版，第275页。
③　张敬颢、常麟书：《榆次县志》卷18《卓行录》，太原范华印刷厂民国二十九年（1940）铅印本，第22页。
④　张敬颢、常麟书：《榆次县志》卷13《艺文考·经部》，太原范华印刷厂民国二十九年（1940）铅印本，第2页。

续表

人物	著述	版本	卷数	备注
常立方	《抱守斋石墨存目》	钞本	一卷	略述所存碑帖。①
常立方	《南北游记》	钞本	三卷	系由家至河南、江苏、浙江、湖南、湖北、天津、北京，备述所历形胜及交际
常麟书	《秦汉郡州职任谱》	钞本	一卷	列秦三十六郡及汉诸州郡属地任职等
常麟书	《读史大事辑》	钞本	二卷	起上古至西晋统一，为学校讲述者
常麟书	《外史歌略》	刻本	四卷	撮述外国事，约以四言韵语，为初学歌诀便诵
常麟书	《汉隋二志存书辑略》	印本	三卷	依《汉书·艺文志》《隋书·经籍志》所存书目，以清《四库全书提要》《玉函山房藏书序录》所存者为断
常第春	《游汴纪程》	钞本	一卷	由家赴河南所历形胜。②
常龄	《治痘集要》			
常龄	《杂症萃精》			
常龄	《从欲录》			
常龄	《群方集要》	钞本		均经验致效方，以儿科喉科为多。③
常立方	《抱守斋金石跋》	钞本	一卷	多评书法
常立方	《抱守斋集字联语》	钞本	一卷	系集汉碑字及吴天玺纪功碑字，以五言、六言、七言、八言为次，备书联者
常立教	《女鉴》	钞本	二卷	集妇女嘉言懿行，约为四言韵语，取便记诵。④

---

① 张敬颢、常麟书：《榆次县志》卷13《艺文考·史部》，太原范华印刷厂民国二十九年(1940)铅印本，第3页。

② 张敬颢、常麟书：《榆次县志》卷13《艺文考·史部》，太原范华印刷厂民国二十九年(1940)铅印本，第3页。

③ 张敬颢、常麟书：《榆次县志》卷13《艺文考·子部》，太原范华印刷厂民国二十九年(1940)铅印本，第5页。

④ 张敬颢、常麟书：《榆次县志》卷13《艺文考·子部》，太原范华印刷厂民国二十九年(1940)铅印本，第6页。

续表

人物	著述	版本	卷数	备注
常惺	《北游杂咏》	钞本	一卷	由家至张家口作,绝为七言绝句
常立教	《趣园诗草》	钞本	四卷	山居作,合晚年教授作
常守质	《知我录》	钞本	一卷	在赤城作
常守质	《塞北杂诗》	钞本	一卷	由家赴张家口,抵京作,多五七律诗
常望春	《辛夷花馆诗钞》	钞本	二卷	分五七古律绝,近黄莘田、白香山,七律间近杜
常麟书	《约斋文集诗集》	钞本	各二卷	均清光绪末,距卒时作
常麟书辑	《国文讲授辑存》	印本	二卷	初编上杂取诸子、春秋、三传,区论理论事之作,下杂取三传、国语、国策、史汉,区叙事记言之作,二编亦依此例
常麟书辑	《近代文略辑》	印本	二卷	上卷为论著类,中卷为记载类
常麟书辑	《铧华社诗集》	钞本	四卷	为常氏诗社合辑者。初集为清光绪丁亥作,以五七古律绝及词为次,二集为戊子、己丑合作,三集为庚寅作,四集为辛卯作,均以五七古律绝为次及词
常麟书	《阅微草堂诗话》	印本	一卷	系采之纪文达笔记者
常麟书	《艺林谭屑》	印本	四卷	系采之报章及朋故诸作,或摘句,多近代作
常麟书	《鞠部新声》	印本		
常第春	《秋海棠吟馆诗》	钞本	二卷	诗近温飞卿,间为永嘉四灵体
常汝春	《午村诗钞》	钞本	一卷	
常立纪	《知困轩遗词》	钞本	一卷	皆小令中调借景抒情无牢愁及谐谑语。①

资料来源:《常氏家乘》《榆次县志》《山西献征》等。

太谷商人赵氏与曹氏均有著述存留。太谷商人赵云山颇有文名,民国五年(1916)之后,他居家养病期间撰写大量文字,"晚岁溺情稧帖文,则以昌黎、望

---

① 张敬颗、常麟书:《榆次县志》卷13《艺文考·集部》,太原范华印刷厂民国二十九年(1940)铅印本,第9页。

溪为归，所著有《栝楼香馆文集》《临池日记》《无聊语》"。① 太谷商人曹润堂是己丑科举人，"高于才雅，以文学自励，精六法，嗜填词，尤工于诗。钱塘徐花农尝称其抗乎吴梅村氏而上之，……四十岁后骹疾作，用世之心顿冷，肆力于音韵学，讽诵之余，毅然以编辑《傅徵君山年谱》自任，起例、发凡、体段已具，未及成书而逝，所著有《木石菴诗》《木石菴文录》《木石菴随笔》《傅文贞先生年谱》"。② 因此，凭借卓越的商业经营和丰富的文化著述，曹润堂成为近代山西商人之中经商与著述均有所成的典范。太谷晋商赵云山部分著述见表 2.2。

表 2.2　　　　　　　　　　**太谷晋商赵云山部分著述**

人物	著述	备注
赵云山	《耦渔夫子小传》《盂县张觐丹先生封翁墓表》《张寿卿先生墓志》	民国五年(1916)③
赵云山	《原配孟孺人墓志》《重修龙泉寺碑记》《孙氏祠堂碑记》	民国六年(1917)④
赵云山	《武君介仁墓志》《冯秋航先生六十寿序》《白小峰先生椹铭》	民国七年(1918)⑤
赵云山	《白君渐鸿墓志》《马君栱辰墓表》《继母刘恭人墓志》	民国八年(1919)⑥
赵云山	《成都夏勉吾先生墓志》《乔母马恭人墓志》《张佩兰先生圹志》《关岳庙碑记》	民国九年(1920)⑦
赵云山	《胡节母传》《清源县西马峪关帝庙碑》《适白氏长姊墓碑》《武母杨恭人墓志》《得砚记》	民国十一年(1921)⑧

---

① 刘玉玑、仇曾祜、胡万凝：《太谷县志》卷 5《文学》，台北成文出版社 1976 年版，第 719 页。
② 刘玉玑、仇曾祜、胡万凝：《太谷县志》卷 5《文学》，台北成文出版社 1976 年版，第 717 页。
③ 赵昌燮：《仲兄云山年生年谱》，太谷平民工厂民国十二年(1923)石印本，第 50 页。
④ 赵昌燮：《仲兄云山年生年谱》，太谷平民工厂民国十二年(1923)石印本，第 53 页。
⑤ 赵昌燮：《仲兄云山先生年谱》，太谷平民工厂民国十二年(1923)石印本，第 55 页。
⑥ 赵昌燮：《仲兄云山先生年谱》，太谷平民工厂民国十二年(1923)石印本，第 57 页。
⑦ 赵昌燮：《仲兄云山先生年谱》，太谷平民工厂民国十二年(1923)石印本，第 58 页。
⑧ 赵昌燮：《仲兄云山先生年谱》，太谷平民工厂民国十二年(1923)石印本，第 64 页。

　　明清时期，其他山西商人亦有零散著述留世。比如明代山西商人任公，"幼治《周易》，日夜孜孜，用心甚苦，以家累不获卒业，然志在是也。故虽挟资远游，所至必以篇简自随，遇先贤嘉言善行则手录之，久久成帙，题之曰《日用录》，盖若昔人《自警编》意"。① 浮山商人张午阳，"弱冠屡应童子试，不售，改业为商贾……有手著《六壬辑注》六卷，存于家，未梓"。② 洪洞商人王鼎元，"生平工画，常写齐鲁胜迹图，并著《书画纪要》藏于家"。③ 再如祁县商人藏书家何绍庭，"毕力从事于著述……所编辑者，有《山右四朝诗》《王太史稿》，都已付梓。校订而未付梓者，则有傅青主徵君《霜红龛集》"。④ 祁县晋商乔氏子弟如乔超五、乔尚谦等均有著述存世，如目前山西省晋中市祁县图书馆与太谷区图书馆馆藏的《有融斋遗稿》《息影园诗存》。

　　综上可知，藏书积聚是传统时代藏书实践中必然面临的基本问题。作为拥有雄厚经济资本的商人藏书家，斥巨资购买典籍文献是明清民国时期山西商人藏书家积累藏书的主要方式。除此之外，伴随清代山西商业经营管理中东伙制度的出现，大部分晋商子弟从一线商业经营中解放出来，沉浸于读书应举等文化实践。在这一过程中，晋商子弟的文化素养和学术水准不断提升，作为内在文化学识的一种产出，晋商子弟开始从事辑佚、著书和刻书等文化活动，所辑之书、所著之书和所刻之书又成为晋商私家藏书的重要来源。

---

① 张四维：《张四维集·条麓堂集》卷27《封修职郎国子监助教原泉任公暨配孺人李氏合葬墓志铭》，张志江点校，上海古籍出版社2018年版，第740页。
② 任耀先、张桂书：《浮山县志》卷27《孝义》，台北成文出版社1976年版，第740页。
③ 孙奂仑、韩垌等：《洪洞县志》卷13《人物志·孝行下》，台北成文出版社1968年版，第923页。
④ 黄兴涛、荆宇航：《杨深秀集》，北岳文艺出版社2020年版，第169页。

第三章　藏 书 管 理

对于藏家而言，视若珍宝的古籍文献如何保藏与管理，是私家藏书过程中重要的一个环节。山西太谷商人藏书家赵云山爱护藏书至深，"尝书示儿辈曰：'能读书者必知郑重书籍。开卷必期有益，否则不开为妙，胡乱取看，胡乱搁置，于书有损，于人无疑，文雅之士必不若此。对于善本，更须珍重，史卓如先生于书最善，修理放置亦极整齐。凡所读书，损伤极少，后生须学此等。能知郑重，方可读书，将书损伤，吾实不忍观也，即是不孝。'"① 与其他身份职业的藏书家类似，在收藏典籍的过程中，明清民国时期的山西商人藏书家同样展开了一系列的藏书管理实践。受限于资料，本节主要从藏书楼宇建设和藏书编目校勘等方面展开分析。

第一节　藏书楼宇

藏书楼是中国古代藏书家保护珍藏古籍的重要设施。清代时期，藏书家对藏书楼宇建筑的认识更加成熟，藏书楼宇建设在选址、设计、环境等方面达到高度发展阶段。② 众所周知，清代山西商人驰骋于国内外贸易和金融界，积累巨额财富，经济实力出众。因此，这一时期，三晋大地上涌现出许多设计考究、建筑辉煌的藏书楼宇。直至今日，山西各地的晋商大院中仍可寻到晋商藏书楼的痕迹，可惜相关史料遗存稀少，笔者只可粗略描绘山西商人藏书楼的盛景。

祁县晋商藏书家何尊先，字绍庭，别号对蒙，是聚书最多的一位晋商藏书家。至清朝末年，何氏藏书已达十万卷。何绍庭仰慕乡贤戴廷栻，"祁县自戴先

---

① 赵昌燮：《仲兄云山先生年谱》，太谷平民工厂民国十二年（1923）石印本，第 26 页。
② 王蕾：《清代时期藏书楼建筑保护思想研究》，《图书馆工作与研究》2013 年第 1 期。

生廷栻以文学鸿博鸣于时，先生所居小楼即丹枫阁故地"。① 他遂于丹枫阁原址兴建"对蒙轩"藏书楼。"对蒙轩"多藏书立柜，又有何氏刻书藏版，珍贵典籍以白棉纸包裹，保存十分细致。② 1937 年日军入侵祁县，何家举族南下，"对蒙轩"藏书楼疏于管理，商贩甚至私取藏书、包裹熟肉。至 1954 年，祁县人民文化馆与何家后人合议，将"对蒙轩"藏书转存至祁县人民文化馆收藏。目前，祁县城南大街尚存有何家大院，进入何家院门，是由西向东百米长的青石甬道，甬道北则是两座楼院。西面的明楼院是里十外三的双进四合院，院中以过厅分隔，北楼即是主楼，亦即何家藏书楼——"对蒙轩"。③

祁县乔家自清中叶便开始收藏古籍。至清末，乔家商业帝国的重要缔造者——乔致庸，对于私家藏书积累和藏书楼建设贡献尤多。凭借雄厚的经济实力，乔致庸"肆力史册，广购图书"，④ 乔家保元堂之"有融斋"与"息影园"两座藏书楼，"均为藏书万卷之所"，⑤ 两座藏书楼的名字成为乔超五、乔尚谦个人文集的题名。

灵石耿文光是清末山西最负盛名的藏书家、目录学家之一。耿氏是清代山西书商、藏书家耿洲之后人，藏书八万余卷，"以藏书论，全省望族推为巨擘"。⑥ 为改善藏书保护和管理条件，同治九年（1870），耿文光兴建一座藏书楼，名为"万卷精华楼"。关于藏书楼名之含义，耿氏自称："万卷精华楼者，采万卷之精华，遂以名其楼也"。⑦ 藏书楼两层，内设十个藏书架，按四库分类法分类保存和整理私家藏书。时至今日，耿氏"万卷精华楼"已近于坍塌，难窥原貌。⑧

太谷赵家是著名的商业和文化世家，颇重典籍收藏。随着藏书日渐丰富，赵

---

① 常赞春：《山西献征》，董润泽点校，三晋出版社 2017 年版，第 314 页。

② 王书豪：《祁县何氏"对蒙轩"》，［EB/OL］［2020-12-20］http：//mp. weixin. qq. com/s？ _biz=MzA5MzUyMDk5NA==&mid=2649555304&idx=1&sn=6cf93dd7c2611982d4442e7592 1e2037#rd。

③ 王书豪：《祁县何氏"对蒙轩"》，［EB/OL］［2020-12-20］http：//mp. weixin. qq. com/s？ __biz=MzA5MzUyMDk5NA==&mid=2649555304&idx=1&sn=6cf93dd7c2611982d4442e7592 1e2037#rd。

④ 程光、盖强：《晋商十大家族》，山西经济出版社 2008 年版，第 135 页。

⑤ 祁县地方志编纂委员会：《祁县志》，中华书局 1999 年版，第 217 页。

⑥ 李凯明、耿步蟾：《灵石县志》卷 9《忠孝》，台北成文出版社 1968 年版，第 507 页。

⑦ 耿文光：《万卷精华楼藏书记》，中华书局 1993 年版，第 12 页。

⑧ 李琦：《晚清藏书家耿文光研究》，苏州大学 2006 年硕士学位论文，第 8 页。

家建有"綱斋藏书室"五间，三间西屋收藏古籍文献，两间正屋藏碑帖字画。① 光绪三十一年，赵铁山带领子侄整理藏书，按照四库目录分类存放。1937 年，赵铁山感触家事国事，有诗云："死丧之余赋孔怀，连年遭际特多乖。孑然独处如枯木，万卷书藏愧綱斋"。② 于诗中可见赵氏"綱斋"藏书之丰。

除上述规模较大的专门性藏书楼宇之外，晋商藏书家的庭院中均有规模不一、结构不同的藏书楼室。如榆次常家建有"贵和堂藏书楼"，又称"听雨楼"。③ 祁县渠家大院西南面有一个三合院，即为渠家藏书室。院门为贴墙门楼，门墩上雕有书卷，下有两个香瓜，寓意为书香门第。院内共有 15 间房屋，全部为单坡顶瓦房。④ 太谷晋商曹家、孙家等藏书大族均辟有专门存书的藏书室。

第二节　编目校勘

编目、校勘与题识是传统时代藏书家从事的文化学术活动和藏书管理实践。与士人出身的藏书家相比，山西商人藏书家的文化学识素养相对较低，早期的晋商藏书家尤其如此。因此从史料来看，山西商人藏书家进行的编目、校勘、题识等文化学术活动相对较少，至少与其收藏的图书规模、古籍质量难成正比。

山西商人藏书家的编目活动相对常见。祁县渠家、乔家的私家藏书，曾由渠氏专营古籍的商号"书业诚"员工予以编目，榆次常家、太谷赵家等则由族人自身开展藏书编目活动。例如，榆次常氏子弟藏书丰富，编目实践较为多见。《常氏家乘》记云："维丰公嗜书及画，所藏多名迹，子承祖兼好书……尝编有目录，叙次有法"。⑤ 常承祖著有钞本《实墨斋藏书目录》一卷，"家藏诸书，依四部类编"。⑥ 常

① 郭齐文：《书法家赵铁山》，山西人民出版社 1987 年版，第 25 页。

② 郭齐文：《书法家赵铁山》，山西人民出版社 1987 年版，第 27 页。

③ 朱向东等：《晋商民居》，中国建筑工业出版社 2009 年版，第 394 页。

④ 曹煜：《祁县老照片》，山西人民出版社 2004 年版，第 28 页。

⑤ 常赞春等：《常氏家乘》，载王春瑜：《中国稀见史料》第 1 辑，第 16 册，厦门大学出版社 2007 年版，第 322 页。

⑥ 张敬颙、常麟书：《榆次县志》卷 13《艺文考·史部》，太原范华印刷厂民国二十九年（1940）铅印本，第 3 页。

立方著有钞本《抱守斋石墨存目》一卷，略述所存碑帖。① 再如，清光绪三十一年，太谷晋商藏书家赵云山"率弟侄辈类次所藏书"，据赵铁山的记载，"夏日初长，颇得闲暇，(赵云山)命燮等率侄辈整理藏书，分类提纲，纪册签识，日会坐厅，事案目书题阅，三月而毕，拟其例责，燮录目提要，既便检阅，且使儿子辈稍识读书途径，辑不及半，竟尔中辍"。②

山西商人藏书家对藏书进行题识的现象较为少见。目前，祁县图书馆保存的何绍庭藏书存有眉批和题跋。如元张德辉所编《遗山先生文集》卷十一有何氏墨笔眉批："与昌黎所见略同，绍庭识。"③再如清乔煌著、嘉庆二年(1797)越雪斋刻、十七年(1812)补刻本《黄叶楼初集》卷三《杂兴七律十首》有何氏墨笔批语云："十首为西村第一佳作。"④

关于校勘活动，何绍庭刻印《四库全书目录》时，将《四库全书总目提要》所载书籍信息与《明史·艺文志》、家藏古籍以及天一阁、皕宋楼等知名藏书楼的藏书目录进行比对，时有校勘按语，内容涉及作者籍贯、古籍卷数以及版本等，体现出一定的学识功底，在清代山西商人中殊为难得。笔者在翻阅祁县图书馆藏清代何氏"对蒙轩"刻本《四库全书目录》基础上，选择部分按语列表展示(见表3.1)。

表 3.1　　　　　　　　　　何绍庭《四库全书目录》按语统计

书名	卷数	作者	籍贯	何绍庭按语
《读四书丛说》	四卷	许谦撰		案，皕宋楼藏八卷足本⑤
《论语稽求篇》	四卷	毛奇龄撰		案，《简明目录》《毛西河全集》皆作七卷⑥

①　张敬颢、常麟书：《榆次县志》卷13《艺文考·史部》，太原范华印刷厂民国二十九年(1940)铅印本，第3页。

②　赵昌燮：《仲兄云山先生年谱》，太谷平民工厂民国十二年(1923)石印本，第26页。

③　王书豪：《清康熙四十九年华希闵刻张穆何绍庭批校本〈遗山先生文集〉》[EB/OL][2020-12-20] http：//www.qxtsg.mh.libsou.com/newslist? cid=17。

④　王书豪：《清嘉庆二年越雪斋刻十七年补刻本〈黄叶楼初集〉》[EB/OL][2020-12-20] http：//mp.weixin.qq.com/s? __biz = MzA5MzUyMDk5NA == &mid = 400699512&idx = 3&sn = 158f2ad15c6f3ebbe7cd46efa663c103#rd。

⑤　何绍庭：《四库全书目录·经部·四书类》，清光绪十二年(1886)何氏对蒙轩刻本。

⑥　何绍庭：《四库全书目录·经部·小学类》，清光绪十二年(1886)何氏对蒙轩刻本。

续表

书名	卷数	作者	籍贯	何绍庭按语
《怀忠录》	无卷数	郑应旂撰	莆田人	案，浙江范氏天一阁书目作七卷①
《日本考》	五卷	李言恭、都杰同撰		案，李旴眙人，都杰当作郝杰，传刻误也，蔚州人②
《瘟疫论》	二卷补遗一卷	吴有性撰	震泽人	案，是书论瘟疫与伤寒迥然不同，医者极要之书③
《伤寒舌》	一卷	张登撰	吴江人	案，是书以舌验病较之胍候隐微，尤易考验④
《四六丛珠汇选》	十卷	王明嶅、黄金玺选		案，皕宋楼藏《圣宋名贤四六丛珠》一百卷，建安叶蕡编⑤
《周元公集》	九卷	周子撰，后裔沈珂编		案，予藏本作十五卷，吴重鼎编⑥
《内台集》	七卷	王廷相撰		案，洪洞李复和序，予藏本六十五卷，内台集坿集后⑦
《徐氏海隅集》	四十卷	徐学谟撰		案，予藏本分为三编，共八十五卷，此为残本⑧
《寒松堂集》	九十二卷	魏象枢撰，其子学诚编	蔚州人	案，予藏二十卷⑨
《古文苑》	二十一卷	无名氏辑，宋章樵注	昌化人	案，予藏本九卷，宋韩元吉编，无樵注⑩

---

① 何绍庭：《四库全书目录·史部·传记类》，清光绪十二年(1886)何氏对蒙轩刻本。
② 何绍庭：《四库全书目录·史部·地理类》，清光绪十二年(1886)何氏对蒙轩刻本。
③ 何绍庭：《四库全书目录·子部·医家类》，清光绪十二年(1886)何氏对蒙轩刻本。
④ 何绍庭：《四库全书目录·子部·杂家类》，清光绪十二年(1886)何氏对蒙轩刻本。
⑤ 何绍庭：《四库全书目录·集部·别集类》，清光绪十二年(1886)何氏对蒙轩刻本。
⑥ 何绍庭：《四库全书目录·集部·别集类》，清光绪十二年(1886)何氏对蒙轩刻本。
⑦ 何绍庭：《四库全书目录·集部·总集类》，清光绪十二年(1886)何氏对蒙轩刻本。
⑧ 何绍庭：《四库全书目录·集部·总集类》，清光绪十二年(1886)何氏对蒙轩刻本。
⑨ 何绍庭：《四库全书目录·集部·总集类》，清光绪十二年(1886)何氏对蒙轩刻本。
⑩ 何绍庭：《四库全书目录·集部·总集类》，清光绪十二年(1886)何氏对蒙轩刻本。

续表

书名	卷数	作者	籍贯	何绍庭按语
《宋百家诗存》	二十八卷	曹廷栋编		案，嘉善人，家藏本二十卷①
《翰苑琼琚》	八卷	杨慎编		案，家藏本二十卷②
《四六丛珠汇选》	十卷	王明嗸编	晋江人	案，是书已收入类书中，此为重复之本③
《唐诗纪事》	八十一卷	计有功撰	安仁人	案，明吾乡孔文谷重校序④

第三节　藏 书 流 散

在国家、社会、家庭以及个人等多重因素综合影响下，藏书流散是历代藏书家均无法回避的话题，因之成为中国藏书史研究的焦点课题之一。既有研究聚焦于传统时代古籍在不同藏书家之间的流转、传承等，对于近代时局变革后藏书流散的新特点、新方式和新影响等关注稍有不足。作为明清民国时期藏书家群体中的一股新生力量，山西商人藏书家积聚了数量庞大又不乏精善版本的古籍文献。自 1905 年开始，山西商人藏书开始了半世纪的流散过程，从而为学界提供了分析近代藏家典籍流散过程、方式、特点和影响等问题的极佳案例。

关于山西商人藏书流散的研究，既有成果侧重于部分山西商人藏书流散活动论述。但是，由于相关史料尚未得到系统的搜集与整理，该问题目前缺少全面和深入的学术探讨。鉴乎此，笔者充分挖掘清末民国时期山西图书馆档案资料和碑刻、方志等地方民间文献，并以田野调查过程中发现的 1955 年山西省晋中市祁县人民文化馆工作人员抄录的《祁县人民文化馆收藏古书登记册》为基础，根据该登记册详细记载的古籍书名、版本、册数、捐献者等信息，结合祁县晋商藏书家渠仁甫日记等，辅以走访晚清著名晋商藏书家乔超五曾孙乔新士等人，从而为本研究的展开准备了一定的史料条件。

---

① 何绍庭：《四库全书目录·集部·诗文评类》，清光绪十二年(1886)何氏对蒙轩刻本。
② 何绍庭：《四库全书目录·集部·诗文评类》，清光绪十二年(1886)何氏对蒙轩刻本。
③ 何绍庭：《四库全书目录·集部·诗文评类》，清光绪十二年(1886)何氏对蒙轩刻本。
④ 何绍庭：《四库全书目录·集部·诗文评类》，清光绪十二年(1886)何氏对蒙轩刻本。

一、流散过程

20世纪前期，清代山西商人藏书家积聚的数量丰富、版本珍稀的古籍，历经清朝末年、民国初年、抗日战争以及中华人民共和国成立初期等四个主要流散阶段，从山西商人藏书家的深宅大院逐渐流散世间。

(一)清朝末年

1905年，清朝政府宣布废除科举考试制度，"读书-科考"式上升渠道被废弃，中国传统教育场域的文化资本分配面临新的格局，包括山西商人在内的地方士绅投身新式教育的革新之中。在这一过程中，私家藏书成为山西商人参与新式教育实践的重要文化资本，他们通过向新式中小学校和图书馆等文化教育机构捐赠图书的方式开启了藏书流散之路。

榆次晋商常家累世注重藏书，时人称道："魏榆素封之家，不一而足，而以读书为急务者为常氏"。① 清朝末年，榆次常家的常麟书、常赞春、常旭春等获得进士、举人功名，成为当地颇具影响力和号召力的学者群体。20世纪初期，榆次常氏在当地开办新式学堂，并利用家中积聚的丰富藏书，支持新式学堂教育资源的改善。在这一过程中，贡献最著者是藏书家常赞春。1907年，榆次县凤鸣学堂"存书向时无几，除时文外，仅有《瀛寰志略》及《方正学集》二部，《山西通志》一部。清光绪丁未，移尊经阁藏书归之于是，闻藏书室、仪器室于中院之东西二隅，诸书颇断烂失次"。目睹凤鸣书院藏书之稀缺，常赞春将个人部分藏书捐给学堂图书馆，"出家藏之《十三经》《廿四史》《廿二子》《朱子全书》《昭明文选》，捐赠学堂"。② 除此之外，1908年，为了丰富山西图书馆馆藏，常赞春将《四部丛书》及方志等二万余册藏书寄存于省图书馆，③ 有助于充实省图书馆馆藏资源和发挥其社会教育职能。

20世纪初期，祁县晋商渠本翘、渠仁甫等将私家藏书作为兴办祁县中学的

---

① 常赞春等：《常氏家乘》，载王春瑜：《中国稀见史料》第1辑，第16册，厦门大学出版社2007年版，第206页。

② 张敬颢、常麟书：《榆次县志》卷8《教育考》，范华印刷厂民国二十九年(1940)印本，第4页。

③ 山西省图书馆：《山西图书馆史料汇编》，山西人民出版社2003年版，第93页。

助力。光绪三十一年(1905),在清朝教育新政影响下,渠本翘与祁县士绅集资 2 万两白银,将祁县昭余书院改办为祁县中学堂,渠本翘自任董事长兼总办,制定《祁县中学堂章程》35 条,并把部分家藏古籍捐献给祁县中学堂的图书馆。① 直至今日,祁县中学图书馆仍收藏有一万余册古籍,在全国的中学图书馆中可谓独树一帜。20 世纪 80 年代,冀淑英、丁瑜等古籍版本学家在参观祁县中学所藏古籍后,曾给予"同类图书馆,南方没有,北方少有"的称赞。2016 年,据祁县图书馆古籍保护中心工作人员整理,祁县中学图书馆收藏古籍总数在万册以上,经、史、子、集、丛五部齐全,史部与子部新学类数量较多,其中不乏明代汲古阁刻《十三经注疏》、北监本《二十一史》、清内府五色套印本《古文渊鉴》等名刻,以及《十通》《古今图书集成》《四部备要》等大部头古籍。②

(二)民国时期

20 世纪 20 年代以来,山西商人藏书家或将私家藏书向公众开放阅读,或转移到新式图书馆,赋予私家藏书更多的社会文化价值。遗憾的是,1937 年爆发的抗日战争等事件严重影响了山西商人藏书的流散进程,使其遭遇了难以躲避的书厄。

1. 渠仁甫与祁县竞新图书馆

民国十五年(1926),祁县晋商藏书家渠仁甫在县城购置房产,并拿出部分家藏典籍,辅以"购买新旧图书",③ 创办私立竞新图书馆,"所藏新旧图书极丰。同时,订有多种报刊,对外开放,为省内县城中规模最大的图书馆"。④ 私立竞新图书馆"除供本校师生阅读参考外,还对社会人士开放,任何人都可以进去阅览。因藏书较多,在当时县城中无出其上者,故阅览之人终日不绝"。⑤ 私立竞新图书馆免费向社会公众开放,因馆内藏书丰富,备受社会各界称赞。可惜的

---

① 武殿琦、渠荣錄:《渠仁甫传》,三晋出版社 2009 年版,第 27 页。
② 祁县图书馆:《祁县中学图书馆藏古籍整理工作正式开展》[EB/OL][2020-12-20] http://www.qxtsg.mh.libsou.com/newsinfo? id=6792&cid=14。
③ 武殿琦、渠荣錄:《渠仁甫传》,三晋出版社 2009 年版,第 106 页。
④ 祁县地方志编纂委员会:《祁县志》,中华书局 1999 年版,第 676 页。
⑤ 渠明祜:《先父渠晋山事略》,《山西文史资料》1997 年第 6 期,第 57 页。

是，1937 年，日军侵占祁县县城，渠仁甫南迁四川，私立竞新图书馆陷入停办状态。① 中华人民共和国成立初期，渠仁甫自四川返回山西，至 1951 年，渠仁甫将私立竞新图书馆捐给祁县中学。② 私立竞新图书馆的藏书，"经敌伪时期之损失，尚残存一少部分，也均于 1954 年全部捐献予祁县人民文化馆"。③

2. 日军入侵与晋商藏书流散

1937 年 11 月 9 日，日军入侵祁县县城，肆意掠夺珍贵文物典籍，祁县晋商藏书处境险恶。渠家、何家、乔家等山西商人家族在简单处理藏书之后大多选择南下避难，遗留在祁县的典籍难逃战乱之殇，遭遇了不同程度的损失。

祁县晋商乔家坐拥有融斋、息影园等藏书楼，私家藏书丰富。乔家族人在南迁之前，将藏书运往祁县永春原大药店二层仓库，进行了较为妥当的安排，所藏古籍大多完好保存下来。④ 永春原大药店专营中药材，由祁县商人渠仁甫和渠晋云等合资经营，祁县为总号。祁县乔家之所以将藏书寄存在渠家的商号，原因在于渠晋云的妻子是乔家的乔贞士。可惜的是，1948 年后，乔家著名藏书家如乔超五和乔致庸等所藏古籍开始散佚民间。⑤

渠家大院位于祁县县城，位置优越，建造宽宏，日军将其作为战时司令部，并大肆劫掠渠仁甫精心收藏的名贵古籍、书画。后来，祁县长裕川茶庄和书业诚的同仁趁日兵外出之际，紧急抢运出大部分古籍，存放在书业诚的库房内，渠家藏书虽有损失，幸亏并不严重。⑥ 1953 年，书业诚同仁将抢救下来的书籍、字画等几十箱运至太原。⑦

祁县晋商何绍庭的"对蒙轩"藏书楼收藏丰富，藏书多至十万余卷。抗战时期，何家前往南方地区躲避战争，将藏书封存在祁县城南大街老宅院的幽僻之处。这批藏书虽然逃过兵焚之厄，但是由于何家族人大多外迁，"对蒙轩"藏书

---

① 渠明祜：《先父渠晋山事略》，《山西文史资料》1997 年第 6 期，第 58 页。

② 山西省政协《晋商史料全览》编辑委员会：《晋商史料全览·晋中卷》，山西人民出版社 2006 年版，第 754 页。

③ 渠明祜：《先父渠晋山事略》，《山西文史资料》1997 年第 6 期，第 58 页。

④ 访谈祁县藏书家乔超五曾孙乔新士，时间：2016 年 11 月 3 日，地点：祁县晋商文化研究所。

⑤ 薛愈：《山西藏书家传略》，山西古籍出版社 1996 年版，第 134 页。

⑥ 渠明祜：《先父渠晋山事略》，《山西文史资料》1997 年第 6 期，第 58 页。

⑦ 武殿琦、渠荣鑅：《渠仁甫传》，三晋出版社 2009 年版，第 90 页。

楼陷入无人看管的境地，所藏古籍文献甚至被城内卖熏肉的老人用以包裹熟肉。①

（三）中华人民共和国成立初期

1955 年 12 月，祁县人民文化馆对晋商藏书家捐献的古籍进行整理，编成抄本《祁县人民文化馆收藏古书登记册》1 册，每页分列编号、书名、套数、册数、卷数、纸别、版别、著作人、捐献人、备考等基本栏目，详细登记了晋商所捐古籍的信息。同时，由山西省晋商文化基金会新近出版的渠仁甫日记——《渠仁甫备忘录》，详细记载了 20 世纪 50 年代他捐赠藏书的历史细节。基于以上民间文献，笔者对中华人民共和国成立初期晋商藏书家捐书的历史过程进行爬梳。

祁县晋商藏书家渠仁甫在 1954—1955 年两次捐赠私家藏书。1952 年，渠仁甫参加山西省政协学习之后，结识山西省文史馆馆长张兰亭，向其提出捐书一事。后因渠仁甫生病，直到 1955 年方才办理捐书手续。②《渠仁甫备忘录》记载了此次捐书的历史细节，1955 年 3 月 27 日，渠仁甫遣子渠川祜往访张兰亭，催其接收渠家捐献之书籍，并筹接收方法。③ 4 月 13 日，太原市委统战部赵部长、张科长前来参观渠仁甫在"书业诚"的存书。④ 5 月 29 日，渠仁甫与张兰亭约定暑假期间派人赴祁县接收所捐献之书籍。7 月 2 日，张兰亭至祁县查看渠氏捐献之书籍，并准备接收装运方法。⑤ 7 月 30 日，文史馆朱建中与渠仁甫商定接收书籍之期。⑥ 9 月 28 日，渠仁甫移交文史馆书籍手续完成，共计捐书五百五十四部。⑦ 除此之外，1954 年，渠仁甫先将四百七十七部、一万一千四百余册珍藏书籍捐赠予祁县人民文化馆。⑧

祁县乔贞士处理的藏书主要是其丈夫渠晋云的藏书。20 世纪 50 年代，孀居

① 范维令：《晋商巨族：祁县何氏家族》，中国社会科学出版社 2010 年版，第 153 页。
② 渠明祜：《先父渠晋山事略》，《山西文史资料》1997 年第 6 期，第 58 页。
③ 山西省晋商文化基金会：《渠仁甫备忘录》，中华书局 2013 年版，第 144 页。
④ 山西省晋商文化基金会：《渠仁甫备忘录》，中华书局 2013 年版，第 151 页。
⑤ 山西省晋商文化基金会：《渠仁甫备忘录》，中华书局 2013 年版，第 166 页。
⑥ 山西省晋商文化基金会：《渠仁甫备忘录》，中华书局 2013 年版，第 172 页。
⑦ 山西省晋商文化基金会：《渠仁甫备忘录》，中华书局 2013 年版，第 180 页。
⑧ 武殿琦、渠荣鏴：《渠仁甫传》，三晋出版社 2009 年版，第 108 页。

的乔贞士将部分藏书售与书店，作为卖书事务的主要接洽人，渠仁甫日记详细记载了乔贞士卖书、捐书的具体过程。1954 年 3 月 16 日，乔贞士向北京几家书店提供藏书著录，供其甄选。① 3 月 23 日，北京实学书店派人至祁县察看其所售之书，并协商售价。② 4 月 5 日，文汇书店又选购乔贞士藏书四十一种，作价一百七十八万元。③ 1954 年，乔贞士将剩余部分藏书捐献予祁县人民文化馆。1954年 5 月初，杨季韶代为整理乔贞士之旧书，俟经整理再办捐献手续。6 月 26 日，古籍书帖整理完成，之后文化馆工作人员薛贵菜为乔贞士送来捐献志愿书一纸、收据一纸以及书目一册。④ 乔贞士捐书共计有三百六十六种，包括经部一百零一种、史部七十二种、子部九十九种、集部八十种、类从部十一种。⑤

　　何晓楼是祁县著名晋商藏书家何绍庭的后人。1950 年，祁县人民文化馆工作人员王又生发现卖肉老人用以包装的"草纸"是古版线装书，后得知古书来自何家大院正院里的楼房院。祁县政府多方查询，寻到留居县城的何家后人何晓楼，他遂将私家藏书全部捐献给祁县人民文化馆。文化馆派专人进行简单的编目整理，将"套书"存于文化馆后院正房楼下，"散本"则藏于临街楼上，共占用 10间房屋。⑥ 据统计，何氏捐赠古籍九百四十六种、二千六百六十二函、二万一千四百五十一部，包括经部一百一十三种、史部一百九十一种、子部一百四十七种、集部四百四十八种、类从部四十七种。⑦

　　太谷晋商赵家累世注重藏书，"到（赵）铁山时，所收集之书更多更精，并喜求名人精校善本"。⑧ 1950 年，太谷赵家"絅斋藏书室"的藏品被捐赠给山西省图书博物馆，共计三万六千四百余件。⑨ 1953 年上半年，山西省图书博物馆图书部整理了太谷赵氏所捐赠的一百零五箱旧书，并分类登记，按号上列架，共计三万九千六百二十三册。据工作人员记载，赵家所捐书籍较为整齐，内有《太平御

----

① 山西省晋商文化基金会：《渠仁甫备忘录》，中华书局 2013 年版，第 57 页。
② 山西省晋商文化基金会：《渠仁甫备忘录》，中华书局 2013 年版，第 58 页。
③ 山西省晋商文化基金会：《渠仁甫备忘录》，中华书局 2013 年版，第 62 页。
④ 山西省晋商文化基金会：《渠仁甫备忘录》，中华书局 2013 年版，第 80 页。
⑤ 韩丽花：《山西省祁县图书馆古籍述略》，《山西档案》2016 年第 2 期，第 7 页。
⑥ 范维令：《晋商巨族：祁县何氏家族》，中国社会科学出版社 2010 年版，第 115 页。
⑦ 韩丽花：《山西省祁县图书馆古籍述略》，《山西档案》2016 年第 2 期，第 6 页。
⑧ 张正明：《晋商与经营文化》，世界图书出版公司上海分公司 1998 年版，第 187 页。
⑨ 郭齐文：《书法家赵铁山》，山西人民出版社 1987 年版，第 79 页。

览》一部及《册府元龟》一部(不全)，均属稀见罕物。①

中华人民共和国成立初期，榆次藏书家常赞春的后人多次捐赠其藏书。第一次是 1951 年，他们向山西省图书博物馆捐献书籍、书画等一百七十八件，具体如表 3.2 所示。第二次是 1954 年，常赞春之子常凤铭将其父于榆次文庙所寄藏图书二千余套，捐献给原山西省图书博物馆，以偿其遗愿。② 至此，榆次晋商藏书家常赞春的藏书先后被捐给中小学校及山西省图书馆博物馆，完成了由"私藏"到"公藏"的所有权转换。

表 3.2　　**1949 年至 1951 年接管、捐赠、购买、抢救书籍、字画统计③**

年度	书籍	字帖	数目	捐赠	备考
1950	书籍		30000 本	太谷赵铁山	
1951	书籍	书画	178 件	榆次常子襄	计画轴、楹联裱匾、屏条等 112 件，合计为上数

二、流散特点

20 世纪前期，山西商人藏书流散过程中呈现出不少特色，尤其是在藏书的流散方式、流散缘由以及流散方向等三个方面，颇有值得分析之处。

(一)流散方式

传统时代的藏书流散方式较为多样，但最主要的方式仍是藏书售卖，尤其是藏书家子孙后代往往成为先辈藏书的售卖者，并多售予私人藏家。近代以来，随着新式图书馆事业的发展，越来越多的私家藏书以售卖的形式流入各级图书馆。

20 世纪前期，山西商人藏书的主要流散方式是无偿捐公，大部分藏书被山西商人藏书家通过无偿捐赠方式流向各级图书馆和中小学堂等文化教育机构。从

---

① 山西省图书馆：《山西图书馆史料汇编》，山西人民出版社 2003 年版，第 317 页。

② 常凤镐等：《集画、作家、教授于一身的常赞春》，载高增德：《晋商巨擘：晋商常氏文化学术研讨会论文集》，山西经济出版社 2005 年版，第 360 页。

③ 山西省图书馆：《山西图书馆史料汇编》，山西人民出版社 2003 年版，第 294 页。

1905 年常赞春、渠本翘等将藏书捐赠予凤鸣学堂和祁县中学等新式中小学堂，到 20 年代渠仁甫将藏书捐赠予私立竞新图书馆，再到 50 年代中期祁县何家、渠家以及太谷赵家等将私家藏书捐给山西省内各级图书馆，可见，在 50 余年的山西商人藏书流散过程中，占据主流地位的流散方式是捐赠，而非传统意义上的售卖。因此，对于山西商人藏书家而言，其私家藏书流散方式与传统的藏书售卖方式不同，呈现出别具特色的一面。

作为私家藏书这一文化资本的拥有者，山西商人将其无偿捐赠给各级中小学堂和图书馆，其行动逻辑自然值得推敲和思考。我们认为，山西商人藏书家无偿捐赠藏书的背后既有社会公益心理的作用，也有财富实力的基础支持，更是一种理性的行动选择。布尔迪厄认为，在社会空间内部，文化资本、象征资本以及社会资本等不同的资本形式之间可以互相转化。① 在捐赠私家藏书的过程中，晋商藏书家通过文化资本的让渡，获取其他形式的资本。

(二) 流散缘由

传统时代的私家藏书流散，或由于战事及朝代兴替等外部影响，或由于家族代际更替和家业坠落，最常见的流散缘由是藏书家的子孙后代，基于经济因素或人际纠纷而变卖祖上藏书。值得注意的是，20 世纪前期，山西商人藏书家很少因经济问题而变卖私家藏书，他们转移藏书的着眼点更侧重于发挥藏书文献的文化教育价值。

近代以来，山西商人遭遇战争、动乱乃至商业帝国没落等宏观因素的约束，"自道、咸、同至清季，以及今日，太谷商业被毁者十之八九"。② 但是从山西商人藏书的流散历程来看，战乱时代和经济下滑之际并非晋商藏书流失散佚的高峰期。同时，山西商人私家藏书的流散极少是由于家庭内部出现纠纷或问题，以致子孙变卖祖业。我们认为，出现上述两种现象的主要原因在于山西商人拥有较为深厚的财富积累。民国时期的山西商人财富实力已不及清代晋商，但较之普通百姓和寒素士人，仍有一定的财力优势，很少因经济困窘而变卖藏书。

---

① 宫留记：《资本：社会实践工具——布尔迪厄的资本理论》，河南大学出版社 2010 年版，第 144 页。

② 山西省政协《晋商史料全览》编辑委员会：《晋商史料全览·晋中卷》，山西人民出版社 2006 年版，第 810 页。

对于山西商人藏家而言，藏书是其接受文化教育的媒介。民国时期落魄晋商子弟变卖家产者众，原因之一在于此类山西商人家族藏书较少，不重视文化教育和家风家训，致使家族子弟文化素养较低和文化资本较少，难以抵御商业兴衰和社会动荡。而私家藏书较多的晋商家族，一般都能形成较好的家风家训和获得较高的文化能力，即便辛亥革命后的山西商人商业失败，他们也可以凭借文化资本跨越到不同的社会场域谋生。比如祁县渠家、榆次常家等族人，在家族商业衰退之后，族中子弟通过读书、求学等方式，积累一定的文化素养和取得相应的学历文凭，在民国时期的教育、科学和文化界站稳脚跟，拥有更加多元的人生。

要之，20世纪前期，山西商人藏书流散的缘由并非局限于家族人事、经济纠纷等传统因素，更多是基于对文化、教育的重视和崇尚，是山西商人藏书家主动选择的结果。作为传统中国文化资本场域的"弱势群体"，清代山西商人及其子弟在藏书、读书的过程中，逐渐积累了文化资本，为家族的兴盛和名声的提振打下了基础，他们通晓私家藏书作为稀缺的文化资源的重要意义，倾向于将文化资源转移到社会公众面前，从而进一步发挥文化资本的历史作用。

（三）流散方向

近代以来，随着地域之间和国内外学术文化交流的加强，珍善古籍的流散范围日益广泛，许多清代私人藏书家的藏书成为海外收藏机构的囊中之物，比如皕宋楼和海源阁的部分藏品至今流失海外。值得注意的是，20世纪前半叶，除了乔贞士卖到北京的部分藏书，山西商人藏书主要是在山西省内文化机构之间流动。因此，与清代末年知名藏书楼的藏书流散相比，山西商人藏书的流散方向较为单一，流散范围较为狭隘。

这一现象的出现有其较为特殊的历史原因。一方面，山西地处西北内陆，距离北京、上海以及江南等文化重心甚远，山西的藏书活动、藏书人物长期远离中国藏书场域的中心舞台，致使山西藏书活动的影响力有限，藏书在流散的过程中不易引起主流藏书界的关注。另一方面，传统藏书界注重的是珍稀版本古籍，商人出身的晋商藏书家，在藏书选择方面相对务实，体现出偏重实用的藏书思想，收藏的珍稀善本无法与清代知名藏书家相提并论，加之山西商人藏书家的学术成就、藏书知识和社会影响难与累世藏书的士人藏书家相提并论，故而在藏书场域处于相对边缘的社会位置。

要之，各种历史因素的叠加作用，限制了山西商人私家藏书的流散方向，使其甚少参与近代中国主流藏书流动市场，更多是在山西省域范围内流转。庆幸的是，正是这一历史"局限"造就了近代山西图书馆事业的发展。因为，对于文化图书资源相对稀缺的山西而言，山西商人藏书流散至省内各级图书馆和学校，而非外省或者外国，意味着避免了珍稀文化遗产的流失，从而将宝贵的文化财富留在三晋大地。

三、流散影响

从狭隘角度而论，藏书流散对传统私人藏家而言意味着面子、声誉的损害，售卖藏书者甚至背负愧对祖辈辛苦藏书的道德枷锁，因此，世间对于藏书流散更多是从否定的视角予以评论。但是我们认为，20 世纪前期，山西商人藏书的流散，却有着不同于常的历史影响，它所达成的是文献典籍、私人藏家与新式文化机构三者共赢的结局。

(一)提振家族社会声望

20 世纪以来，随着山西商人藏书的日趋流散，是否意味着晋商家族成为最大的受损者？事实上，山西商人藏书的流散不但没有损害晋商的家族声誉和社会地位，反而成就了山西商人在近代山西文化教育场域的重要位置。

山西商人藏书的流散过程，实际上是晋商家族不断获益的过程。在这一过程中，山西商人家族付出了经济资本，损失了文化资本，但同时也收获了社会资本(社交网络)和象征资本(社会声誉)。比如常赞春于清末新学兴起之时，向榆次县凤鸣学堂捐赠家藏图书，此举动颇受时任政府官员的认可和推崇，榆次知县沈继焱将此事禀报山西巡抚及提学使，巡抚恩寿和提学使锡暇分别题赠"士诵清芬""分惠士林"的匾额。① 民国时期常赞春等在山西教育和学术领域均有出色成绩，一方面是由于个人文化素养不俗，另一方面也离不开社会资本和象征资本的积累，尽管他们"固非欲藉此而要誉于世也"。②

---

① 常赞春等：《常氏家乘》，载王春瑜：《中国稀见史料》第 1 辑，第 15 册，厦门大学出版社 2007 年版，第 42~43 页。

② 曹恩荣、渠珠：《渠晋山先生生平事略》，载中国人民政治协商会议祁县委员会文史资料委员会：《祁县文史资料》第 8 辑，1991 年，第 204 页。

私家藏书是清及民国山西商人数代人的心血，如何更好地保存和使用私家藏书是他们的初衷和心愿。众所周知，私人藏书在代际更替和外界动乱之际，往往无法摆脱散佚甚至躔灭的悲惨结局。20 世纪前半期，山西商人藏书实现"由私及公"的转换，由私家藏书变成公共藏书，不再是仅供某位藏书家独自欣赏的文化典籍，而是成为学堂学生、图书馆读者等大众群体有机会接触的读物，有助于更好地实现藏书的阅读使用和长期保藏。从这个意义上讲，山西商人藏书的归宿实现了山西商人藏书家的初衷与理想。客观而言，山西商人藏书家常赞春、渠仁甫、赵铁山等人的行动选择体现出相当的人生高度和开放精神。

(二)助力山西新式教育

1905 年以后，中国的基础教育体系迎来破立之变，新式中小学教育进入摸索阶段。事实上，对于县域以下的基层学校而言，图书资料是较为稀缺的文化资源。对于面向社会公众的新式图书馆而言，藏书的稀缺同样约束其社会教育职能的发挥。20 世纪前期，山西商人藏书主要流向各类学校和图书馆。作为文化教育机构，学校和图书馆收到数量庞大的晋商藏书，可以最大化发挥图书资源的教育价值。

清末民国时期山西中小学流入大批来自山西商人藏书家的藏书，如榆次的凤鸣学堂、祁县中学以及渠仁甫创办的竞新小学校。显然，晋商藏书的流入，对于几所学校的教学质量提升和学生视野开阔具有重要的辅助作用。关于捐赠图书的动机与出发点，榆次晋商藏书家常赞春言道："今日道丧文弊，使读书种子不绝于人寰，亦云幸矣"。① 可见山西商人藏书流动的初衷之一便是推动文化教育的发展。再如祁县竞新小学校和祁县中学均成为民国时期山西的知名中小学校，与山西祁县商人渠本翘、渠仁甫的大量捐书不无关系。

图书馆一直是我国社会教育的主要机构，是非学校人群借阅图书的主要去处。山西商人私家藏书之大部流入山西省图书馆、山西省博物馆以及县图书馆等机构，成为当地民众获取教育资源的重要媒介，推动了社会民众教育水平的提升和图书阅读的普及。20 世纪二三十年代，山西地区最早向公众免费开放的公益

① 常赞春等：《常氏家乘》，载王春瑜：《中国稀见史料》第 1 辑，第 15 册，厦门大学出版社 2007 年版，第 42~43 页。

性图书馆——祁县私立竞新图书馆的建设和发展，便由山西商人藏书家渠仁甫一手促成。据祁县竞新小学校学生回忆，"学校附近的学生就去竞新图书馆，既乘凉避暑，又能阅览报纸书籍"。① 可见，竞新图书馆成为周边学生和读者借书、读书乃至休闲的文化场所。

（三）丰富山西图书馆藏书

20 世纪前期，山西商人家族慷慨无私地捐献藏书，成为三晋大地文化馆、图书馆馆藏书籍重要来源，对于新时期公共图书馆事业的发展起了重要作用。

近代山西图书馆藏书资源的丰富离不开山西商人捐书的支持。宣统元年（1909）四月，山西巡抚宝棻上《晋抚奏创设图书馆折》云："晋省创建图书馆，因筹款维艰，又僻居西北，搜罗难期完备，惟寻常书籍尚易购置，而鸿编巨册无从访求"。② 可知，对于僻居西北的山西而言，图书采购并不是一件容易的事情，受制于经费不足和图书寡少，近代山西图书馆事业的发展坎坷前行。作为一种替代性制度，山西图书馆实行"藏家寄储书籍"，以增加馆藏图书资料。榆次晋商藏书家常赞春等人积极配合省图书馆的图书寄存制度建设，"将其所藏书籍碑帖寄储本馆。中有希世佳本，多为本馆所未备者，其增光裨美，至为鸿多。本馆实深感谢，除慎重保存外，并印行目录以资表彰"。③ 中华人民共和国成立初期，山西商人藏书家如太谷赵铁山、祁县渠仁甫和榆次常赞春后人向山西省图书博物馆捐献藏书，累计达一千余部、近五万册，对山西图书馆的发展做出巨大贡献。

作为一个县级图书馆，山西省祁县图书馆藏古籍在数量和质量上远超省内外同级图书馆，是山西省内仅次于山西省图书馆的古籍收藏重点单位，其所依托的主要是祁县晋商所捐古籍文献。据不完全统计，祁县图书馆馆藏善本和普通古籍数量为二千三百三十三种、四万八千七百零一部，④ 而中华人民共和国成立初期祁县晋商藏书家渠仁甫等向祁县人民文化馆捐献的藏书多达四千八百六十五函、

---

① 赵世俊：《忆母校对我的启蒙教育》，载中国人民政治协商会议祁县委员会文史资料委员会：《祁县文史资料》第 8 辑，1991 年，第 39 页。
② 山西省图书馆：《山西图书馆史料汇编》，山西人民出版社 2003 年版，第 4 页。
③ 山西省图书馆：《山西图书馆史料汇编》，山西人民出版社 2003 年版，第 93 页。
④ 韩丽花：《山西省祁县图书馆古籍述略》，《山西档案》2016 年第 2 期，第 5 页。

三万八千九百零一部。① 需要指出的是，晋商捐书内含大量古籍孤本、珍本，选送《中国古籍善本目录》的有二百二十余种、四千余册。② 要之，祁县晋商后人捐献的数量巨大的古籍文献，使得祁县图书馆成为山西乃至北方古籍馆藏重镇。

要之，本节运用多种民间地方文献，对清末、民初、抗日战争时期以及中华人民共和国成立初期山西商人藏书流散过程进行细致考察，较为清晰地呈现了20世纪前半期山西商人藏书流散的多重面向。研究发现，山西商人藏书在流散方式和流散缘由等方面呈现出一定的特点。具体而言，山西商人藏书流散很少是内外承压之后的被动结果，更多的是一种理性、主动和积极的选择。这一特点的出现，或可归因于山西商人藏书家的经济资本积累优势和开放务实的群体精神。

作为一种文化资本，山西商人藏书家将私家藏书主动捐赠予各级中小学堂、图书馆、博物馆以及文化馆，不但完成了"由私及公"的藏书流转，更是实现了从传统藏书楼到新式图书馆的转换过程。在这一过程中，山西商人私家藏书不再是仅存于某一宅院偏隅的"死书"，而是成为中小学校和图书馆发挥教育职能的媒介，成为众人所阅读的"活书"，一定程度上延续了古籍珍本的"文献生命"。对于山西商人藏书家而言，他们曾被目为"逐利至上"的山西商人群体，在藏书流转和捐赠的过程中，获得政府嘉赏、社会认可和士林尊重，改善了自身的社会形象和社会地位，也获取了一定的象征资本(社会声望)、社会资本(社交网络)和经济资本(物质财富)。要之，20世纪前期山西商人私家藏书的流散，对文献古籍、新式文化机构和晋商藏书家族而言，是三方共赢的。

综上可知，山西商人藏书家的职业身份、学识素养等方面的特点，让商人藏书家的藏书聚散过程中出现一些特色之处。比如，迄今仍屹立在祁县县城的"对蒙轩"藏书楼，见证了历史时期山西商人藏书家的雄厚财力。又如，山西商人藏书家群体的文化资本无法与学者、士人出身的藏书家比拟，他们在藏书目录、古籍题识等学术层面几乎没有留下历史痕迹。再如，山西商人藏书在20世纪前期流散过程中的方向、方式等，也显示出山西商人藏书家的特别之处。这一系列商人藏书特色之处的挖掘，是对传统时代藏书历史文化的补充与深化，使我们对中国古代藏书史的细节和侧面取得更加系统和深入的认知。

---

① 范维令：《晋商巨族：祁县何氏家族》，中国社会科学出版社2010年版，第115页。
② 韩丽花：《山西省祁县图书馆古籍述略》，《山西档案》2016年第2期，第5页。

第四章　藏书思想

"藏以致用"是藏书史学者剖析中国古代藏书理念的重要切入点。[1] 值得注意的是，较之重版本价值的士人藏书家，明清民国时期山西商人藏书家更重视藏书的实用价值。换言之，明清民国时期山西商人藏书家的藏书思想存在特色之处，考察这一思想的具体表现、形成条件和历史影响便成为较有意义的研究主题。本节拟立足于书目、家谱、方志以及碑铭等民间文献，从藏书内容、藏书阅读、藏书开放等不同角度切入，揭示山西商人藏书家"藏以致用"的思想理念投射到藏书实践中的历史细节。在此基础上，我们借鉴法国社会学家布尔迪厄的"场域""资本"等理论，从商人藏书家的身份地位、职业特点和价值观念等方面重点分析明清民国时期山西商人藏书家"藏以致用"思想的形成机制。

第一节　思想表现

明清民国时期，山西商人藏书家秉持着"藏以致用"的藏书思想，如太谷商人藏书家赵云山"从来买书不取贵重，专求有用"。[2] "藏以致用"思想在晋商家族的藏书内容、藏书阅读、藏书开放、藏书流转等方面均有不同程度的体现。简要而言，晋商藏书偏重实用或日用图书，强调为读书而藏书，而不是为藏书而藏书。同时，在清末民国的历史大变局时代，晋商藏书家及其后人多次将私家藏书寄存在或捐赠给文化教育机构。以上种种实践，均反映出山西商人藏书家这一社会群体在藏书思想层面独具特色。

---

① 王蕾：《清代藏书思想研究》，广西师范大学出版社 2013 年版。
② 赵昌燮：《仲兄云山先生年谱》，太谷平民工厂民国十二年(1923)石印本，第 28 页。

一、藏书内容

从私家藏书的门类和内容来看，方志、算学、书学等具有日用价值的典籍文献，向来不被传统藏书家重视，却在山西商人藏书中占据相当大的比重，直观体现了明清民国时期山西商人"藏以致用"的藏书理念。需要指出的是，经、史、子、集等传统典籍依然是山西商人藏书的主体，毕竟此类典籍在传统时代占据绝对的主流文化地位，也是商人学习主流文化和培育子弟读书的重要载体，当然从这个角度而言，山西商人藏书家购买收藏儒家经典图籍亦是藏以致用的务实表现。

(一)算学

算学类著作并非中国古代主流藏书家重点关注的藏书门类，但它们却成为山西商人藏书的一大内容。祁县何家藏书之中，包括大量算学文献，如方中通《数度衍》二十三卷，一套六册；屈曾发《九数通考》十二卷，四套十六册；程大位《增删算法统宗》十二卷，一套四册；华蘅芳《学算笔谈》六卷，一套三册；梅文鼎《梅氏历算丛书》六十二卷，四套二十四册；张作楠《翠微山房数学》十五种，四套二十四册；英人华里士《代数术补遗》二十六卷，一套八册；邹玄文《笔算数学》三卷，一套三册等。① 山西商人藏书家之所以大量收藏算学图书，原因在于此类图书是山西商人子弟训练记账、算数技能用书，正是基于丰富的藏书和严格的训练，山西商人子弟和学徒的业务能力突出，促成了山西商人在清代商界和金融界的卓越成绩。

(二)书帖

山西商人藏书家收藏有大量的书帖。书帖藏品的聚积，并不仅仅出于对书法的爱好，一个重要驱动因素在于书写能力是山西商人商业经营过程中信件往来、信息记录的重要基础，所以山西商人子弟普遍注重书法能力的训练，并具备较高的书法写作水平。如榆次晋商常氏"(十二世)憬公仿欧阳率更，书尤工……十三世惟梁公，楷工柳少师书，行作圣教序……立德公初仿赵吴兴书，晚学颜鲁公

---

① 祁县人民文化馆：《祁县人民文化馆收藏古书登记册》，手抄本，1955年。

书，尤伉健。立爱公书法则多帖派，参合宋黄文节、明文待诏、傅青主、清王觉斯云。立屏公书法则工颜鲁公、赵吴兴、董华亭诸家云。立方公书法则工欧阳率更、孙参军、颜鲁公"。① 太谷商人藏书家赵云山、赵铁山等购买收藏有大量的书帖。② 20 世纪 50 年代，祁县晋商渠晋云遗孀乔贞士捐献的图书中，即包含多种书帖，比如《古宝贤堂法帖》一套四册、《黄庭坚小楷帖》一套一册、《书苑众芳》一套一册、《大宝贤堂法帖》两套八册、《淳化堂法帖》两套十册、《清爱堂法帖》两册等。③

（三）方志

明清山西商人藏书家所藏地理方志类文献数量不少，这与山西商人常年外出经商，需掌握各地交通路线和风土民情有密切关系。以祁县晋商何家为例，何氏"对蒙轩"藏有方志类古籍多种，除《皇朝舆地略》《大清一统志》等总志外，还藏有二十余种地方州县志，且所藏方志以晋商贸易集散地居多。比如，明万历四十七年(1619)《武夷山志》《新疆识略》《广东通志》《江南通志》等，以上地区是山西商人贩运茶叶、对外贸易的主要商业区域。同时，山西方志也是晋商收藏的重点，如何家藏有《山西通志》两版十三套一百一十六册、清乾隆四十五年(1780)《祁县志》十册、清乾隆三十五年(1770)《潞安府志》二十四册、清雍正十三年(1735)《泽州府志》十六册、清雍正十一年(1733)《朔平府志》五册、《汾州府志》十六册、《蒲州府志》九册等。④ 据学者统计，1954 年祁县晋商何氏后人何晓楼捐献的藏书中，包括方志三十二种、一百余册。⑤

（四）经史

明清时期，儒学是官方界定的主流学术文化，儒学教育是提升文化素养和社

---

① 常赞春等：《常氏家乘》，载王春瑜：《中国稀见史料》第 1 辑，第 16 册，厦门大学出版社 2007 年版，第 318 页。

② 郭齐文：《书法家赵铁山》，山西人民出版社 1987 年版，第 26 页。

③ 祁县人民文化馆：《祁县人民文化馆收藏古书登记册》，手抄本，1955 年。

④ 范维令：《晋商巨族：祁县何氏家族》，中国社会科学出版社 2010 年版，第 123 页。

⑤ 韩丽花：《晋商中的藏书家——以晋中地区为例》，《晋图学刊》2014 年第 6 期，第 48 页。

会地位的主要途径。在"重农抑商"政策实践下，实现由"富"至"贵"的社会阶层突破，融入官方主流文化并得到主流社会群体的认可，成为包括山西商人在内的明清商人群体关注的焦点问题。在这一历史背景下，儒学经典的收藏、整理和阅读，成为明清山西商人及其子弟实现阶层突破的主要途径。

明清山西商人藏书家搜集了大量的儒家经典以及经史子集等古籍。如榆次晋商藏书家常立爱"藏书多为史学、理学等"，① 常立屏"所居室备储四部各书"。② 从 20 世纪 50 年代祁县晋商后人所捐古籍的书目来看，经、史、子、集各个门类收藏极博，所占比重极大。如祁县晋商捐书近 1500 种，其中经部 232 种、史部 294 种、子部 258 种、集部 581 种，占总比重的 90%以上。③ 除此之外，经史类藏书存在一书多版、一版多套的情形，进一步增加了此类古籍的藏量，丰富了藏书的种类。以何家所捐经部古籍为例，《易经》有二十个版本，《诗经》有六个版本，《春秋》有九个版本。清人阮元校勘的《皇清经解》和《十三经注疏》，何家分别收藏了四十套和二十四套。④

要之，清代山西商人以经营贸易和票号为业，注重子弟和学徒的商业技能培训，而书法和算术是山西商人从事汇票书写、账目记录、信函往来等商业活动的基本能力要求。在商业能力培养的过程中，需要一定的媒介和工具，充当这一角色的便是山西商人私家收藏的算学、方志、商书和书帖等文献，故山西商人藏书中包含许多方志、书帖以及算学著作。山西商人藏书内容上呈现出与众不同的特点，反映出来的正是历史时期山西商人注重实用的藏书思想。

二、藏书阅读

明清山西商人藏书家重视阅读和使用藏书，而非简单地将其束之高阁或附庸风雅。正如太谷商人藏书家赵铁山所云："读书所贵者实用，非徒博收藏之虚名，

---

① 常赞春等：《常氏家乘》，载王春瑜：《中国稀见史料》第 1 辑，第 16 册，厦门大学出版社 2007 年版，第 318 页。

② 常赞春等：《常氏家乘》，载王春瑜：《中国稀见史料》第 1 辑，第 16 册，厦门大学出版社 2007 年版，第 236 页。

③ 韩丽花：《山西省祁县图书馆古籍述略》，《山西档案》2016 年第 2 期，第 6 页。

④ 祁县人民文化馆：《祁县人民文化馆收藏古书登记册》，手抄本，1955 年。

即使汗牛充栋，亦所谓架上有书、胸中无书"。① 在藏书阅读的过程中，榆次常家、祁县乔家、灵石王家等山西商人藏书世家均践行了"藏以致用"的理念。

榆次常家藏书颇丰，尤其重视培养子弟阅读藏书，"魏榆素封之家，不一而足，而以读书为急务者为常氏"。② 如常望春"与堂叔全甫立模、弟绂章麟书，以读书相砥砺，暇则博览诗词，于唐白香山、宋陆放翁、清黄莘田尤为深嗜"。③ 又如常立经"葺精庐，拥图籍，酷嗜宋诸儒书，于邵氏《皇极经世》尤为妙契"。④ 常立仁"于书中尤笃好朱子小学，暇辄披览"。⑤ 常立德平生最爱图书，"纵未能遍读，而书中源委不少穷究之功"。⑥ 至清代光绪末年，常立教自京返家教书，他认为："方今以帖括取士，固不能不事举业。然为若辈计，究宜以有用之学为亟"，于是"悉发藏籍，择其可以致用者"，即利用常家所藏新式图书，向子弟教授经世致用之学。⑦

太谷赵家注重藏书阅读使用。晋商藏书家赵云山从事商业之余，"名其斋曰'得闲读书'，语燮等曰：'古人谓读书得闲，余今只求得闲读书耳'"。⑧ 他极为重视家族子弟的读书事宜，"教读之难，其人甚矣，我之欲尽心于其事，非徒托空言，立志实行，左愿与否，未能逆睹，捎捎带带，有一年工夫，便可望大家见点好处，此是家中第一事，虽于他事难免贻误亦值"。⑨ 民国六年，赵云山居家

---

① 韩丽花：《晋商中的藏书家——以晋中地区为例》，《晋图学刊》2014 年第 6 期，第 49 页。

② 常赞春等：《常氏家乘》，载王春瑜：《中国稀见史料》第 1 辑，第 16 册，厦门大学出版社 2007 年版，第 206 页。

③ 张敬颢、常麟书：《榆次县志》卷 17《文儒录》，太原范华印刷厂民国二十九年（1940）铅印本，第 28 页。

④ 常赞春等：《常氏家乘》，载王春瑜：《中国稀见史料》第 1 辑，第 16 册，厦门大学出版社 2007 年版，第 249 页。

⑤ 常赞春等：《常氏家乘》，载王春瑜：《中国稀见史料》第 1 辑，第 16 册，厦门大学出版社 2007 年版，第 112 页。

⑥ 常赞春等：《常氏家乘》，载王春瑜：《中国稀见史料》第 1 辑，第 16 册，厦门大学出版社 2007 年版，第 225 页。

⑦ 常赞春等：《常氏家乘》，载王春瑜：《中国稀见史料》第 1 辑，第 16 册，厦门大学出版社 2007 年版，第 251 页。

⑧ 赵昌燮：《仲兄云山先生年谱》，太谷平民工厂民国十二年（1923）石印本，第 15 页。

⑨ 赵昌燮：《仲兄云山先生年谱》，太谷平民工厂民国十二年（1923）石印本，第 37 页。

养病，不忘督促子侄读书，"书斋亲督子侄辈读"。①

祁县商人乔致庸性嗜读书治学，早年"思以儒术昌门阀"，弃学经商之后，他仍常读经史类典籍，并在七十岁时赋诗曰："花生眼底书抛久，棘着手中笔运迟"。② 乔致庸晚年着重培养子弟读书，"肆力史册，广购图书，效法燕山窦氏，严饬子孙无少懈"。"起居之恒，读书之挚，数十年如一日。闲窥案头，史鉴而外，如四子书、《尚书》《左氏传》，似数十百遍之熟，优者丹铅点斜，终卷釐然，是亦公忠实无妄之一辨欤"。③ 出自祁县晋商乔家保元堂的著名藏书家乔超五，被目为华北地区知名藏书家，同样是注重子侄读书，其子考中举人、甥考中进士即是明证。

灵石商人王家重视藏书阅读。灵石王家藏书丰富，"门前千竿竹，家藏万卷书"，同时王家讲求"万卷诗书四时苦读一朝悟，十年寒窗三鼓灯火五更明"。④ 因此，许多族人埋头于苦读藏书，如王筵宾，"暇则手一编，博览群书，音韵、算学、星经、地志，无不通晓"。⑤ 另一族人王梦鹏，"自幼端厚，专心汲古，于书无所不读，即严寒酷暑，非三鼓不就寝，尤究心于濂洛关闽之说"。⑥

祁县商人藏书家渠仁甫，"好读书，经史子集无所不读，尤好文史。曾点校过《文选》《御批通鉴辑览》《资治通鉴》《唐诗别裁》等"。⑦ 作为拥有较多闲暇时光的商号东家，渠仁甫"每日读书写字，遇逢年过节亦不稍辍"。⑧ 渠仁甫同样重视子弟教育，"他对子女的教育很严，尤其是读书方面非常认真。我们在上学以前，都是由他教读。他一字不苟，背诵时倘有一字之差，必须再从头背起。他对算术颇熟练，教我们演算时，讲解层次分明，深入浅出，易于接受。而且要求很严格，得数偶有小错，必让重新演算。我们的数学基础都比较好，这是与他的教学方法分不开的"。⑨ 从渠仁甫个人读书和督子学习的经历可以看出，山西商人藏书家对于图书阅读使用非常重视。

① 赵昌燮：《仲兄云山先生年谱》，太谷平民工厂民国十二年(1923)石印本，第53页。
② 程光、盖强：《晋商十大家族》，山西经济出版社2008年版，第131页。
③ 张正明等：《明清山西碑刻资料选·续一》，山西人民出版社2007年版，第381页。
④ 程光、盖强：《晋商十大家族》，山西经济出版社2008年版，第10页。
⑤ 李凯明、耿步蟾：《灵石县志》卷9《忠孝》，台北成文出版社1968年版，第497页。
⑥ 李凯明、耿步蟾：《灵石县志》卷9《忠孝》，台北成文出版社1968年版，第483页。
⑦ 渠明祜：《先父渠晋山事略》，《山西文史资料》1997年第6期，第57页。
⑧ 渠明祜：《先父渠晋山事略》，《山西文史资料》1997年第6期，第57页。
⑨ 渠明祜：《先父渠晋山事略》，《山西文史资料》1997年第6期，第58页。

三、藏书开放

20 世纪初期以来，山西商人藏书家将藏书捐给当地的图书馆和中小学堂，"由私及公"的藏书流动方式体现出山西商人藏书家鲜明的开放利用思想。较之士人藏书家过分珍惜所藏典籍而阻碍图书传播使用，① 山西商人藏书家的此类举动更加开放务实，正如王献唐所言："善藏书者必读书，善读书者，必能推己及人，是人人共读之。"②

清光绪三十三年（1907），榆次县凤鸣书院"存书向时无几，除时文外，仅有《瀛寰志略》及《方正学集》二部，《山西通志》一部。清光绪丁未，移尊经阁藏书归之于是，闻藏书室、仪器室于中院之东西二隅，诸书颇断烂失次"。③ 二月十三日，榆次晋商藏书家常赞春"由家出《十三经古注》浙刻本，《二十四史》《二十二子》均石印本，《朱子全书》局刻本，《昭明文选》东昌刻本，捐存榆次高等小学堂"。据史料详细记载，充任榆次学务总办的常赞春，"谨出家藏之《十三经》《二十四史》《朱子全书》《二十二子》《昭明文选》各书捐入学堂，取备参考……上裨朝廷兴学之盛意，下用广故父敦本之贻谟"，常氏"出先世所藏经史子集五种巨编，一朝慨助尊孔尚贤""诚属急公好义""以饷多士，实属可嘉"。④

民国山西商人藏书家致力于公共图书馆事业的发展，祁县晋商藏书家渠仁甫以一己之力兴办祁县竞新图书馆即是明证。1926 年，渠仁甫独资创办私立竞新图书馆，"新旧图书很多，订阅之报刊亦不少。除供本校师生阅读参考外，还对社会人士开放，任何人都可以进去阅览。因藏书较多，在当时县城中无出其右者，故阅览之人终日不绝，对社会文化的传播起了一定的作用"。⑤ 经过 20 世纪三四十年代的战争，竞新图书馆藏书之残存一小部分（109 部）也于 1954 年全部捐献给祁县人民文化馆，进一步推动中华人民共和国图书馆事业的发展。

---

① 丁延峰：《海源阁藏书研究》，商务印书馆 2012 年版，第 369 页。

② 王献唐：《海源阁藏书之损失与善后处置》，《山东省立图书馆季刊》1931 年第 1 期，第 14 页。

③ 张敬颢、常麟书：《榆次县志》卷 8《教育考》，范华印刷厂民国二十九年（1940）印本，第 4 页。

④ 常赞春等：《常氏家乘》，载王春瑜：《中国稀见史料》第 1 辑，第 15 册，厦门大学出版社 2007 年版，第 42~43 页。

⑤ 渠明祐：《先父渠晋山事略》，《山西文史资料》1997 年第 6 期，第 58 页。

第二节 产生条件

随着科举政策的放宽和文化图书产业的发达，明清商人获得积累文化资本的良机，徽商、晋商等地方性商人群体积极参与藏书、刻书和读书等实践。① 作为文化场域的"后来人"，如何与士人等占据主导地位的文化群体竞争稀缺的文化资本，成为驱动明清商人积聚和收藏典籍文献的行动出发点。对于缺少文化资本的明清商人而言，从观念到行动，他们均急需对所藏图书予以开放利用，以迫切取得一定的文化素养和学术知识，从而可以在科举、文化等领域站稳脚跟。换言之，藏书是山西商人经世致用和学以致用的媒介和工具，故而山西商人藏书家表现出"藏以致用"的务实理念趋向。

一、商人群体务实

在士农工商四个阶层里，基于职业差异与特点，商人群体更注重行动实践的成本收益分析，体现出注重实用主义的务实风格。"藏以致用"背后隐含的诉求是文化资源的配置和文化资本的获取，山西商人子弟通过藏书、读书获得的文化资本等又可以带来更多的资本转化，比如社会声望和群体形象的提升。因此，"藏以致用"的藏书理念和实践是明清民国时期山西商人藏书家理性、务实的选择。

务实表现之一是山西商人重视藏书的实用价值，如祁县晋商乔家大院的书房院门楣刻有"学以致用"的大字。② 代州冯氏的百石公认为，"章句腐生咕哗穷年而不获见古人，吾知其无裨于世务也，小就不足以大成，拘区不足以通之。经济之术，当养之有素，不然者，一日膺民社，吾知其必败"。③ 榆次常立仁藏书、读书过程中，"实事求是，既大异寻章摘句者之所为，又酷嗜朱子小学，手一编而读之，以为处伦常日用间者在此书也"。④ 常立教认为，"方今以帖括取士，固

① 桑良之：《十大商帮与藏书文化》，《黄山高等专科学校学报》2001 年第 1 期。
② 郭三娟：《晋商五百年·崇儒重教》，山西教育出版社 2014 年版，第 15 页。
③ 郭三娟：《晋商五百年·崇儒重教》，山西教育出版社 2014 年版，第 83 页。
④ 常赞春等：《常氏家乘》，载王春瑜：《中国稀见史料》第 1 辑，第 16 册，厦门大学出版社 2007 年版，第 231 页。

不能不事举业。然为若辈计,究宜以有用之学为亟",于是"悉发藏籍,择其可以致用者"进行传授。① 常立仁"所读书贯通大义,不为章句之学"②。常立方"读书务通大略,不屑为训诂章句"。③ 可见,以"服贾"为重要职业选择的清代山西商人子弟更加注重图书的实用价值,不似士人儒生那般注重章句修辞和文献版本。

务实表现之二是山西商人意识到读书是保持家族兴旺之捷径,而藏书是这一捷径的前提,在这一方面认知最为深刻的是榆次商人常家。比如常承祖意识到,"子弟生长温饱,若不勤学,其能免于骄淫乎"?④ 常立政指出:"齐家之目,载籍言之最详,究其要归,则惟读书之效为最捷,古所谓开卷有益者……一室熙熙,蒸为善气,莫不自读书来也。"⑤将用以治生的商务和追求上进的读书放在同等重要位置,故榆次常氏被世人目为"儒商"典范。在日常生活实践中,常氏族人亦注重购书、藏书和读书,十二世常怿自奉极俭,而子侄诵讲之余,"或欲求古图籍、古碑版,苟有益于学问,虽费数百金不靳也,呜呼,公之视读书也独重"。常氏族人意识到,"贤而多财则损其志,愚而多财则益其过,财之有累于子孙者,古今同忧之,如公者重先人之财而喜为后人读书用,其殆善于承启者乎"?⑥

务实表现之三是山西商人藏书内容多元,以备子弟因材施教。与士人家族子弟专心诗文经学训练不同,晋商子弟教育存在多元化的发展路径,需要不同类型的图书储备。洪洞商人王氏秉持务实的态度,根据子弟特点选择不同发展方向,践行因材施教的培养策略,"其子弟各量其才力而严教之,能读书者教之读书,

---

① 常赞春等:《常氏家乘》,载王春瑜:《中国稀见史料》第1辑,第16册,厦门大学出版社2007年版,第251页。

② 常赞春等:《常氏家乘》,载王春瑜:《中国稀见史料》第1辑,第16册,厦门大学出版社2007年版,第112页。

③ 常赞春等:《常氏家乘》,载王春瑜:《中国稀见史料》第1辑,第16册,厦门大学出版社2007年版,第241页。

④ 常赞春等:《常氏家乘》,载王春瑜:《中国稀见史料》第1辑,第16册,厦门大学出版社2007年版,第257页。

⑤ 常赞春等:《常氏家乘》,载王春瑜:《中国稀见史料》第1辑,第16册,厦门大学出版社2007年版,第244页。

⑥ 常赞春等:《常氏家乘》,载王春瑜:《中国稀见史料》第1辑,第16册,厦门大学出版社2007年版,第216~217页。

能习武者教之习武，能耕商者教之耕商"。① 榆次商人常光祖亦对子弟量材施教，"多男并诸孙十余辈……乃使秀者读，黠者贾，朴诚者理家"。② 灵石商人王饮让根据子弟天资禀赋差异选择不同教育，"本族十余家子弟，代为延师课读，才具平庸者，送入自己商号学习生意"。③ 对于晋商子弟而言，无论是读书应试或者弃儒经商，均需要一定的文化素养和专业技能，此类素养技能的获得离不开图书的支撑，正是如此务实的教育理念影响到山西商人私家藏书注重藏书内容的多元和实用，形成算学、书学、方志和儒学经典多元并存的藏书特色。

要之，对山西商人务实致用的群体风格进行分析，可见在山西商人的认知里面，藏书是用来阅读的知识载体，是训练家族子弟能力素养的媒介。因此，他们选择内容不同的图书进行收藏和使用，以满足家族子弟的多元文化教育和技能教育需求。

二、商人生活自遣

根据马斯洛的需要层次理论，人类在满足物质需要之后，开始寻求文化精神生活。④ 作为精神文化的重要载体，图书和书画收藏成为经商致富的商人群体休闲消遣的一种方式。这一休闲生活状态在东掌制度出现之后的山西商人群体中更为普遍，毕竟东家拥有大量的清闲时间需要自遣。若要实现丰富商人休闲生活这一目标，那么藏书藏品绝对不能仅仅留存在书架上，它们更需要在藏以致用的过程中充实商人藏书家的日常生活。图书阅读和书法摹写是明清民国时期山西商人休闲生活中较为常见的两种自遣活动。

(一)读书丰富生活

祁县商人藏书家何绍庭，其藏书数量和质量均堪谓清代山西商人之翘楚，他不断地藏书、读书、编书乃至刻书，让其生活别样充实精致，令后人艳羡不已。何氏"筑园城东约十余亩，激流植援，缀以亭台，藏书数万卷，其中尤多弄周秦

① 郭三娟：《晋商五百年·崇儒重教》，山西教育出版社 2014 年版，第 119 页。
② 常赞春等：《常氏家乘》，载王春瑜：《中国稀见史料》第 1 辑，第 16 册，厦门大学出版社 2007 年版，第 260 页。
③ 李凯明、耿步蟾：《灵石县志》卷 9《忠孝》，台北成文出版社 1976 年版，第 537 页。
④ 张明富：《明清商人文化研究》，西南师范大学出版社 1998 年版。

铜青、汉魏石墨。每至胜日，乌帽筇仗，招携二三佳士，徜徉清流嘉木间，弹琴赋诗以为乐。已而簏錣濂浊酒，相与辨析疑义，商定体裁，所编辑者有《山右四朝诗》《王太史稿》，都已付梓。校订而未付梓者，则有傅青主徵君《霜红龛集》。要半生精力所注，只在金石一门"。①

榆次商人子弟常望春等人在私塾课业之余，与族中年龄相近之兄弟子侄，相约组织诗社砥砺进取，丰富族人文化生活。他"与堂叔立模、弟麟书以读书相勉，且为词章。清光绪丁亥，又约弟赞春、第春、旭春等为诗课。又合兄澍春、弟灏春、肇春、培春、惠春、甸春等，且加课辞赋、杂文，涉史事，顾为塾师辈所扼，乃付馆僮怀袖传递。及应童试，古学受赏，拔于管学使廷鹗。"②

太谷晋商藏书家赵云山服贾为业，但在闲暇乃至养病期间，仍以读书为主要消遣，并从中受益匪浅，"近年温《孟子》、温《大学》、温《中庸》、温《诗经》。病起时拟温《论语》，奈心气身力皆不耐劳，少尝辄止，端由志不立，未能帅气耳拟，自明日始，每日温一篇。即以温《论语》之日为改过自新之日，振刷精神，严禁思虑，身病心病兼治并药。今日温《公冶长》一篇，读至'吾未见刚者'一节，悟道诸葛公澹泊明志宁静致远，又悟到孟子以直养而无害，今夜心上较昨夜安静"。③

祁县商人藏书家渠仁甫喜好藏书读书，"虽好读书，但因家庭历代经商，家中又无人照料，故自 1917 年先曾祖去世后，不得不经营商业。但终日仍在家读书写字，商业事务均委托经理(掌柜)负责，先父只不过作原则性之指导而已"。④据渠仁甫子女回忆，"先父性好静，早起早睡，每日读书写字，逢年过节亦不稍辍……先父之死虽非由目疾直接所致，但自双目失明后，不能读书写字，心情抑郁，关系颇大"。⑤ 可见，藏书、读书已经成为渠仁甫生活中的一个重要环节。

要之，阅读藏书成为清代山西商人及其子弟的日常生活之一部分，在这样的现实需求之下，山西商人藏书家格外注重藏书的阅读和使用，成为"藏以致用"

---

① 黄兴涛、荆宇航：《杨深秀集》，北岳文艺出版社 2020 年版，第 169 页。
② 张敬颢、常麟书：《榆次县志》卷 17《文儒录》，范华印刷厂民国二十九年(1940)印本，第 28 页。
③ 赵昌燮：《仲兄云山先生年谱》，太谷平民工厂民国十二年(1923)石印本，第 32 页。
④ 渠明祜：《先父渠晋山事略》，《山西文史资料》1997 年第 6 期，第 58 页。
⑤ 渠明祜：《先父渠晋山事略》，《山西文史资料》1997 年第 6 期，第 57 页。

藏书思想形成的基本条件。

(二)书法陶冶心情

榆次晋商常氏子弟多以书法丰富个人生活。比如常怡"每日临摹法帖工夫……平生所好在书"。① 又如常维丰"生平笃嗜典籍书画,有可者购之,不惜重赀,暇则批阅临摹以自遣"。② 再如常立方"暇日染翰,为分篆、章草、正楷,均具先正法,为时所重"。③ 常立屏在书法上造诣精深,"书法始与颜平原为近,后学行草"。④

太谷晋商赵云山醉心书法艺术。二十三岁时,"楷书临皇甫诞君碑,复与卓如师首先书篆隶,并命燮(赵铁山)等试学,列入课程"。⑤ 二十四岁时,"楷书参考北碑。时与伯兄、两弟共事临池,各择所爱,资互证焉"。⑥ 二十六岁时,"始习行书。临苏公《乌云帖》,日必数纸,日月无间者近十年,自是东坡书无不穷搜博览,而临则专守一帖"。⑦ 四十一岁时,"四弟联合同人课字,名曰'观喜善书社'。兄为参订规程,并分任阅看行草书课,一时与同人论书法颇多"。⑧ 五十二岁时,"兄自助伯兄任理商号事后,即不遑酬应笔墨,同人亦颇相谅,故幸免此一累。年来养疴多暇,渐事于斯,索者日众,纸捲缣素,积案盈几。墨甌土缶,时列案头,茶余饭罢,即事挥毫,综计所书,反多于燮"。⑨ 可见,书法爱好在赵云山的日常生活中占据重要位置。

要之,在明清时期,士人化的生活方式有助于山西商人形象重塑和地位提

---

① 常赞春等:《常氏家乘》,载王春瑜:《中国稀见史料》第1辑,第16册,厦门大学出版社2007年版,第220页。

② 常赞春等:《常氏家乘》,载王春瑜:《中国稀见史料》第1辑,第16册,厦门大学出版社2007年版,第222页。

③ 常赞春等:《常氏家乘》,载王春瑜:《中国稀见史料》第1辑,第16册,厦门大学出版社2007年版,第241页。

④ 常赞春等:《常氏家乘》,载王春瑜:《中国稀见史料》第1辑,第16册,厦门大学出版社2007年版,第236页。

⑤ 赵昌燮:《仲兄云山先生年谱》,太谷平民工厂民国十二年(1923)石印本,第12页。

⑥ 赵昌燮:《仲兄云山先生年谱》,太谷平民工厂民国十二年(1923)石印本,第13页。

⑦ 赵昌燮:《仲兄云山先生年谱》,太谷平民工厂民国十二年(1923)石印本,第14页。

⑧ 赵昌燮:《仲兄云山先生年谱》,太谷平民工厂民国十二年(1923)石印本,第42页。

⑨ 赵昌燮:《仲兄云山先生年谱》,太谷平民工厂民国十二年(1923)石印本,第65页。

升。因此，商人通过藏书、读书、写字等文化生活进行自遣，儒贾兼通成为明清时期山西商人的一种生活模式，比如颇为世人知晓的祁县商人乔致庸，"常私淑燕山窦氏风，欲诸子以文学显，督饬严无少懈。公亦孜孜矻矻，广购图书。所居泊然，卷轴外无它玩好，冠服质朴如老儒生"。①

三、文化资本积累

对于明清时期山西商人而言，他们熟悉的场域是商业与经济，对文化、教育和学术场域涉足甚少，因此他们多以逐利商人的社会形象出现。随着明清政府文教政策的演变，包括晋商在内的明清商人力图重构其社会角色。按照文化场域的逻辑和规则，一定的藏书和学识是文化人士的基本特征。山西商人积极收藏和使用典籍，很大程度上是要积累文化资本，以有助于新的角色建构和新的身份提升。

文化资本之一是商业技能。明清时期，不同商人群体间职业竞争加剧，一定程度上提高了商人的入行门槛。为了在激烈的商业竞争中胜出，商业知识的传播和商业技能的获取，成为商业学徒成长路途中的必要条件，造就了明清时期"商书"等日用类书的刊刻与传播。② 对于晋商而言，通过对学徒和子弟的商业技能培养，使其积累一定的商业技能和文化资本，从而形成优势人力资本，有助于家族商业版图的拓建。基于这一行动逻辑，明清时期山西商人收藏了许多颇具实用价值的图书，比如对商书、算学以及书帖的重视。榆次晋商常光祖掌家塾时，"别延师……暇又教之书、数"。③ 十四世常际春，"以诸生徒谋生为计，书、算均宜究心，乃与堂叔仙州公（常立瀛）议定，业余授课"。④ 太谷商人曹氏家塾，子弟稍长即专授《论语》《商业尺牍》《管子·轻重》《算经十书》等，同时加练"写仿""珠算""家书"等。⑤ 可见山西商人收藏图书是作为教育媒介和学习工具而存

① 张正明等：《明清山西碑刻资料选·续一》，山西人民出版社 2007 年版，第 381 页。

② 张海英：《走向大众的"计然之术"——明清时期的商书研究》，中华书局 2019 年版。

③ 常赞春等：《常氏家乘》，载王春瑜：《中国稀见史料》第 1 辑，第 16 册，厦门大学出版社 2007 年版，第 260 页。

④ 常赞春等：《常氏家乘》，载王春瑜：《中国稀见史料》第 1 辑，第 16 册，厦门大学出版社 2007 年版，第 267 页。

⑤ 山西省政协《晋商史料全览》编辑委员会：《晋商史料全览·晋中卷》，山西人民出版社 2006 年版，第 750 页。

在，目的在于商业人才的培养。

文化资本之二是传统文化素养。传统儒家文化素养对于商业经营而言，可以产生一定的裨益。比如明代蒲州商人沈廷珍，"南帆扬越，西历关陇，乘时废居，用能拓产殖家，所至必携《小学》《通鉴》，时诵习之，遇事辄有援证"。① 明代山西商人王振德，"从业为贾，以薄货往来河汾间……筹盈量虚，往往以儒术变通之，所至犹手卷帙不释"。② 清末山西商人李宏龄，"好与士夫游……儒先学说，如陈文恭、张文端父子、曾文正诸书，常不去手，并摘印以贻人"。③

文化资本之三是科举功名。榆次商人常氏注重子弟读书，以此提高文化修养、参加科举考试并积累文化资本。常立仁"督弟及子侄辈读书，延名师，广购书籍，曰：'子弟读一书有一书好处，吾见人家覆败，子弟不肖者多不读书，能读书败而不至于亡，是可信者'"。④ 再如常望春"合兄澍春、弟灏春及肇春、培春、惠春、甸春与侄运藻等，同课古近体诗及赋，读史鉴，麟书以举人考入国子监南学，仍阅社课卷，半月为期，于是提倡究小学、史学、词章，书函问答，相与奖诱"。⑤ 常赞春"家居读经，治训诂，究篆分"，族人常运吉"君恒乐就，相与质疑辩难，每快谈或至夜分始散，所携非打本即禩册也"。⑥

要之，对于山西商人而言，进入文化学术场域需要一种资源的积累，那就是文化学术场域的主要资本形式——古籍文献、读书著述等。清末山西举人刘大鹏日记记载了其对地方商人文化素养的认识，"商贾之中，深于学问者亦不乏人。余于近日晋接周旋遇了几个商人，胜余十倍。如所谓鱼盐中有大隐，货殖内有高

① 张四维：《张四维集·条麓堂集》卷28《毅斋沈公暨配孺人张氏合葬墓志铭》，张志江点校，上海古籍出版社2018年版，第758页。

② 傅星、郑立功等：《文水县志》卷7《贤才志（下）·列传》，台北成文出版社1976年版，第407页。

③ 《山西票号史料》编写组：《山西票号史料》（增订本），山西经济出版社2002年版，第562页。

④ 常赞春等：《常氏家乘》，载王春瑜：《中国稀见史料》第1辑，第16册，厦门大学出版社2007年版，第104页。

⑤ 常赞春等：《常氏家乘》，载王春瑜：《中国稀见史料》第1辑，第16册，厦门大学出版社2007年版，第318页。

⑥ 常赞春等：《常氏家乘》，载王春瑜：《中国稀见史料》第1辑，第16册，厦门大学出版社2007年版，第277页。

贤，信非虚也。自今以往，愈不敢轻视天下人矣"。①

　　综上可知，明清时期商业发达，商人之间的经营竞争压力增加。因此，提高自身相应的商业技术能力，树立良好的商业形象，汲取文化典籍的历史智慧，是山西商人应对激烈市场竞争和社会竞争的一种方式。"藏以致用"是山西商人根据其在文化学术场域的位置所做出的一种策略选择，行动目的是获得更多的文化资本积累，"只有将经济资本同文化资本结合起来，并使两者的质量和数量达到显著的程度，才能在现代社会中占据有利的社会地位，并获得较高的社会声誉"。② 在山西商人数百年的家族兴衰过程中，不重视藏书、读书的山西商人，在民国初年商业破产之后，其子弟往往落入凄惨的下场。与之相反，藏书丰富且注重藏书利用的山西商人家族，在商业帝国崩坍之后，凭借藏书读书所积累的文化资本，其子弟依然可以在文化教育场域获取一定的生存空间。更重要的是，山西商人秉持"藏以致用"的价值理念，一定意义上摆脱了中国古代藏书家"重藏轻用"的窠臼。山西商人子弟通过读书、著书、刻书、捐书等积累各种资本，在商业领域汲取了传统儒家思想的智慧，推动了明清民国时期山西商人的商业发展和家族转型，使得山西商人私家藏书在教育、治学和地方文化领域发挥了突出的历史作用，对于三晋文化遗产的保存和近代新式文化教育的普及，其历史贡献均是深远的。

---

　　① 刘大鹏：《退想斋日记》，乔志强标注，山西人民出版社 1990 年版，第 48 页。
　　② 宫留记：《资本：社会实践工具——布尔迪厄的资本理论》，河南大学出版社 2010 年版，第 131 页。

第五章 藏 家 刻 书

私家刻书是中国古代文化传播的方式之一。但是，长期以来，私家刻书成为仕宦学术家族的"特权"，商人群体的私家刻书实践较为少见，在一定程度上阻碍传统时代大众出版的发展和出版主体的下移。值得注意的是，变革性的转折出现在明清时代。随着明清科举政策变迁、商品经济发展等宏观要素的具备，徽商①、晋商等明清商帮积极参与私家刻书实践，打破了商人群体在中国古代私家刻书领域的长期沉寂局面。以清代山西商人为例，祁县何家、榆次常家、太谷赵家、灵石杨家等山西商人家族在私家刻书方面取得颇值称道的成绩，刻书近百种，遍布书学、算学、家谱、文学、目录学、诗歌等文化领域。② 本章聚焦清代民国时期山西商人藏书家的刻书实践，从刻书条件、刻书实践等角度，较为系统地考察山西商人藏书家的私家刻书问题。

第一节 刻 书 条 件

关于清代山西商人私家刻书，学界目前积累有一定的成果。既有研究聚焦于古籍信息、版本目录、装帧设计和训诂校雠等历史文献学研究主题的探讨，③ 较全面地考察明清时期山西商人私家刻印出版的图书目录。④ 但是，学界对于清代山西商人私家刻书兴起的影响因素和形成机制尚未予以专门性探讨，未能充分揭

---

① 秦宗财：《明清文化传播与商业互动研究——以徽州出版与徽商为中心》，学习出版社 2015 年版。

② 李晋林、畅引婷：《山西古籍出版印刷史志》，中央编译出版社 2000 年版。

③ 刘纬毅：《山西文献总目提要》，山西人民出版社 1998 年版。

④ 山西省出版志编纂委员会：《986—1986：千年晋版书目》，山西人民出版社 1987 年版。

示晚清山西商人参与大众出版的行动逻辑。鉴乎此，本节基于对清代山西商人民间文献的收集整理，从文化要素、经济资本、技术驱动和编辑人才四个方面，对晚清山西商人私家刻书兴起的影响因素予以较为深入的考察。

明清时期，徽商、晋商等商人群体成为大众出版和文化传播的主要参与者。本节以晚清时期山西商人家刻为分析个案，探讨商人群体参与大众出版的影响因素和形成机制。研究认为，三晋刻书传统、晋商私家藏书以及著述成为他们参与大众出版的文化要素，雄厚的经济资本、出版技术的变迁以及由晋商子弟组成的编辑人才力量，则从物质、技术以及人才等角度为晋商私家刻书的兴盛奠定了坚实的基础。需要指出的是，投身私家刻书和大众出版有助于三晋乡邦文献传播、地域文化构建以及晚清山西商人群体社会形象的重塑。

一、文化要素

与具有浓郁政治色彩的官刻、追求经济效益的坊刻相比，私家刻书侧重于文化学术旨趣的体现，更加依赖于家族藏书、诗文著述等文化要素的积累。因此，清代山西商人参与大众出版的前提之一便是文化要素的积聚。笔者认为，在清代山西商人私家刻书的过程中，山西刻书传统、晋商私家藏书以及晋商子弟著述，构成推动山西商人家刻发展的三个文化要素。

(一) 刻书传统

金元时期，山西平阳一度成为北方地区的刻书中心地，① 遗留下厚重的刻书历史底蕴，成为影响深远的三晋地域文化遗产。明清时期，私家刻书传统在山西的乡贤士绅之间绵延传递。作为商业精英和地方贤达，清代山西祁县、太谷、榆次以及灵石等地的晋商家族，成为私家刻书实践的主要参与者，最具代表性的事例是祁县晋商刻书家何绍庭。

清代祁县商人家刻成绩出众，很大程度上是受到乡贤戴廷栻的刻书影响。明末清初，三晋名士戴廷栻广交顾炎武等知名学者，祁县丹枫阁不但成为北方文化交游核心，更是戴氏私家刻书藏版之处，史称戴廷栻"订刻古书数百种，及名人

---

① 李晋林：《金元时期平水刻版印刷考述（上）》，《文献》2001 年第 2 期；李晋林：《金元时期平水刻版印刷考述（下）》，《文献》2001 年第 3 期。

高士诗文之不能自梓者,刊刻行世""版存丹枫阁,宇宙尽知之"。① 作为戴廷栻的同乡和追随者,晋商何绍庭的藏书楼"对蒙轩"处于戴氏丹枫阁故地,而何氏"笃志文学,不求仕进,亦与戴先生为近"。② 除此之外,何绍庭还承继戴氏刻书事业,投身乡贤著作的刻印出版,比如同治、光绪年间,何氏"对蒙轩"刻有《山右四朝诗》《四库全书目录》(四十五卷)等多种著作,③ 成为晚清时期刻书种类较多的山西商人。类似情形也存在于祁县渠本翘、太谷赵昌燮以及榆次常赞春等山西商人刻书家的出版实践中。④ 要之,从金元平阳刻书到明末戴廷栻藏版,再到清代何绍庭等山西商人的刻书传承,足见三晋地区刻书历史文化的深远影响。

(二)晋商私家藏书

明清时期,晋商私家藏书为其刻书实践提供了重要支持。一是提供底本,祁县晋商何绍庭"对蒙轩"藏书十万余卷,藏有戴廷栻刻本《王太史遗稿》残卷,何氏据之重刻此书,"明季保德王二弥太史遗稿,尝由戴先生廷栻序而刻之,先生得其残编,覆刻之,称精本"。⑤ 二是为私刻校勘提供支持,何绍庭光绪十二年(1886)刻本《四库全书目录》凡例云:"全书有殿本、广州本大小二种,如医家类《普济方》,殿本讹作四百八十卷,兹编悉从广州刊本以订正焉"。⑥ 何氏刻印此书时,似以家藏粤本《四库全书总目》作为校对之参照。三是提供辑佚来源,何绍庭"精意所存,毕在金石,尝搜讨名拓旧迹,会而集之,审年代,辨款识,录文字,说而订之为《山右金石文钞》"。此外他"尝辑有《山右古诗晋宋梁魏周隋合钞》,又《唐诗钞附北汉诗钞》《宋金元诗钞》,均付刻"。⑦ 可见藏书家何绍庭等人在宏富的私家藏书基础上,致力于三晋乡邦先哲文献的收集、整理和出版。

① 张英:《平阳府闻喜县儒学司训兼署曲沃县教谕戴公暨文孺人合葬墓志铭》[EB/OL][2020-12-20]https://mp.weixin.qq.com/s?__biz=MzA5MzUyMDk5NA==&mid=400394886&idx=4&sn=9fdea4f269354298a130dd45a1130b3b#rd。

② 常赞春:《山西献征》,董润泽点校,三晋出版社2017年版,第343页。

③ 李晋林、畅引婷:《山西古籍出版印刷史志》,中央编译出版社2000年版,第280页。

④ 韩丽花:《晋商中的藏书家——以晋中地区为例》,《晋图学刊》2014年第6期。

⑤ 常赞春:《山西献征》,董润泽点校,三晋出版社2017年版,第343页。

⑥ 何绍庭:《四库全书目录》,清光绪十二年(1886)何氏对蒙轩刻本。

⑦ 常赞春:《山西献征》,董润泽点校,三晋出版社2017年版,第343页。

（三）晋商子弟著述

稿源是私家刻书的基础条件，清代山西商人私家刻书多为家族子弟的著述。这一现象是清代晋商累世注重教育文化资本积累的结果，① 正如清末山西士绅刘大鹏所言："商贾之中，深于学问者亦不乏人"。② 如祁县晋商乔致庸，"孜孜矻矻，广购图书。所居泊然，卷轴外无它玩好，冠服质朴如老儒生"。③ 因此，清代山西商人子弟多有著述存世，如榆次晋商常家的常麟书、常赞春等，均是清末民初山西知名学者，二人著述宏富，其中常麟书著有《左腴类聚》《礼记易解录》《诗经述义》《尔雅述义》《中字知源录》《秦汉郡州职任谱》等，④ 常赞春著有《柞翰吟庵金石谈》《常子襄国学文编（一、二）》《榆次县志》等。⑤ 再如常龄"所著有《治痘集要》《杂症萃精》二书，均先生本所阅历而撷其精要者"。⑥ 又如常望春"有《辛夷花馆诗词稿》《辛夷花馆杂文赋稿》，均藏于家"。⑦ 太谷商人曹润堂"肆力于音韵学，讽诵之余，毅然以编辑《傅徵君山年谱》自任，起例、发凡、体段已具，未及成书而逝，所著有《木石盦诗》《木石盦文录》《木石盦随笔》《傅文贞先生年谱》"。⑧ 祁县晋商乔家的乔超五，"家故富藏书""所著《有融斋文钞》一卷，《诗钞》二卷，蔼然德人之言"。⑨ 其子乔尚谦、乔佑谦等均有著述存世。

明清时期，商人子弟读书应举不再受到政策的阻碍，为商人积极参与文化活动提供了政策空间。包括山西商人子弟在内的清代商人群体，读书学习风气日盛，热衷于积累文化资本，投身于图书收藏、学术研究、诗文创作等文化领域，

---

① 郭娟娟、张喜琴：《清代晋商家族代际流动分析——以山西榆次常氏为中心的考察》，《安徽史学》2014 年第 4 期。

② 刘大鹏：《退想斋日记》，乔志强标注，山西人民出版社 1990 年版，第 48 页。

③ 张正明等：《明清山西碑刻资料选·续一》，山西人民出版社 2007 年版，第 381 页。

④ 常士昭：《进士常麟书教育思想初探》，载高增德：《晋商巨擘：晋商常氏文化学术研讨会论文集》，山西经济出版社 2005 年版，第 352 页。

⑤ 常凤镐等：《集书画、作家、教授于一身的常赞春》，载高增德：《晋商巨擘：晋商常氏文化学术研讨会论文集》，山西经济出版社 2005 年版，第 359 页。

⑥ 常赞春：《山西献征》，董润泽点校，三晋出版社 2017 年版，第 388 页。

⑦ 常赞春：《山西献征》，董润泽点校，三晋出版社 2017 年版，第 349 页。

⑧ 刘玉璣、仇曾祐、胡万凝：《太谷县志》卷 5《文学》，台北成文出版社 1976 年版，第 717 页。

⑨ 常赞春：《山西献征》，董润泽点校，三晋出版社 2017 年版，第 172 页。

追求士商之间的身份角色转换。作为传统时代首要的传播媒介和文化载体，私家刻书有助于山西商人子弟社会形象的改变和文化素养的提升，从而激励商人成为私家刻书活动中的一股力量，进而推动明清时期刻书出版的大众化。

二、经济资本

私家刻书具有明显的"非商业性"，经济收益向来不是私人刻书家考虑的首要因素。但应该指出的是，作为一种文化产品生产，刻印图书仍需一定的经济投入和成本开支。众所周知，清代刻书成本主要包括版刻、纸张和装订等材料费用和刻工的人力薪酬。学界研究成果显示，清代官刻、坊刻图书的成本不低。值得注意的是，家刻图书的成本一般要高于官刻和坊刻，原因在于官刻与坊刻均为规模化生产，同一雕版多次反复使用，从而可以降低单本图书的成本支出，而私家刻书规模小、印量少，无形中提高了单件图书刻印成本。要之，清代私家刻书成本较高，加之几乎没有商业收益和经济回报，私家刻书意味着纯粹的投入和不小的开支，故明清时期许多饱学之士的著述文集常因经济窘迫而难以付梓。

作为商业精英，清代山西商人拥有雄厚的财富积累。明清时期，国内市场整合程度提升和商品经济水平发展，跨区域的长途贸易贩运经济发达，全国各地涌现出晋商、徽商、粤商等商人集团，成为"士农工商"四个阶层中经济资本最雄厚的社会群体。如明后期，"富室之称雄者，江南则推新安，江北则推山右"。① 又称"平阳、泽、潞，豪商大贾甲天下，非数十万不称富"。② 至清末，山西商人从事票号金融行业，"平遥、祁县、太谷，票号最多，得利最大""皆推为第一商人"。③ 要之，明清山西商人通过贸易、票号等聚集大量的经济资本，如祁县渠家、何家、乔家，榆次常家以及太谷赵家、孙家等，均是清代山西商人中的佼佼者。至清末光绪年间，平遥、祁县、太谷等地晋商家族的财富多在数十万两白银之上。④

在"贾而好儒"的社会风潮之下，清代山西商人私家刻印出版家谱、学术、诗文、商业类书等，投身于大众出版实践。从书稿来源而言，清代晋商家刻图书

---

① 谢肇淛：《五杂俎》卷4《地部二》，上海书店出版社2015年版，第74页。
② 张正明：《明清晋商商业资料选编》，山西经济出版社2017年版，第249页。
③ 刘大鹏：《退想斋日记》，乔志强标注，山西人民出版社1990年版，第47页。
④ 徐珂：《清稗类钞》，中华书局1984年版，第2307页。

主要有两类：一是自刊自著，如祁县晋商何绍庭"所编辑者，有《山右四朝诗》《王太史稿》，都已付梓"。① 又如临汾人贾永早年"贩商江淮"，后专攻篆刻，于乾隆四十八年（1783）出版所撰《松园印谱》。② 再如太谷商人子弟武先慎撰写《武氏家谱》，并于乾隆五十六年（1791）刻印付梓。③ 二是资助乡贤著作刊刻，如太谷富商孙阜昌刊刻数学家贾世西的学术著作《太阳高弧细草》。④ 又如祁县渠本翘刊印同乡刘奋熙的《爱薇堂遗集》，并与常赞春等合资出版戴廷栻《半可集备存》。再如祁县晋商乔映霞将家藏新式名人著作刊印成书，供乔家堡小学堂教学使用。⑤ 尤为值得关注的是，清代灵石晋商杨尚文在学者张穆等人支持下，在精选时贤文稿基础上，刊刻出版《连筠簃丛书》一百一十卷，共计有十余种，这一文化壮举的形成，与杨氏坐拥九十余家银铺密切相关。⑥ 据清人记载，灵石杨氏"巨族也，以豪富多，在京师开设当铺七十余所，京中人呼之'当杨'"。⑦

　　要之，作为最稀缺的生产要素之一，经济资本是文化用品生产的物质基础和必要条件。对于"非商业性"的刻书实践而言，其得以运行的前提更是依赖于经济资本的积聚。"以末致富"的清代山西商人积累了雄厚的经济资本，成为清代山西最富裕的社会群体之一，具备了投身于私家刻书实践的物质条件。要之，坚实的资金基础成为晋商私家刻书等文化生产发展的驱动因素，促使清代山西商人成为大众出版的参与者和推动者。

三、技术驱动

　　文化要素和经济资本的积累，意味着清代山西商人私家刻书发展的主要"原材料"已经具备。不过，刻印技术这一生产要素是否"飞入寻常百姓家"，也成为

---

① 黄兴涛、荆宇航：《杨深秀集》，北岳文艺出版社 2020 年版，第 169 页。

② 李晋林、畅引婷：《山西古籍出版印刷史志》，中央编译出版社 2000 年版，第 230 页。

③ 李晋林、畅引婷：《山西古籍出版印刷史志》，中央编译出版社 2000 年版，第 231 页。

④ 刘玉瓛、仇曾祜、胡万凝：《太谷县志》卷 8《著述》，台北成文出版社 1976 年版，第 1152 页。

⑤ 程光、盖强：《晋商十大家族》，山西经济出版社 2008 年版，第 142 页。

⑥ 李豫：《杨昉与〈朗山杂记〉手稿》，《文献》1995 年第 4 期。

⑦ 王韬：《遁窟谰言》，河北人民出版社 1991 年版，第 11 页。

左右大众出版发展的约束性条件。宏观考察传统中国印刷技术的演进历史，可知刻印技术的成熟程度、成本高低以及简便易用与否等均是影响私家刻书出版发展的关键因素。① 令人欣慰的是，清代雕版刻书技术的成熟和近代西方石印技术的引进，为清代山西商人私家刻书提供了技术保障与支撑，使其自如地运用刻版、石印等印刷技术，一定程度上促进了大众出版的出现和出版主体的下移。

雕版印刷技术在清代已经进入成熟期，② 各种技术都具有可操作性且成本较低，对于从事小规模私家刻书的山西商人群体而言，技术要素不再成为阻力和障碍，反而成为一种出版助力，促成清代山西商人大量藏版印刷，如太谷孙氏、祁县何氏、灵石杨氏等山西商人家族均有藏版。太谷商人孙阜昌于道光年间刻印《养正楼印存》，卷一扉页称是"太谷白石傻子孙阜昌近居氏鉴藏／祁县小愚山人孟介臣石夫氏镌篆"，在著名篆刻家孟介臣的"运刀刻印"下，孙氏福禄寿印谱成为经典，"凡赏鉴家无不称奇焉"。③ 灵石杨氏刻印的《连筠簃丛书》，尤以版刻精良闻名，清末山西藏书家耿文光跋称："余向得杨氏丛书，喜其刊板之工"。④祁县晋商何绍庭"对蒙轩"藏有刻版，所刻书中声名最著者为《四库全书目录》，书内扉页刻有"光绪十二年刊／四库全书目录／祁县对蒙轩藏版"字样。⑤ 晋商雕版刻书统计见表 5.1。

表 5.1　　　　　　　　　　　晋商雕版刻书统计

书名	作者	刊者	地区	时间
《方雪斋诗集》	何道生	何熙绩雕藻斋刻本	灵石	嘉庆十二年(1807)
《双藤书屋诗集》	何道生		灵石	道光元年(1821)
《退学斋诗集》	何耿绳	何耿绳刻本	灵石	道光十二年(1832)

① 施威等：《技术创新驱动与晚清出版业转型研究》，《编辑之友》2017 年第 10 期。

② 曹晶晶、万安伦：《"技术决定"还是"内容导引"——中国出版业近代转型动因新探》，《出版发行研究》2018 年第 11 期，第 101 页。

③ 孟介臣、孙阜昌：《孙氏养正楼印存》，清道光十九年(1839)刻本。

④ 王豪：《清道光间灵石杨氏连筠簃丛书本〈永乐大典目录〉》[EB/OL][2020-12-20] https：//mp. weixin. qq. com/s? __biz=MzA5MzUyMDk5NA==&mid=208711835&idx=3&sn=823 28c0dc54208a325d2d5f57f64102a#rd。

⑤ 王豪：《清光绪十二年祁县对蒙轩刻本〈四库全书目录〉》[EB/OL][2020-12-20] http：//www. qxtsg. mh. libsou. com/newslist? cid=17。

续表

书名	作者	刊者	地区	时间
《学治一得编》	何耿绳	何耿绳眉寿堂刻本	灵石	道光二十二年(1842)
《素位斋诗文存》	赵佃	赵氏家塾刻本	太谷	民国八年(1919)
《木石菴诗选合刻》	曹润堂	曹氏刻本	太谷	民国十年(1921)
《永乐大典目录》	姚广孝	杨尚文刻本	灵石	道光
《连筠簃丛书》十二种	杨尚文辑	杨尚文刻本	灵石	道光二十八年(1848)
《读史纪略》		杨氏澹静斋校刻本	灵石	道光二十年(1840)
《山右四朝诗》	何遵先辑	对蒙轩刻本	祁县	同治光绪
《王太史遗稿》	王邵	对蒙轩重刻本	祁县	同治光绪
《四库全书目录》	何遵先	对蒙轩刻本	祁县	光绪十二年(1886)
《有融斋遗稿》	乔超五	渠本翘	祁县	光绪十六年(1890)

资料来源：李晋林、畅引婷：《山西古籍出版印刷史志》，中央编译出版社2000年版，第244、245、280、284、285页等。

清代中后期，西方石印技术被引进中国。山西虽偏居内陆，但是光绪年间山西商人在商票印制过程中较早地采用石印技术，[1] 故西方石印技术较早地传入山西，后该技术被逐渐运用到晚清山西图书出版实践中。较之雕版印刷技术，石印技术在价格、效果等方面更具优势。[2] 因此，一批依托石印技术兴起的印刷厂相继创办，推动清末民初山西石印出版业务的发展。如民国四年，太谷县知事蔡光辉在县城南门楼道巷创立太谷平民工厂，经营石印书籍等业务。[3] 太谷平民工厂先后于民国四年(1915)、十二年(1923)和十四年(1925)出版乡贤赵佃所撰的《读汉书杂咏》、赵昌燮所撰的《仲兄云山先生年谱》以及赵佃所撰的《素位斋遗书》。此外，太谷文成书局专营石印业务，曾于民国十四年(1925)出版赵昌燮所撰的

---

① 张或定等：《清代山西祁邑"义隆号"商号钱票——山西最早的清代石印纸币》，《江苏钱币》2014年第3期。

② 杨丽莹：《清末民初的石印术与石印本研究》，上海古籍出版社2018年版。

③ 李晋林、畅引婷：《山西古籍出版印刷史志》，中央编译出版社2000年版，第319页。

《锡九冯公事略》一书。① 晋商石印出版物统计见表 5.2。

表 5.2　　　　　　　　　　　晋商石印出版物统计

书名	作者	刊者	时间
《贞懿常先生行状》	常赞春		民国
《仲兄云山先生年谱》	赵昌燮	太谷平民工厂	民国
《礼记易简录》	常麟书	山西阳兴中学	民国
《赵铁山写定说文解字叙》	赵昌燮		民国九年（1920）
《心隐庵四体书》	赵昌燮		民国
《子干常公墓志铭》	常旭春		民国十二年（1923）
《心隐庵书续千字文》	赵昌燮		民国十二年（1923）
《素位斋遗书》	赵佃	太谷平民工厂	民国十四年（1925）
《山西票商成败记》	李宏龄		民国六年（1917）

资料来源：李晋林、畅引婷：《山西古籍出版印刷史志》，中央编译出版社 2000 年版，第 293、340、484、488 页等。

技术与产业的互动历来是分析产业发展的一个视角。从雕版到石印等印刷出版技术的进步，带动刻书成本的降低和大众出版的普及。尤为值得注意的是，晚清以降，西方石印等新技术的"东渐"，为中国印刷技术带来新的变革，降低了刻书出版的技术难度和资本门槛，一大批新式中小印刷厂纷纷面世。作为思想开明的一个群体，清末民初山西商人积极运用石印等先进刻印技术，如榆次常赞春等人的著作均由新式印刷厂石印出版，"在机械印刷技术的支持下，中国文人著述出版的难易程度发生转变，这也导致典籍时代的结束与大众出版时代的到来"。②

---

①　李晋林、畅引婷：《山西古籍出版印刷史志》，中央编译出版社 2000 年版，第 327 页。

②　褚金勇：《作为变革动因的印刷机：中国近代文人著述出版的观念转型》，《出版发行研究》2019 年第 8 期，第 102 页。

四、编辑人才

刻本精良与否，很大程度上有赖于编辑、校勘人才的学识。晚清山西商人家刻兴起的条件之一便是编辑人才的汇集，为其私家刻书实践提供了智力支持。就人才来源而言，参与山西商人私家刻书的编辑人才分为两类，一类是道光年间，山西商人家族延纳而来的知名学者，如灵石杨氏延请张穆、太谷孙氏延请孟介臣等；第二类是清末民初，山西商人子弟基于亲缘、学缘和地缘等聚合而成的编辑人才群体。①

(一)延请学者

清代中期，山西商人开始从事私家刻书等文化实践。遗憾的是，由于东掌制度尚未确立，这一时期的山西商人大多致力于商业经营和商号管理，无暇顾及商业之外的文化活动，以致山西商人群体的文化积累有限和文化素养较低，难以独立完成选稿、校勘、版本比较等出版环节的核心工作。因此，在私家刻书过程中，他们通过招贤纳士的方式，延请知名学者主持私家刻书，开启"士商合作"的私家刻书模式，最有代表性的案例是道光年间张穆主持灵石商人杨氏《连筠簃丛书》的刊刻。

灵石杨氏以刻印《连筠簃丛书》留名于中国古代刻书史，② 原因之一是杨氏所刻丛书堪称精品。目前收藏于山西省晋中市祁县图书馆的杨氏刻本《永乐大典目录》，曾是清末山西著名藏书家耿文光的旧藏，耿氏题跋云："余向得杨氏丛书，喜其刊板之工，校对之精"。③ 可见，灵石杨氏刻书以其精良刻板和精确校对而被学人赞赏。事实上，这一刻书成就的取得并非源于灵石杨氏学术精湛，更多是得益于杨家坐馆张穆的学识才干。作为晚清时期西北史地研究领域的知名学者，张穆成为《连筠簃丛书》刻印工作的实际主持人，正如何绍基《灵石杨君兄弟墓志铭》云："(杨氏)家计中落，墨林好事益不衰，刻《连筠簃丛书》十余种，皆发明

---

① 王宴殊：《民国画报编辑群体的社会网络研究》，《编辑之友》2017 年第 12 期。
② 郭丽萍：《〈连筠簃丛书〉刊印始末》，《晋阳学刊》2012 年第 2 期。
③ 王书豪：《清康熙四十九年华希闵刻张穆何绍庭批校本〈遗山先生文集〉》[EB/OL] [2020-12-20] https://mp.weixin.qq.com/s? __biz = MzA5MzUyMDk5NA = = &mid = 205667810& idx = 3&sn = d6ad4ffc7b9ce8d873370835b3372dba#rd。

经史,裨益实用之书,张石舟(张穆)实为经理"。① 在杨氏刻书过程中,张穆为寻求底本而努力,并投身于书稿校雠工作。目前,祁县图书馆所藏康熙四十九年(1710)无锡华希闵剑光阁刻本《遗山先生文集》内尚留有张穆朱笔批校:"遗山先生集卷第十五/元张德辉颐斋类次、平定后学张穆硕州校梓",学者查阅发现,"书中批校,亦多关改版之辞"②,可见张穆为灵石晋商杨氏《连筠簃丛书》的刻印颇费心血。③

(二)晋商子弟

经过数十年的文化教育培养,至清末民初,山西商人子弟中涌现出一批饱学之士,比如祁县乔尚谦、渠本翘,太谷赵昌燮以及榆次常赞春等人。他们通过姻亲关系或学术交往,形成一个地域文化团体,致力于家族著述和乡贤著作的选编、校勘以及刊刻等工作,成为清末山西商人私家刻书实践中的编辑人才力量。尤须重视的是,常赞春致力于清代山西地方文献整理,"(常赞春)受馆(清史馆)聘充徵访,蒙馆长赵公尔巽谆属以留意晋故,以资纂述"。④ 他与赵昌燮成为清末山西商人刻书实践的有力推动者,二者展开了一系列的编辑合作,"(常赞春)欲以综述旧闻,搜罗放散,为三晋文献之纂辑。铁山赵子(赵昌燮)颇不鄙弃,集太谷先民著述目录见示"。⑤

1. 选编

文稿选编是刻书出版之重要环节。在清末山西商人家刻中,从事这一工作的以山西商人子孙、姻亲等为主。比如祁县晋商"保元堂"的代表人物乔超五著述

---

① 王书豪:《清道光间灵石杨氏连筠簃丛书本〈永乐大典目录〉》[EB/OL] [2020-12-20] https://mp. weixin. qq. com/s? __biz=MzA5MzUyMDk5NA==&mid=208711835&idx=3&sn=82328c0dc54208a325d2d5f57f64102a#rd。

② 王书豪:《清康熙四十九年华希闵刻张穆何绍庭批校本〈遗山先生文集〉》[EB/OL] [2020-12-20] https://mp. weixin. qq. com/s? __biz=MzA5MzUyMDk5NA==&mid=205667810&idx=3&sn=d6ad4ffc7b9ce8d873370835b3372dba#rd。

③ 申亚雪、贺天平:《〈连筠簃丛书〉研究——兼述士林交游与道咸学风之变》,《山西大学学报(哲学社会科学版)》2019年第2期。

④ 常赞春:《山西献征·常序》,董润泽点校,三晋出版社2017年版。

⑤ 刘玉玑、仇曾祜、胡万凝:《太谷县志》卷8《著述》,台北成文出版社1976年版,第1169页。

宏富，惜乎生前未刻印出版，后由举人出身的二子乔尚谦、乔佑谦等选编付梓，"《时艺》二卷，均身后及门诸子辑刻者。其《诗补遗》一卷，则又诸子检诸丛残而付刻者也"。① 又如太谷赵佃所撰的《素位斋文存》一书，系由门生赵昌燮选编完成，"乙卯岁，仲兄命燮（赵昌燮）辑刊吾师诗文存，即拟附刻"。② "燮（赵昌燮）等今日之收拾吾师耦渔先生诗文残稿付梓"。③ 再如太谷富商曹润堂，"所著有《木石菴诗集》《傅徵君年谱》，藏于家待梓"。④ 受曹氏子孙委托，赵昌燮、常赞春负责曹氏《木石菴诗选》文稿选定，"常子襄、赵铁山两同年已选定三百余首"。⑤ 具体而言，"燮（赵昌燮）受而读之，既录其目，附以小传"。⑥ 乙卯冬，"铁山（赵昌燮）又以丈诗词各集录本见示（常赞春），且属为点定"。⑦ 最后"诗依子襄（常赞春）选出者，凡古近体若干首，词若干阕"。⑧ 由上可见，清末民初山西商人刻书出版过程中，太谷赵昌燮、榆次常赞春、祁县乔尚谦等较有文化素养的山西商人子弟，承担了文稿选编的主要职责。

2. 校勘

文稿校勘是保证刻书精确的基本要求，但这一工作对校勘者的学识素养要求较高。至清末民初，山西商人子弟组成的文人群体承担主要的校勘任务。如祁县乔尚谦，"选定同邑李广文芬、文水苏孝廉捷卿诗集，亲加校勘成精本"。⑨ 此

① 常赞春：《山西献征》，董润泽点校，三晋出版社2017年版，第172页。

② 刘玉璂、仇曾祜、胡万凝：《太谷县志》卷8《著述》，台北成文出版社1976年版，第1125页。

③ 刘玉璂、仇曾祜、胡万凝：《太谷县志》卷8《著述》，台北成文出版社1976年版，第1159页。

④ 山西省政协《晋商史料全览》编辑委员会：《晋商史料全览·晋中卷》，山西人民出版社2006年版，第806页。

⑤ 刘玉璂、仇曾祜、胡万凝：《太谷县志》卷8《著述》，台北成文出版社1976年版，第1172页。

⑥ 刘玉璂、仇曾祜、胡万凝：《太谷县志》卷8《著述》，台北成文出版社1976年版，第1169页。

⑦ 刘玉璂、仇曾祜、胡万凝：《太谷县志》卷8《著述》，台北成文出版社1976年版，第1171页。

⑧ 刘玉璂、仇曾祜、胡万凝：《太谷县志》卷8《著述》，台北成文出版社1976年版，第1173页。

⑨ 常赞春：《祁县乔尚谦墓志铭》，载乔尚谦：《息影园诗存》，民国十九年（1930）印本。

外，乔尚谦又曾"手校《梦花轩诗稿》"。① 又如太谷赵佃所撰的《素位斋文存》，由赵昌燮、常赞春负责校勘，"壬戌夏，渔山四弟整饬书橱，拒尘却蠹，乃偶然拾得，燮（赵昌燮）亟事校雠录"，② 除此之外，"赞（常赞春）与校雠之役"③，"及戊午冬，铁山（赵昌燮）复致耦渔年丈之《素位斋诗文存》，属赞（常赞春）校刻"。④ 常赞春又"勘正误字以归之"。⑤ 曹润堂所撰的《木石盦诗选》经由赵昌燮、段志先和常赞春等人主持校勘，亦是赵昌燮在编目之余，"复与同人段志先诸君，正钞胥之伪舛，略事编次第"。⑥ 可见，在文稿勘误、校雠等具体工作过程中，晚清山西商人子弟成为最主要的编辑力量。

3. 序跋

序跋是图书之简要介绍，论及书稿撰写源流、刻印宗旨以及学术价值等。一般而言，序跋撰者须具有一定学识、身份与声望。清末民初山西商人私家刻书之序跋，大部分出自山西商人子弟如赵昌燮、常赞春等知名学者之手。如太谷学者赵佃《读汉书杂咏》的跋语，是在赵昌燮的极力邀请下由常赞春撰写，"铁山（赵昌燮）兄弟亟亟焉，为传为跋，惟恐其或湮而不传者"⑦，常氏跋云："丈熟汉书，有撰著，赞文集序曾及之，特未见其书，或散佚而未加理董欤？乃顷，赵子铁山以丈《读汉书杂咏》寄示，且嘱序言。受而读之，题则咏事咏人，或分或合，体则亦古亦近，信乎能兼取先民所长供吾驱使，知读书之诀且知诗文之诀者也"。⑧ 再如太

① 武殿琦、渠荣鏻：《渠仁甫传》，三晋出版社2009年版，第142页。
② 刘玉瓒、仇曾祜、胡万凝：《太谷县志》卷8《著述》，台北成文出版社1976年版，第1125页。
③ 刘玉瓒、仇曾祜、胡万凝：《太谷县志》卷8《著述》，台北成文出版社1976年版，第1126页。
④ 刘玉瓒、仇曾祜、胡万凝：《太谷县志》卷8《著述》，台北成文出版社1976年版，第1159页。
⑤ 刘玉瓒、仇曾祜、胡万凝：《太谷县志》卷8《著述》，台北成文出版社1976年版，第1170页。
⑥ 刘玉瓒、仇曾祜、胡万凝：《太谷县志》卷8《著述》，台北成文出版社1976年版，第1169页。
⑦ 刘玉瓒、仇曾祜、胡万凝：《太谷县志》卷8《著述》，台北成文出版社1976年版，第1159页。
⑧ 刘玉瓒、仇曾祜、胡万凝：《太谷县志》卷8《著述》，台北成文出版社1976年版，第1125页。

谷曹润堂所撰的《木石盦诗选》，常赞春与赵铁山"各有序文"，① 据常赞春序文可知，"癸卯之冬，赵子铁山以曹丈《木石盦诗文》属赞选评，尝僭为序以弁首矣"。② 要之，在清末民初山西商人私刻出版过程中，赵昌燮、常赞春等山西商人子弟通过撰写序跋等工作，成为山西商人家刻的积极推动者。

4. 誊录

在石印出版技术下，抄本的誊录水平直接关系到书稿的美观程度，因此书法技能在图书石印出版过程中显得格外重要。需要指出的是，作为清代山西商人子弟和学徒的基本技能，书法、算学等关系到商业通信、账簿核算等，故而成为他们的学习内容之一。所以，清代山西商人子弟中不乏书法技艺突出者。③ 至清末民初，山西商人子弟如赵昌燮、常赞春、常旭春等均是三晋知名书法家，而祁县晋商渠晋山的楷书以清秀著称，尤擅蝇头小楷，成为文稿石印出版过程中的重要誊录人员。④ 如民国初年，祁县乔尚谦"曾持其所著《半解集》《研畇轩吟草》，命山（渠晋山）楷录，云将剞劂以问世"，不过因事中辍，后"请姻丈常子襄（常赞春）先生重为选定，而山（渠晋山）复任缮录之役"。⑤ 可见，凭借不俗的书法功底，渠仁甫等山西商人子弟在清末民初石印出版过程中的作用格外显著。

要之，在清代山西商人私家刻书过程中，延纳而至的学者和有文化的山西商人子弟，组成一个较为庞大的编辑群体，凭借卓越的学术修养和编辑水平，在文稿选编、校雠、勘误、序跋和誊录等方面，推动山西商人私家刻书实践的正常运转。尤其是清末民初的山西商人私刻出版实践中，山西商人子弟全方位、多环节地投入私刻出版活动，充当最核心的编辑角色，不再是出资延请知名学者主持私家刻书，这一转变充分表明清代大众出版的发展趋势以及出版主体的不断下移。

---

① 刘玉玑、仇曾祜、胡万凝：《太谷县志》卷8《著述》，台北成文出版社1976年版，第1172页。

② 刘玉玑、仇曾祜、胡万凝：《太谷县志》卷8《著述》，台北成文出版社1976年版，第1159页。

③ 阴耀耀：《从山西大院砖雕书法看明清时期晋商书法观念》，《中国书法》2019年第10期。

④ 山西省晋商文化基金会：《渠仁甫书法集》，中华书局2018年版。

⑤ 武殿琦、渠荣錄：《渠仁甫传》，三晋出版社2009年版，第142页。

五、结语

明清时期，徽商、晋商等经商致富而又影响深远的商人群体出现在历史舞台。他们与汉唐宋元时期商人群体的区别之一在于一改长期以来商人在文化学术领域"存在感"式微的历史局面，涌现出一大批商人出身的藏书家、刻书家，如徽商汪氏、鲍氏，以及晋商何氏、渠氏和常氏等。对于这一颇具历史转折性的文化现象，我们应从宏观层面和微观角度给予足够的关注和分析，挖掘其背后的形成机制和影响因素。我们认为，作为文化生产活动，刻书出版急需资本、文化、技术以及人才等多种生产要素的积累。鉴乎于此，本节主要从以上四个视角考察清代山西商人私家刻书兴起的影响因素。

值得注意的是，清代山西商人私家刻书蕴含着一定的行动逻辑。事实表明，对于清代山西商人而言，从事刻书、著述以及校雠等学术雅事，既有助于山西商人子弟文化学术素养的习成，又有助于他们完成士商之间身份的转换，成为地方社区颇有威信声望的乡绅阶层和文化名人。从此角度而言，私家刻书一定程度上成为清代山西商人改变家族声誉和社会形象的重要途径。

第二节 刻 书 实 践

对于传统优秀文化的继承与发展，不能忽视中国历史上的刻书活动在"文化创造、文化积累、文化传播方面的业绩"。① 作为具备经济资本和文化资本的社会群体，明清民国山西商人藏书家刻印出版大量的乡贤诗文以及学术著述，运用版刻、石印等技术编辑出版《四库全书目录》《连筠簃丛书》等一系列的古籍，成为近世前期山西民间出版的一股重要力量，推动了古籍文献的传播和地域文化的构建。遗憾的是，学界既有研究或关注书商的坊刻活动，或聚焦士人的家刻实践。曾致力于私家藏书刻书活动的明清山西商人藏书家，长期未能得到学术界的留意和关注，加之明清晋商刻书史料文献的搜集及整理存在一定的难度，以致明清民国山西商人的家刻活动尚未得到足够的认识与探讨。

---

① 肖东发：《中国出版史研究的领域、方法及价值——〈明清文化传播与商业互动研究〉序》，《现代出版》2016 年第 3 期。

关于传统时代刻书出版活动的研究，学界形成以下几种研究视角：一是注重版本、目录等价值的历史文献学视角,[1] 二是注重编辑出版的出版史研究视角,[2] 三是聚焦于图书出版文化影响的传播学视角。[3] 既有研究从多个方面推进了这一领域的研究，为本研究的展开提供了学术基础和方法工具。在此基础上，笔者借助地缘区位优势，多次前往祁县、平遥、太谷以及榆次等明清民国晋商聚居之地开展社会调查，对明清民国时期山西商人家刻史料、刻书遗存进行搜集和整理，为本课题的研究积累扎实的文献资料基础，进而重点考察其刻书数量、种类、特点以及价值，以期揭示明清民国时期山西商人藏书家在图书出版领域的文化贡献。

一、刻书概况

自明末至民初之数百年间，均可见山西商人私家刻书的文化实践。不过整体而言，山西商人家刻活动在时间和空间层面存在显著特点。从时间来看，清中后期至民国初年的近百年，可谓山西商人藏书家刻印出版图书的黄金时代。从地域上讲，在图书刻印生产的过程中，祁县、榆次、灵石等晋中地区商人藏书家成为主要参与者。因此，本节要考察的山西商人私家刻书实践，自然是聚焦于清末民初晋中地区的商人家刻。

清代山西祁县的商人藏书家，如何绍庭、渠本翘等，较早地开始从事刻书出版实践。笔者爬梳史料，发现目前有史可循的祁县商人刻书主要有以下数种(见表5.3)：

表 5.3　　　　　　　　　　　　祁县晋商刻书信息

书名	作者	刊者	时间	卷数
《爱薇堂遗集》[4]	刘奋熙	渠本翘	民国四年(1915)	

---

[1] 刘纬毅：《山西文献总目提要》，山西人民出版社1998年版。

[2] 李晋林、畅引婷：《山西古籍出版印刷史志》，中央编译出版社2000年版。

[3] 秦宗财：《明清文化传播与商业互动研究——以徽州出版与徽商为中心》，学习出版社2015年版。

[4] 刘奋熙：《爱薇堂遗集》，民国四年(1915)印本。

书名	作者	刊者	时间	卷数
《息影园诗存》	乔尚谦	渠仁甫、常赞春	民国十九年(1930)铅印本	二卷
《迹古斋》		何乃昌	光绪七年(1881)	
《四库全书目录》	何绍庭	何氏对蒙轩藏版	光绪十二年(1886)刻本	四十五卷
《山右四朝诗》	何绍庭	何氏对蒙轩	同治光绪年间刻本	
《王太史遗稿》	王邵	何氏对蒙轩	同治光绪年间重刻本	
《半可集备存》	戴廷栻	渠本翘、常赞春	光绪二十年(1894)石印本	四卷
《有融斋遗稿附时艺二卷补遗一卷》	乔超五	渠本翘	光绪十六年(1890)刻本	二卷

资料来源：李晋林、畅引婷：《山西古籍出版印刷史志》，中央编译出版社 2000 年版，第 280、285、342、482 页等。

由上表可知，祁县商人何氏和渠氏刻书较多。光绪十二年(1886)，何绍庭刊刻《四库全书目录》四十五卷，内封题"光绪十二年刊/四库全书目录/祁县对蒙轩藏版"。除此之外，何氏"尝辑有《山右古诗晋宋梁魏周隋合钞》，又《唐诗钞附北汉诗钞》《宋金元诗钞》，均付刻。又明季保德王二弥太史遗稿，尝由戴先生廷栻序而刻之，先生得其残编，覆刻之，称精本"。① 作为祁县渠家唯一的进士，渠本翘具有较高的社会影响和学术素养，他晚年致力于典籍收藏、编校和出版，主持刊印乡贤刘奋熙《爱薇堂遗集》、戴廷栻《半可集备存》和乔超五《有融斋遗稿》等著作，还拟刊印李扬清所撰的《梦华轩诗稿》。② 祁县商人藏书家渠仁甫等主持刊印多部地方文化名人著作，如民国十九年(1930)，渠仁甫、常赞春刊印出版乔尚谦的《息影园诗存》。③

山西灵石县商人家族云集，其中在刻书领域成绩突出的主要有何家与杨家，具体刻书信息见表 5.4。

---

① 常赞春等：《山西献征》，董润泽点校，三晋出版社 2017 年版，第 343~344 页。

② 武殿琦、渠荣鏕：《渠仁甫传》，三晋出版社 2009 年版，第 26 页。

③ 韩丽花：《晋商中的藏书家——以晋中地区为例》，《晋图学刊》2014 年第 6 期。

表 5.4 灵石晋商刻书一览

书名	作者	刊者	时间
灵石《何氏族谱》	何思忠	何家	道光八年(1828)
《方雪斋诗集》	何道生	何熙绩雕藻斋刻本	嘉庆十二年(1807)
《方雪斋试帖合存》	何道生辑		嘉庆年间
《双藤书屋诗集》	何道生		道光元年(1821)
《方雪斋试帖》	何元烺		道光八年(1828)
《退学斋诗集》	何耿绳	何耿绳刻本	道光十二年(1832)
《学治一得编》	何耿绳	何耿绳眉寿堂刻本	道光二十二年(1842)
《永乐大典目录》	姚广孝	杨尚文刻本	道光年间
《连筠簃丛书十二种》		杨尚文刻本	道光二十八年(1848)
《说文解字义证》	桂馥	杨尚文刻本	道光三十年(1850) 至咸丰二年(1852)
《读史记略》		杨氏澹静斋校刻本	道光二十年(1840)

资料来源:苏华:《清代两渡何家——一个文化世族的递进史》,三晋出版社 2016 年版;申亚雪、贺天平:《〈连筠簃丛书〉研究——兼述士林交游与道咸学风之变》,《山西大学学报(哲学社会科学版)》2019 年第 2 期。

　　灵石县两渡镇何家是清代山西文化名族。① 何氏九世祖何溥,"贸易京师,遂以致富""货逾十万",至何思钧时,"江南名士入京求为弟子师者,莫不知有何氏书塾"。② 时人称"兰士与其兄砚农使君,承其尊甫双溪先生之家法,为子弟皆有文学",③ 嘉庆十二年(1807),何道生所撰的《方雪斋诗集》刻印,之后何熙绩等"谋更付剞劂",④ 更名为《双藤书屋诗集》。此外,何氏子弟多有诗文付刻,如何元烺《方雪斋试帖》、何熙绩《月波舫遗稿》、何耿绳《退学诗斋诗集》、何耿绳《学治一得编》等。

　　灵石杨家是清代山西商人大族,"巨族也,以豪富多,在京师开设当铺七十

① 苏华:《清代两渡何家——一个文化世族的递进史》,三晋出版社 2016 年版。
② 许隽超、王国明:《何道生集·前言》,人民文学出版社 2019 年版,第 1 页。
③ 许隽超、王国明:《何道生集》,人民文学出版社 2019 年版,第 8 页。
④ 许隽超、王国明:《何道生集》,人民文学出版社 2019 年版,第 3 页。

余所，京中人呼之'当杨'"。① 1847—1852 年，杨尚文延请学者张穆主持刻书，刊刻《连筠簃丛书》一百一十卷。杨尚文"性豪爽，慕项墨林之为人，因自号曰'墨林'。家藏书籍字画几与项氏等。早岁居京师，所交尽一时名士，名士亦喜公风雅，愿与缔交。遇寒士，不吝推解而曲体其情，以是墨林之名动京师。有校刊《读史记略》《连筠簃丛书》行世"。②"皆发明经史，裨益实用之书。"③目前可考证的丛书目录有《韵补》《韵补正》《元朝秘史》《唐两京城防考》《长春真人西游记》《汉石例》《勾股截积和较算术》《椭圆术》《镜镜詅痴》《癸巳存稿》《群书治要》《湖北金石诗》《落帆楼文稿》《说文解字义证》《永乐大典目录》《汉碑录文》和《桂苑笔耕集》，内容涵盖历史、地理、金石、声韵、数学、物理等著作。④

太谷商人藏书家赵氏、孙氏以及曹氏，亦积极参与私家刻印图书事业，目前史料可见，其所刻印图书包括以下数种（见表 5.5）：

表 5.5 　　　　　　　　　　太谷晋商刻书一览

书名	作者	刊者	时间	卷数
《素位斋诗文存》	赵佃	赵氏后人	民国八年（1919）	二卷
《赵铁山写定说文解字叙》	赵昌燮		民国九年（1920）	
《心隐庵四体书》	赵昌燮			
《读汉书杂咏》	赵佃	太谷平民工厂	民国四年（1915）石印本	
《仲兄云山先生年谱》	赵昌燮	太谷平民工厂	民国十二年（1923）石印本	
《太谷县志辑略》	赵昌燮			
《说文建首叙》	赵昌燮			
《心隐庵续千字文》	赵昌燮		民国十二年（1923）石印本	
《絧斋楷书》	赵昌燮		民国十二年（1923）石印本	
《太阳高弧细草》	贾世西	孙氏		
《孙氏养正楼印存》	孟介臣	孙阜昌	道光十九年（1839）	六卷

① 王韬：《遁窟谰言》，河北人民出版社 1991 年版，第 11 页。
② 李凯明、耿步蟾：《灵石县志》卷 9《忠孝》，台北成文出版社 1968 年版，第 491 页。
③ 何绍基：《东洲草堂文钞》卷 17《灵石杨君兄弟墓志铭》，同治六年（1867）刻本。
④ 申亚雪、贺天平：《〈连筠簃丛书〉研究——兼述士林交游与道咸学风之变》，《山西大学学报(哲学社会科学版)》2019 年第 2 期。

续表

书名	作者	刊者	时间	卷数
《留影龛余草》	阎南图	孙豫昌	道光年间	二卷
《木石菴诗选合刻》	曹润堂	曹中柱、曹中梁	民国十年(1921)家刻本	四卷

资料来源：李晋林、畅引婷：《山西古籍印刷出版史志》，中央编译出版社2000年版，第260、265、332、484、488页等。

　　太谷商人私家刻书，多是子弟刻印先人之遗稿。民国九年(1920)，在太谷商人藏书家赵昌燮与榆次常赞春主持下，赵氏族人赵佃所撰的《素位斋诗存》刻印完成，"《素位斋诗文存》刻竣，子襄(常赞春)同年始终其事，即由都门印得数百部归，兄(赵云山)命分赠同人"。① 此外，民国十年(1921)，商人藏书家赵云山"应同人之嘱，书临兰亭序二种印行"。② 太谷商人曹润堂去世之后，其子侄邀请山西商人子弟中才学出众者如常赞春、赵昌燮主持曹氏诗文编校等工作，出版《木石菴诗》上下卷，并由常赞春、赵昌燮作序。③ 太谷孙家是县邑藏书大族，但是刻印出版史料存留不多，目前所见有刻印图书二种，分别是孙氏代刊清人贾世西的《太阳高弧细草》，④ 以及孙阜昌主持、孟介臣完成的《养正楼印存》。

　　榆次商人常家的刻印活动集中于民国初年。常赞春、常旭春等出资创办太原范华印刷制版厂，可谓运用新技术印书之典型，常麟书、常赞春等族人的个人著述成为石印出版的主体。除此之外，常赞春作为民初三晋知名学者，也多次参与山西乡贤文献的整理与出版。榆次晋商藏书家刻印书信息见表5.6。

表5.6　　　　　　　　　　　榆次晋商藏书家刻印书信息

书名	作者	刊者	时间	卷数
《常氏家乘》	常赞春等	太原范华印刷厂	民国十五年(1926)	

---

　　① 赵昌燮：《仲兄云山先生年谱》，太谷平民工厂民国十二年(1923)石印本，第58页。

　　② 赵昌燮：《仲兄云山先生年谱》，太谷平民工厂民国十二年(1923)石印本，第59页。

　　③ 刘玉玑、仇曾祜、胡万凝：《太谷县志》卷8《著述》，台北成文出版社1976年版，第1169页。

　　④ 刘玉玑、仇曾祜、胡万凝：《太谷县志》卷8《著述》，台北成文出版社1976年版，第1152页。

续表

书名	作者	刊者	时间	卷数
《尔雅述谊》	常麟书		民国初年铅印本	
《汉隋二志存书辑略》	常麟书①		民国	三卷
《近代文略辑》	常麟书		民国	二卷
《礼记易简录》	常麟书	阳兴中学	民国石印本	
《诗经述义》	常麟书		民国写印本	三卷
《周礼述义》	常麟书		民国写印本	
《群经正义提纲》	常麟书		民国印本	
《中字知源录》	常麟书		民国印本	
《石鼓文考》	李中馥	常赞春	民国四年(1915)刻本	
《晋四家诗》	戴廷栻	常赞春	民国元年(1912)铅印本	四卷
《贞懿常先生行状》	常赞春	常赞春	民国石印本	
《傅青主乔梓书乐毅论》	傅山、傅眉	常赞春	民国八年(1919)影印本	
《乔筱山先生墓志铭》	常旭春		民国间影印本	

资料来源：李晋林、畅引婷：《山西古籍印刷出版史志》，中央编译出版社2000年版，第321、330、333、335、340、342、489页等。

二、刻书特点

(一) 刻书内容

一般而言，私家刻书内容主要包括自著、诗文、谱牒、校勘、辑佚和丛书等。由上述表格显示的山西商人藏书家刻印书信息可知，清代民国时期山西商人私家刻书内容集中在个人著述、家族谱牒以及乡贤文献等。

自著是山西商人私刻中占比最大的刻书内容。山西商人子弟的自著文稿主要是诗文，但也有部分学术论著，比如常麟书、常赞春等人在经学、史学等学术领域成绩斐然，刻印不少相关学术论著。除此之外，山西商人子弟还有部分试帖存

---

① 张敬颢、常麟书：《榆次县志》卷13《艺文考》，范华印刷厂民国二十九年(1940)印本，第3页。

世。山西商人自著类刻书占比较高的缘由，大概可从以下几方面分析，一是山西商人子弟的文化素养不断提升，吟诗作赋、钻研学术成为日常生活之一部分；二是读书应举成为他们的重要追求，所以多有试帖撰述；三是山西商人家族较为雄厚的经济基础，使其有足够的经济条件将个人诗文、试帖和学术著述整理出版。

诗文是山西商人子弟刻印出版的重要内容。清代中后期，山西商人子弟入塾读书、吟诗作赋极为常见，比如榆次常氏的"耤华诗社"。至于科举之路颇为顺畅的代州冯氏与灵石何氏，其家族子弟的诗文水准更是极为高超，灵石何熙绩"沉潜经籍，不堕其家学""工于吟咏"。① 因此，在山西商人私家刻书印书过程中，诗歌文集著作占比较多，比如灵石何氏刻书主要是何道生、何耿绳、何熙绩等人的诗集，再如太谷商人曹润堂去世之后，其子委托常赞春、赵昌燮等编辑出版曹氏个人遗存之诗集。

经史也是刻书种类之一，在读书过程中形成的读史札记等成为刻书的大宗。在这一领域成绩最为突出的是常麟书。作为榆次商人常氏家族第一位进士，常麟书学术素养精湛，加之时处清末民初，石印等价格低廉的印刷技术成熟，所以常麟书的大量经史著述得以出版面世，如写印本《诗经述义》三卷，"大旨主毛传，旁及清代说《诗经》者汇辑"。写印本《周礼述义》，"大旨主郑注，旁采诸家说，止毕天官地官"。写印本《左腴类聚》，"为删节《左传》白文，或取事类，或存隽语"。印本《群经正义提纲》，"采撷《论语》《孝经》《孟子》疏，删去烦文及衍述"。印本《中字知源录》二卷，"依字之笔画多少为次，撷《说文解字》中通用字，略加诠释"。②

辑佚也是山西商人刻书内容之一。祁县商人藏书家何绍庭所刻图书主要是其校勘和辑佚的作品，比如《四库全书目录》和《山右四朝诗》。再如渠本翘、常赞春等辑佚刻印明末清初山西学者戴廷栻的《半可集备存》。再如民国五年（1916），赵铁山辑录出版赵佴诗集，"燮（赵铁山）辑录耦渔师《素位斋诗》，请卓如夫子选定、撰序，兄撰小传，文请子襄同年选定并跋尾，弼予表兄赐题辞，即付剞劂"。③ 相对而言，辑佚类出版物占比较少，原因在于此类著述依赖于较为扎实

① 许隽超、王国明：《何道生集》，人民文学出版社 2019 年版，第 439 页。
② 张敬颢、常麟书：《榆次县志》卷 13《艺文考》，范华印刷厂民国二十九年（1940）印本，第 2 页。
③ 赵昌燮：《仲兄云山先生年谱》，太谷平民工厂民国十二年（1923）石印本，第 50 页。

的校勘、辑轶等学术功底，山西商人子弟中文化素养较高者方有机会完成此类著述出版。

谱牒的刻印普遍受到晋商家族重视，比如《常氏家乘》《冯氏族谱》以及灵石《王氏族谱》等耗资耗时颇多。乾隆四十五年（1780），经营钱庄、当铺的灵石晋商王氏第十六世王中极，整修《王氏族谱》二十卷，并制成木版雕印族谱一套。① 同一时期，灵石两渡晋商何家十一世何思忠称"族势颇繁，又散居数处，谱牒不纂，他日奚由考稽"？② 何思忠所辑族谱，"观其体裁，无一不本于正史者。如世系诸表，即迁、固之表体也；家庙、坟茔诸志，即书志之法也；行实、传志诸录，即列传之式也"。③ 从灵石何氏族谱之体裁选定，可见族人对谱牒修撰之重视。道光年间，十三世何辉绶又对族谱"重加纂辑"。④ 榆次晋商常氏的族谱《常氏家乘》，从纂修和出版记录来看是数代晋商子弟不断努力的结果，与代州《冯氏族谱》均在民国初年重修石印出版。

要之，从数量来看，清代民国时期山西商人私家刻书六十余种，与同时期知名刻书家相比，刻书数量相对有限，但不失为一股重要的私家刻书力量。从内容来看，刻书印书主要集中于诗文、谱牒等著述，学术研究性著述占比较少。这一数量特征和内容特征的出现，与山西商人家族子弟的学识素养息息相关。尽管清中后期，经商致富的山西商人注重子弟教育，开始走上儒贾兼通、科举入仕的发展路径，但是文化素养的形成毕竟需要累世的传递和积累，并非一蹴而就的结果。因此，我们发现，科举成绩较为出众的山西商人家族，比如代州冯氏和两渡何氏，在清代乾隆时期便开始在雄厚的家族财富基础上，注重向科举文化世家的转型实践，因此冯氏子弟冯如京、何氏子弟何道生等考取进士功名，进入当时学术文化场域的核心圈子，在文学领域与姚鼐等文化名人交游颇广，其著述出版较为及时并取得较大的社会影响。

（二）刻书分布

从时空分布的角度观察清代民国时期山西商人私家刻书，有助于更深入地考

① 张国华：《灵石静升〈王氏族谱〉札记》，《沧桑》1999 年第 3 期。
② 许隽超、王国明：《何道生集》，人民文学出版社 2019 年版，第 622 页。
③ 许隽超、王国明：《何道生集》，人民文学出版社 2019 年版，第 621 页。
④ 许隽超、王国明：《何道生集》，人民文学出版社 2019 年版，第 624 页。

察作为群体概念的晋商之下，不同山西商人家族刻书实践之差异，以及刻书出版活动在时间和空间层面的不同和变化。

从时间分布来看，明代便已兴起的山西商人群体，在当时几乎未留下私家刻书史料，一定程度上表明他们的刻书活动在明代较为稀见。降至清代中期，较早实现家族转型的代州冯氏家族与灵石何氏家族，在取得科举功名和文化资本之后，在嘉道年间较为集中地刻印子弟诗文，构成了山西商人私家刻书的起步期。至同光年间，祁县何绍庭、渠本翘等后起的晋商子弟，掀起了刊刻地方诗文和乡贤文稿的热潮，祁县乔超五、刘奋熙，以及太谷赵佃等人的著述均得以刻印出版，此一阶段可谓山西商人子弟刻书的兴盛期。民国时期，山西商人的传统商业以及票号生意一落千丈，支撑家族刻书等文化活动的经济基础几不复存。不过，著述丰富的常赞春、赵昌燮以及常麟书等晋商子弟，开始采用石印这一新兴、价廉的印刷技术出版个人著作，此一阶段可谓山西商人子弟印书的衰微期。自此之后，传统的山西商人家族及其子弟群体难以在经济、文化领域产生较大的影响。

从地域分布来看，明代以及清初财富力量出众的晋南商人群体，并未在商人私家刻书历史上留下较多痕迹。相对而言，晋中地区的灵石、榆次、祁县以及晋北地区的代州等地，成为清中后期山西商人私家刻书较为密集的分布区域。如果对清中后期刻书地域分布进一步区分，可以发现处于第一阶梯的是祁县，晋商藏书家何氏、渠氏以及乔氏等家族均参与私家刻书，刻书种类丰富。处于第二阶梯的是灵石，以晋商何氏和杨氏为代表的家族刻书取得辉煌成绩。处于第三阶梯的是榆次和太谷，清末民初，以常赞春、常麟书和赵昌燮等为代表的晋中商人子弟，形成一个基于地缘、学缘和亲缘的学术团体，着力于地方文献的校勘出版，他们刻印图书的特色之处在于较多地采用新式石印技术。

从家族分布来看，自明初至民初数百年间，山西商人家族兴衰变迁，其间既有政治权力和商业经济因素，也有文化教育因素。作为一种文化实践，刻书活动体现出一个家族的文化理念和学术素养，而不同山西商人家族之间的文教理念和学识水平却存在较大差异。这一差异既表现在部分晋商家族重视文教，部分家族耽于物质享受，也表现在同样重视文教的山西商人家族获取的学识素养和科举功名差异甚远，以上诸种差异的存在，一定程度上引致明清民国时期山西商人家族在刻书实践中的表现各异。

具体而言，科甲之路颇为辉煌的代州冯氏和灵石何氏，从商人转型为士族的道路十分成功，因此在清代中期便大量刻印家族子弟的诗文著述，并且他们的著述在清代士人圈中颇有影响。清末民初，榆次常氏、祁县渠氏和太谷赵氏等山西商人子弟取得一定功名并积累一定的学识，但在全国的影响力，较之灵石何氏等科举望族存在一定的差距，因此其刻书聚焦家族子弟和地方乡贤文献，产生的社会影响更多局限于三晋大地。

（三）刻书质量

从刻书质量上讲，清中后期山西商人家族刻印图书，具有精确校勘和书写美观两个优点，这一特点的形成与商人家族的经济财力和书法传统颇有关联。

首先，精确校勘。内容精确的前提来自严谨的校勘工作。由上文可知，山西商人藏书家在刻书校勘上颇为认真。同时，校勘人员的学识素养也是至要关键。倘若晋商子弟颇有学识，则一般由其完成校勘工作，比如清末民初名闻山西的常赞春、赵昌燮等，均是这一时期三晋知名学者，他们校勘辑佚的《素位斋文存》《半可集备存》等质量颇有保证。再如祁县晋商何绍庭在个人庄园之中，常与文士交游，加之具备收藏珍善古籍的经济实力，可以为刻书提供精良刻本，因此何氏"对蒙轩"刻书质量颇被当时学者所认可。若山西商人子弟无法承担校勘事务，比如灵石晋商杨氏便是聘请知名学者张穆从事刻书选择、版本校勘等专业工作，从而保证杨氏所刻《连筠簃丛书》的质量。

其次，书写美观。石印技术出现之后，书写水平影响石印书本的字体美观程度。从民国初年赵昌燮、常赞春等出版的图书来看，《仲兄云山先生年谱》等石印图书的字体之优美令人惊叹，一个原因在于山西商人子弟的日常学习训练过程中注重书写能力，许多藏家更是热衷于收藏和临摹书帖。在这一历史条件之下，清末民初山西商人子弟如常赞春、常旭春、赵铁山、渠仁甫等均是名闻一时的著名书法家，他们写就的石印书本具有极高的审美价值。

要之，明清民国时期山西商人私家刻书实践的直接意义在于图书文献的出版与传播。由上文可见，山西商人刻书门类主要包括族谱、诗文、书算、方志等文献，此类文献的一个特点是偏属于地方文献和冷门文献，并非传统书商和官书局刻书的首要选择，从这个角度而言，山西商人家族刻书是同时期官刻和坊刻的一种有益补充，为晋商家族、地方社会以及冷门学术保存了丰富的图书文献。

山西商人藏书家刊刻一大批文学、史学、目录学、校勘辑佚等方面的学术著作，反映了山西商人子弟群体的学术素养，一定程度上体现出山右地方学术意识的形成，代表者是何绍庭的山右诗文辑选。此外，冷门学术著作的出版刊刻，有助于地方学者学术成果的发布，提高三晋地区的地方文化影响力，推动地方学术文化的构建，并在校勘刻书等实践过程中形成以山西商人子弟为主体的地方学术共同体。

山西商人家族刻印图书有助于家族社会资本的积累。灵石何氏经济和文化实力突出，"何氏故山西名富家，先世未析产，赀累百万，尝以军兴佐饟金川，又运铜江南。及公(何思钧)屡析产，仅中人，而仍以富闻天下"。① 灵石何氏家族刻书过程中，通过撰写序言与清代名士交流，扩大灵石何氏家族的影响力。再如祁县晋商渠本翘与著名出版家张元济等人的交往，一定程度上与渠氏晚年从事地方文献刊刻息息相关。②

---

① 王苣孙：《诰封朝议大夫山东道监察御史加二级累封中宪大夫户部山东清吏司郎中加二级翰林院检讨何公行状》，载许隽超、王国明：《何道生集》，人民文学出版社2019年版，第636页。

② 山西祁县图书馆：《渠本翘与两位大藏书家》[EB/OL][2020-12-20] https：//mp. weixin. qq. com／s？ _biz＝MzA5MzUyMDk5NA＝＝&mid＝208932746&idx＝1&sn＝0788d97be84f39dda0484e004ed2be07#rd。

第六章　历史贡献

明清时期，传统商业与商帮高度发达，立足于海内外贸易和金融票号业经营的山西商人长期执商界牛耳，是当时民间财富力量的代表，拥有十分雄厚的经济基础。同时，山西商人尊崇"儒贾兼通""藏以致用"的文化理念，许多山西商人热衷于图书收藏、整理、使用、刊刻和捐赠等，这些举动对传统古籍文献的保存传播、学术文化的发展、子弟人才的造就和新式图书馆的建设发挥了至关重要的历史作用。作为明清民国时期山西历史舞台上最活跃、最有能量的社会群体之一，山西商人私家藏书和文化传播活动对三晋地域文化的塑造意义非凡。

以往研究侧重于简单梳理晋商藏书家的藏书活动，忽视了对明清山西商人私家藏书的历史地位和文化价值的深度探讨。基于此，笔者利用地缘优势，通过田野调查，并借助山西社科院谱牒中心所藏明清晋商家谱、祁县晋商文化研究所搜集的民间文献、山西方志以及山西各级图书馆馆藏晋商捐献古籍文献，将研究目光转移到明清民国时期山西商人藏书活动的历史地位和文化贡献。

第一节　保存传播文献古籍

文献古籍是我国优秀传统文化的有形载体，也是华夏民族的珍贵文化遗产。明清民国时期，山西商人藏书数量庞大、内容丰富、多珍孤善本，且依托家族雄厚经济基础，刊刻出版大量图书文献。山西商人通过图书收藏、整理与刊刻等活动，为古籍文献的保护和文化遗产的传承作出重要的贡献。直至今日，全国和山西省内各级图书馆仍藏有晋商后人捐献的许多珍贵古籍，其中不少善本古籍入选国家古籍名录。

明清民国时期，山西商人藏书数量庞大，如灵石王家、太谷赵家、太谷曹家、榆次常家、介休侯家等晋商大族均肆力收藏图书，而尤以祁县晋商何家、乔家和渠家藏书最丰。何遵先是清后期山西著名藏书家、刻书家，他在祁县筑有名为"对蒙轩"的藏书楼，藏书万卷有余。① 晋商乔家自清中叶开始藏书，至光绪十年(1884)，"在中堂"的乔致庸向子弟交接家族商业帝国，专心于家族藏书和子弟教育，"肆力史册，广购图书"。② "保元堂"的乔超五嗜好收藏古籍，是晚清华北十大藏书家之一，所藏古籍多达六十余箱，③ 祁县晋商乔氏用心经营的"有融斋、息影园均为藏书万卷之所"。④ 渠家藏书始于乾隆年间，清代著名书法家张思叡为渠家藏书楼书写的对联云："是能读三坟五典八索九邱"⑤，借《左传》典故夸赞渠家藏书之丰。20 世纪初，渠家收购山西最大私人书坊——"书业德"，改名"书业诚"，主营古籍、书画、文物买卖，收购所得珍善本古籍多归渠氏家藏，通过这一藏书方式，渠仁甫在十余年间积累古籍善本两千余部、十万余册。⑥ 20 世纪 50 年代，晋商后人何晓楼、乔贞士与渠仁甫先后向祁县人民文化馆捐献私家藏书两万余卷、四万余册，如此丰富的古籍文献，是祁县晋商渠家与何家数代藏书的宝贵心血，他们为传统古籍保护事业做出了重要的贡献。

　　明清民国时期山西商人藏书内容丰富并颇具特色，除保存大量经史子集类古籍文献外，传统藏书家不甚重视的金石、书画、碑帖等，亦是晋商私家藏书的重要内容，因故许多珍贵的书画碑帖被晋商高价收购、传承后世，这无疑可以弥补传统藏书家藏书活动的缺憾。祁县晋商乔映南，一生嗜好金石、碑帖收藏。⑦ 1954 年，乔贞士向祁县人民文化馆所捐古籍文献中就包含许多金石碑帖，如赵孟頫的《道德经小楷帖》、许嗣永的《许嗣永临圣教序》、文徵明的《南山十咏》、董其昌的《书锦堂记》、刘镛的《清爱堂法帖》。⑧ 祁县渠仁甫善书法，尤擅小楷，

---

① 祁县地方志编纂委员会：《祁县志》，中华书局 1999 年版，第 217 页。

② 程光、盖强：《晋商十大家族》，山西经济出版社 2008 年版，第 135 页。

③ 韩丽花：《晋商中的藏书家——以晋中地区为例》，《晋图学刊》2014 年第 6 期，第 47 页。

④ 祁县地方志编纂委员会：《祁县志》，中华书局 1999 年版，第 217 页。

⑤ 乔俊海：《明清晋商人物·祁县帮》，三晋出版社 2013 年版，第 33 页。

⑥ 郑梅玲：《祁县图书馆古籍藏书源流考》，《农业图书情报学刊》2016 年第 2 期，第 40 页。

⑦ 曹煜：《祁县老照片》，山西人民出版社 2004 年版，第 162 页。

⑧ 祁县人民文化馆：《祁县人民文化馆收藏古书登记册》，手抄本，1955 年。

加之家境富裕，收藏的名人书法及著名碑帖十分丰富，除少数是祖传藏品外，大多数是通过"书业诚"商号从祁县戴廷栻、太谷孙阜昌、代县冯志沂、平定李古人、高平张承纶、祁县渠爵庵、太谷曹铁轩、临汾毛圣宗等著名书画收藏家后人手中购得。① 1955年，渠仁甫将珍藏多年的六百余幅书画捐献给山西省文化馆，一定程度上丰富了文化馆的书画馆藏资源。太谷曹家坐拥六百余家商号、票号，资产超过一千万两白银，家业财力雄厚，族人曹克让精通金石书画，痴迷名人字画收藏，他高价收购历代名人字画一百余幅，其中不乏稀世真迹，最珍贵的是明代画家仇英仿北宋张择端的《清明上河图》。② 再如民国山西著名书法家太谷赵铁山，与吴昌硕并称"南吴北赵"。自清末至民初，赵氏用于购买书画碑帖的开支有七八万元之巨，历代名家碑帖书画，赵氏收藏极富，其中包括宋拓的《西岳华山庙碑》、傅青主手批明拓《曹全碑》、唐拓《石经》等珍品。③

明清民国时期山西商人保存了许多稀见古籍善本，藏书价值颇大。如祁县晋商何家与渠家后人所捐2万余卷、4万余册古籍中，有54种520册珍稀善本，选送《中国古籍善本目录》的古籍有220多种4000余册，还有46部古籍入选《山西省珍贵古籍名录》，17部入选《国家珍贵古籍目录》，另有11部稀珍古籍仅见藏于祁县图书馆。④ 其中，何家"对蒙轩"藏书楼所藏善本古籍最多，何晓楼捐赠的《昌黎先生集考异》是海内外孤本，刻于南宋绍定二年（1229），有汲古阁毛氏、季振宜、徐乾学等藏书家印45个，是目前山西省内仅有的一部保存完好的宋版书。⑤ 何晓楼捐赠的明前期刻本《大广益会玉篇》、明嘉靖三十五年（1556）赵府居敬堂刻本《资治通鉴纲目》、明嘉靖刻本《王氏家藏集》、明成化七年（1471）刘釪刻本《圭斋集》、明嘉靖十二年（1533）王献等刻本《渼陂集》、明嘉靖二十八年（1549）周国南川上草堂刻本《周恭肃公集》、明正德九年（1514）司礼监刻本《少微通鉴节要》、清康熙五十二年（1713）内府刻朱墨套印本《御选唐诗》等珍本，均已

---

① 武殿琦、渠荣錝：《渠仁甫传》，三晋出版社2009年版，第159页。
② 程光、孟强：《晋商十大家族》，山西经济出版社2008年版，第199页。
③ 郭齐文：《书法家赵铁山》，山西人民出版社1987年版，第25页。
④ 韩丽花：《山西省祁县图书馆古籍述略》，《山西档案》2016年第2期。
⑤ 祁县图书馆善本组：《山西祁县图书馆发现宋版〈昌黎先生集考异〉》，《文物》1979年第11期。

入围《国家珍贵古籍目录》。① 渠仁甫捐赠的古籍大多是珍本、善本，如明代汲古阁刻本《十三经注疏》《津逮秘书》《陆状元通鉴》等大型著作，以及明天顺五年（1461）刻本《大明一统志》、明万历三十一年（1603）刻本《唐类函》和《图书编》、明天启五年（1625）刻本《资治通鉴》、明崇祯五年（1632）刻本《潜确类书》和康乾年间武英殿本《南巡盛典》《御撰周易折中》《钦定佩文韵府》《五色批古文渊鉴》等。② 乔贞士捐赠的珍稀古籍包括清抄本《涑水记闻》二卷、清乾隆三年（1738）武英殿套印本《御选唐宋文醇》五十八卷、明二色套印本《四书参》十九卷、明刻本《雪牕谭异》八卷图一卷等。③

明清民国时期晋商经常刻印图书嘉惠学林，这一举动对于古籍文献传播和学术文化交流颇有助益。清后期，祁县晋商何家多次刻印古籍。光绪七年（1881）六月，何乃昌刻印出版《迹古斋》一书，内容为王太史、黄县令的楷书真迹。④ 光绪十二年（1886），何家"对蒙轩"藏书楼主人何遵先主持刊刻《四库全书目录》四十五卷，线装，一函八册，竹纸，半叶十行，行二十二字，内封题曰："光绪十二年刊／四库全书目录／祁县对蒙轩藏版。"后附《四库未收书目》《简明书目校勘记附简明书目》。⑤

第二节　收藏整理乡邦文献

明清民国时期山西商人藏书家致力于乡邦贤哲文献的收藏，并热衷于编纂、刊刻乡梓先哲和文化名人的诗文著作，许多山西地方文献借此得以留存和传承，可谓乡邦文献典籍收藏、整理和传播的典范。

山西商人收藏的山西方志十分完备，这与晋商从事转输贸易急需掌握各地山川地理形胜有关。祁县何家收藏有清雍正十三年（1735）《泽州府志》、清雍正十一年（1733）《朔平府志》、清雍正十二年（1734）《西湖志》、清乾隆四十五年

①　韩丽花：《山西省祁县图书馆古籍述略》，《山西档案》2016年第2期。
②　武殿琦、渠荣錤：《渠仁甫传》，三晋出版社2009年版，第108页。
③　韩丽花：《山西省祁县图书馆古籍述略》，《山西档案》2016年第2期，第7页。
④　范维令：《晋商巨族：祁县何氏家族》，中国社会科学出版社2010年版，第24页。
⑤　王书豪：《清光绪十二年祁县对蒙轩刻本〈四库全书目录〉》［EB/OL］［2020-12-20］http：//www. qxtsg. mh. libsou. com/newslist？cid＝17.

(1780)《祁县志》、清乾隆三十五年(1770)《潞安府志》、清乾隆三十六年(1771)《汾州府志》和清乾隆十二年(1747)《蒲州府志》。① 其中，何晓楼所捐明万历纂修、崇祯二年(1629)重印的《山西通志》，扉页题写"祝徽编山西通志/明崇祯二年刻/昭余何氏对蒙轩藏"。明崇祯刻本《山西通志》现为国家一级文物，海内外仅存两部，② 一部藏于山西省图书馆，另一部藏于日本内阁文库，1992 年由中国科学院图书馆影印编入《中国稀见地方志汇刊》。③

山西商人藏书家也注重编纂地方文献。民国初年，《清史稿》编纂工作开启，1915 年，山西学者陈敬棠等成立"山西文献征存局"，征集乡梓文献，榆次商人常赞春被聘为编辑，参编《山右丛书初编》。民国二十二年(1933)，常赞春主编修成《山西献征》地方文献丛书，此书稿件和体例编排大多出自他手，全书共八卷，撰写了清季山西 230 多位著名人物的传记，保存了大量珍贵的地方文献资料。④ 此外，山西商人藏书家热衷于县志编修。如民国初年，祁县渠本翘纂修《祁县志》，惜乎未竟而亡。民国十三年(1924)，太谷藏书家赵铁山参与《太谷县志》编辑事宜。⑤ 民国十九年(1930)，介休晋商侯允治参与编修民国《介休县志》，成书二十卷。⑥ 民国三十年(1940)，榆次常麟书、常赞春修成《榆次县志》二十卷，首次收录地方风貌照片，是对传统方志编修体例的一大突破，成为民国山西地方佳志之一。⑦

山西省社科院谱牒研究中心藏有大量明清家谱，许多山西商人家谱均由族人修订，如灵石晋商静升王氏。清乾隆五十四年(1789)，王中极将其父王梦鹏于乾隆十九年(1754)在康熙版《王氏族谱》基础上重修的族谱定稿付梓。《族谱》二十卷，木刻线装本，卷一为凡例、目录、世系总图，卷二为世系总图，卷三至卷十七为各派世系图，卷十八为封典考、忠义考、节孝考、名位考，卷十九为坟墓

① 韩丽花：《山西省祁县图书馆古籍述略》，《山西档案》2016 年第 2 期，第 7 页。

② 薛愈：《山西藏书家传略》，山西古籍出版社 1996 年版，第 107 页。

③ 韩丽花：《晋商中的藏书家——以晋中地区为例》，《晋图学刊》2014 年第 6 期，第 49 页。

④ 常赞春等：《山西献征》，董润泽点校，三晋出版社 2017 年版。

⑤ 陈佳：《太谷旧志探研》，华中师范大学 2015 年硕士学位论文，第 11 页。

⑥ 程光、盖强：《晋商十大家族》，山西经济出版社 2008 年版，第 81 页。

⑦ 山西省政协《晋商史料全览》编辑委员会：《晋商史料全览·晋中卷》，山西人民出版社 2006 年版，第 762 页。

考、宗祠考、坊表考，卷二十为艺文考、后序。①《艺文考》留下大量家族史料，包括传 32 篇，表、记、行状、墓志铭等 13 篇和序、跋、赞 12 篇及诗 15 首。②榆次常家族谱亦出自族中学者之手，如乾隆四十二年(1777)，常万慧成为常家第一部《族谱》的总纂和作序者。③ 光绪二十二年(1896)，常立纪再次组织修订宗谱。民国十四年(1924)，常赞春等又修成《常氏家乘》，铅印出版。

　　明清民国时期山西商人藏书家编辑、刊刻了许多乡邦贤哲的文集。如何遵先醉心于搜集山西古诗，刻印出版《山右唐诗》(二十册)和《山右宋金元诗》(十三册)，还曾撰辑、刊刻《王太史稿》《山右金石文钞》等地方文献。④ 渠本翘晚年刊印了祁县学者刘奋熙的《爱薇堂遗集》和戴廷栻的《半可集备存》。⑤ 戴廷栻的《半可集》，原刻十卷，但已散佚。1916 年，由常赞春辑录残本，渠本翘、乔锦堂助资刊行《半可集备存》。全书辑录散文一百余篇，以及寿序、祭文、哀辞等杂文数篇，载有戴廷栻对老、庄、申、韩四子及《广成子》《阴符经》《楞严经》等书的论述，多有精辟独到之见，并附有傅山代为编辑的诗数十首及叙。⑥ 除此之外，晋商藏书家还刊印不少地方文化名人著作，如光绪十七年(1891)刻印著名藏书家乔超五撰写的四卷本《有融斋遗稿》。⑦ 民国十九年(1930)，渠仁甫、常赞春又刊印出版乔尚谦的《息影园诗存》。⑧ 藏书家赵昌燮的著作如《读汉书杂咏》《心隐庵四体书》《太谷县志辑略》《急就章》《续千字文》《说文建首叙》，以及常赞春的著作如《柞闲吟庵金石学谈》《文字学》《文字谈》《葱宧语故》《葱宧诗集》《古泉考》等，多是自主石印出版。⑨

①　张国华：《灵石静升〈王氏族谱〉札记》，《沧桑》1999 年第 3 期，第 50 页。
②　程光、盖强：《晋商十大家族》，山西经济出版社 2008 年版，第 13 页。
③　程光、盖强：《晋商十大家族》，山西经济出版社 2008 年版，第 223 页。
④　范维令：《晋商巨族：祁县何氏家族》，中国社会科学出版社 2010 年版，第 24 页。
⑤　武殿琦、渠荣镣：《渠仁甫传》，三晋出版社 2009 年版，第 26 页。
⑥　祁县地方志编纂委员会：《祁县志》，中华书局 1999 年版，第 691 页。
⑦　乔超五：《有融斋遗稿》，清光绪十七年(1891)刻本。
⑧　乔尚谦：《息影园诗存》，民国十九年(1930)印本。
⑨　韩丽花：《晋商中的藏书家——以晋中地区为例》，《晋图学刊》2014 年第 6 期，第 49 页。

第三节　学术文化与造就人才

晋商藏书家讲求"藏以致用"，许多晋商后人批阅藏书、编目校勘、著书立说和交流学术，促进了明清民国时期三晋文化学术的发展。同时，晋商重视子弟教育，在充裕藏书、良好师资等条件下，晋商子弟在科举、艺术等领域人才辈出。更难得的是，晋商崇尚"儒贾兼通"的文化理念，部分子弟"学而优则贾"，为晋商商业帝国培育了不断涌现的后备人才。

一、学术文化

清末民初，太原士绅刘大鹏在《退想斋日记》中记云："商贾之中，深于学问者亦不乏人。余于近日晋接周旋了几个商人，胜余十倍，如所谓鱼盐中有大隐，货值内有高贤，信非虚也"。① 事实表明，得益于丰富的私家藏书，明清民国时期许多晋商从事学术研究创作，在文学、经史、算学等领域成绩斐然，并与国内著名学者交流颇广，具有一定知名度和影响力。

晋商常家在学术上建树最高，涌现出不少名士学者。如十三世的常立屏，"学问渊博，凡家藏善本，不惜购以巨金，所居室备储四部各书……邃于史，《纪事本末》《通鉴辑览》，各书丹黄"。② 他常与本县儒生侯汝宽、林蕙同读史鉴，互为辨析。常立经"葺精庐，拥图籍，酷嗜宋诸儒书，于邵氏《皇极经世》尤为妙契"。③ 常立德"既富藏书，且究心考订学，于《皇清经解》《印雪轩随笔》《曾文正文钞》均有识语或考订"。④ 常立方"习好史籍，兼究金石"，著有《抱守斋金石文字记》。⑤

---

① 刘大鹏：《退想斋日记》，乔志强标注，山西人民出版社 1990 年版，第 48 页。
② 常赞春等：《常氏家乘》，载王春瑜：《中国稀见史料》第 1 辑，第 16 册，厦门大学出版社 2007 年版，第 236 页。
③ 常赞春等：《常氏家乘》，载王春瑜：《中国稀见史料》第 1 辑，第 16 册，厦门大学出版社 2007 年版，第 318 页。
④ 常赞春等：《常氏家乘》，载王春瑜：《中国稀见史料》第 1 辑，第 16 册，厦门大学出版社 2007 年版，第 318 页。
⑤ 常赞春等：《常氏家乘》，载王春瑜：《中国稀见史料》第 1 辑，第 16 册，厦门大学出版社 2007 年版，第 241 页。

常氏十四世的常麟书进士及第，博学多识，是常氏学者群的代表性人物，先后印行所撰《左腴类聚》《礼记易解录》《诗经述义》《尔雅述义》《中字知源录》《秦汉郡州职任谱》等十数种经史学术专著。① 十四世的常赞春为清末民初山西学界之领袖人物，一生著述颇丰，存世的有《毛诗雅故集》《诗传集例》《虚字辑谈》《文字达指》等十余种，尤以《诗经》研究最有建树。② 同时，常赞春精于版本之学，通过对比古今各种版本书籍，认为"唐以来统治者为政治的需要而选定的'钦定本'未必是最佳本"，这一论断颇有价值和启发。③

灵石王氏和代州冯氏家族学者云集，在学术上均有一定造诣。如灵石王筵宾，"暇则手一编，博览群书，音韵、算学、星经、地志，无不通晓"。④ 又如乾隆年间的王梦鹏，"专心汲古，于书无所不读，即严寒酷暑，非三鼓不就寝，尤究心于濂洛关闽之说"。⑤ 代州冯氏族人冯伯高"淹贯群书，而于程朱之言尤为酷嗜，暇时日与知交讲论，触类引申，多出人意表"。⑥ 冯培庵"肆志于学，尽通群籍""慨然以古学者自期"。⑦ 另一族人冯秋水，"与范子骧、陈子今圣、祝子基阜、颜子天颜辈赋诗讲学，著《春秋大成》，学者宗之，前后说《春秋》者，弗能曲已"。⑧

明清时期山西商人在算学领域颇有成就，这与经商讲究计算是分不开的。如明代蒲州盐商张四教"尤精《九章算术》，凡方田、粟布、勾股、商分等法，廛中白首不得肯綮者，弟皆按籍妙解"。⑨ 代州冯敬南"尤精算术，测高量远，求探推计古今，伸手布筹，咄嗟立办。世传九章书与西洋算法，人或辗转莫解，君一览

---

① 程光、盖强：《晋商十大家族》，山西经济出版社 2008 年版，第 247 页。

② 常赞春：《常子襄国学文编》，非正式出版，2006 年。

③ 山西省政协《晋商史料全览》编辑委员会：《晋商史料全览·晋中卷》，山西人民出版社 2006 年版，第 761 页。

④ 李凯明、耿步蟾：《灵石县志》卷 9《忠孝》，台北成文出版社 1968 年版，第 497 页。

⑤ 李凯明、耿步蟾：《灵石县志》卷 9《忠孝》，台北成文出版社 1968 年版，第 483 页。

⑥ 冯曦纂：《代州冯氏族谱》卷 3《志传中·伯高公家传》，民国二十二年（1933）印本，第 65 页。

⑦ 郭三娟：《晋商五百年·崇儒重教》，山西教育出版社 2014 年版，第 72 页。

⑧ 冯曦纂：《代州冯氏族谱》卷 2《志传上·秋水公传》，民国二十二年（1933）印本，第 48 页。

⑨ 张四维：《张四维集·条麓堂集》卷 28《明威将军龙虎衔指挥金事三弟子淑墓志铭》，张志江点校，上海古籍出版社 2018 年版，第 772 页。

立剖，辄指画令，人人可晓。"其族弟冯疆斋跟他学习算学，"究心经济、勾股及九章算法""得昔人之秘"。① 五台晋商徐枚儒在算学领域颇有造诣，史谓他"多才多艺，尤精《九章算术》，如勾股、少商之类，人穷年不得解，公布指即得"。②榆次常家的常立爱钻研史学、理学之外，也沉心数学研究，"藏书多为史学、理学等，且究数学"。③

二、造就人才

明清山西商人藏书家注重"藏以致用"，善于将私家藏书与家族文化教育、子弟商业训练结合。在这一藏书利用思想下，明清晋商子弟在科举考试、艺术熏陶、商业技能培训等方面成绩卓著，造就了大批优秀的人才。

(一)科举人才

明清时期，科举人才呈现出南多北少、东多西少的空间分布特点。作为西北内陆省份，山西教育文化水平明显落后于江南等地，科举人才数量寡少。但细究可知，清代山西许多科举人才出身晋商家族，这与晋商私家藏书丰富、重视教育密切相关。④

榆次晋商常家"家用裕饶"，同时又以富藏图书、注重教育，博得"文化常家"美誉。自康熙、雍正时起，常家便在各门设置私塾、学堂、书房和书院，常望春与堂叔常立模、弟常麟书，"以读书相砥砺，暇则博览诗词，于唐白香山、宋陆放翁、清黄莘田尤为深嗜"。⑤ 因此，常氏族人在科场上取得骄人成绩，"麟书以诸生，赞春、第春、旭春以童试，均古考场，为太原、平定、辽州三属冠"。⑥ 从第八世到第十六世，常家族人考取科举功名者达一百四十五人，包括

① 郭三娟：《晋商五百年·崇儒重教》，山西教育出版社2014年版，第88~89页。
② 郭三娟：《晋商五百年·崇儒重教》，山西教育出版社2014年版，第89页。
③ 常赞春等：《常氏家乘》，载王春瑜：《中国稀见史料》第1辑，第16册，厦门大学出版社2007年版，第318页。
④ 殷俊玲：《晋商与晋中社会》，人民出版社2006年版，第111页。
⑤ 常赞春等：《常氏家乘》，载王春瑜：《中国稀见史料》第1辑，第16册，厦门大学出版社2007年版，第108页。
⑥ 常赞春等：《常氏家乘》，载王春瑜：《中国稀见史料》第1辑，第16册，厦门大学出版社2007年版，第105页。

进士一人(十四世常麟书)，举人五人(十三世常立教，十四世常赞春、常旭春、常第春、常麟图)，监生六十人，贡生五十一名，廪生七名，庠生十七名，武生四名。1905年，科举制被宣布废除，新式教育兴起，常家子弟大多考入国内外高等学校，至民国九年(1920)，常家共有大学毕业生十九人，包括留日学生四人。①

祁县乔家财力雄厚、藏书丰富，重视教育，"在中堂"的乔致庸"肆力史册，广购图书，效法燕山窦氏，严饬子孙无少懈"。② "保元堂"的乔超五自幼发奋读书，于咸丰九年(1859)中举，曾任直隶新城知县，后成为华北十大藏书家之一。乔超五的次子乔佑谦于光绪二十年(1894)中举，三子乔尚谦于光绪二十三年(1897)中举，一门两代三个举人，乡里之间名声大噪。此外，乔超五的外孙渠本翘自幼长于乔家，饱读经史子集与近代科学著述。光绪十一年(1885)，渠本翘考中秀才，光绪十四年(1888)他以乡试第一名中举，并于光绪十八年(1892)考中进士。1905年，科举制被宣布废除，乔家子弟走向新式高等学校，如第六代兄弟20人中，有11名大学生，其中博士2人，硕士1人。③

(二) 商业人才

明清山西商人推崇"学而优则贾"的价值取向。④ 因此，"世兼儒贾为业"的明清山西商人子弟中涌现出众多商业人才，这与明清山西商人丰富的私家藏书和"藏以致用"的藏书理念密切相关。

明清民国时期，许多晋商精英人物早年沉心钻研经史典籍，深受传统文化滋润。事实表明，晋商子弟的"习儒"经历可以"助贾"。如祁县晋商乔致庸、渠仁甫是家族商业版图的缔造者和传承者，二人可谓清末民初晋商名流，其所取得的商业成就与他们深厚的学养密不可分。乔致庸早年熟读经史典籍，"思以儒术昌门阀"，但因长兄乔致广早逝，他考中秀才后便弃文从商，继承家族商号与票号事业。从商之后，乔致庸案上常置《史记》《资治通鉴》和儒家经典，并将儒家理念融入商业经营，显示出卓越的商业才华。光绪十三年(1887)，七十岁的乔致庸

---

① 程光、盖强：《晋商十大家族》，山西经济出版社2008年版，第244页。
② 张正明等：《明清山西碑刻资料选·续一》，山西古籍出版社2007年版，第381页。
③ 程光、盖强：《晋商十大家族》，山西经济出版社2008年版，第135~146页。
④ 崔俊霞：《明清晋商"学而优则贾"价值取向探析》，《经济问题》2014年第11期。

作诗云："天与我年届古稀，自渐老去转增痴。花生眼底书抛久，棘着手中笔运迟。"①可见直至晚年，乔致庸依旧沉心于读书著述。

祁县渠家藏书丰富，渠仁甫自幼接受良好文化教育，经史子集所读甚多。后来，渠仁甫操持家族的"长裕川""永春原""书业诚"等商号，但仍孜孜不倦地读书治学，留世的有小楷钞录欧阳永叔、苏子瞻、柳子厚、王介夫、苏明允等人文章的《古文便习》六册，钞录《荀子札记》《读庄管见》《读诗经新义》《历代石经考》等文章的《四不若斋杂录》七册，钞录樊山、书衡、古凤、陈新佐、三石、梅泉、孙雄等人诗篇的《文艺丛钞》两册，共四五十万字。②

明清山西商人培养子弟、学徒的过程中，十分注重道德养成和技能培训，尤其重视书法、算学等的训练，这是晋商从事汇票书写、账目记录、信函往来等商业活动的基本前提。常家十四世的常际春在率领族中子弟经商之际，"以诸生徒谋生为计，书、算均宜究心，乃与堂叔仙州公(常立瀛)议定，业余授课"。③ 在这一过程中，晋商藏书成为训练子弟、学徒之必备条件。事实上，晋商藏书特点之一便是内容多样，尤以儒家经典、书法碑帖、算学等文献收藏最有特色，而这三类藏书恰是山西商人子弟商业技能培育的重要基础。从1955年的《祁县人民文化馆收藏古书登记册》可知，经史类古籍占据晋商藏书的大部分，这与"儒贾兼通"的商业家族特质紧密相关。同时，祁县晋商收藏算学、书帖类图书颇丰。正是有赖于丰富的藏书和严格的训练，明清山西商人子弟、学徒的职业道德和业务能力较有保障。

第四节　参与新式图书馆建设

1840年以降，中国社会经历了深刻的政治、经济和文化变革，华夏民族遭遇三千年未有之困局和挑战，许多有识之士高呼"启迪民智""救亡图存"，尤其是清末"新政"的实行，有力地推动了新式图书馆的成立和建设。④ 在风起云涌的

---

① 程光、盖强：《晋商十大家族》，山西经济出版社2008年版，第131~136页。
② 武殿琦、渠荣錕：《渠仁甫传》，三晋出版社2009年版，第99页。
③ 郭三娟：《晋商五百年·崇儒重教》，山西教育出版社2014年版，第90页。
④ 龚蛟腾：《清末至民国图书馆事业的勃兴与繁荣(上)》，《图书馆》2011年第1期。

变革年代，三晋大地上藏书丰富的山西商人及其后人积极投身地方新式图书馆建设和文化教育的传播。

清末，晋商常家子弟、著名藏书家常赞春认为："今日道丧文弊，使读书种子不绝于人寰，亦云幸矣"。① 因此，他将大量家藏古籍捐献给新式图书馆，以推进教育发展和文化传播。光绪三十三年(1907)，常赞春将家藏《二十四史》《十三经注疏》《昭明文选》《朱子全书》等古籍图书捐给新建的凤鸣学堂图书馆(后归榆次县文庙图书馆)，一时誉满晋中，山西巡抚恩寿题赠"士诵清芬"、提学使锡暇题赠"分惠士林"二匾，以示嘉赏。常赞春后来又购置大量新式图书，捐献给榆次县教育会及本村小学等，以供学生阅览。

民国时期，山西商人藏书家对当地新式图书馆的建设和发展做出重要贡献。如民国元年(1912)，太谷商人、藏书家赵铁山将部分藏书捐赠给太谷文昌宫图书馆(即太谷图书馆前身)。民国十五年(1926)，祁县渠仁甫在县城羊树坡街购置房产，成立竞新图书馆，向其捐赠家藏古籍文献10000余册，又购进商务印书馆出版的《万有文库》及其他新书，同时订阅报刊，使其成为一所馆藏丰富的新式图书馆。② 更重要的是，该图书馆除供渠家建立的竞新小学堂的师生阅读外，还向社会公众免费开放，有力推进了当地新式文化的传播，并成为当时山西省内声誉卓著的公益图书馆。③

20世纪50年代，晋商后人将私家藏书捐赠给公立图书馆。如1950年，祁县何家后人何晓楼将"对蒙轩"藏书楼钥匙及所藏典籍全部捐给祁县人民文化馆，共计2662函、21451册。④ 1954年6月，乔贞士将部分藏书捐献给祁县人民文化馆，共计有366种。⑤ 1955年9月28日，渠仁甫向祁县文史馆捐赠书籍的手续办理完成，共计捐书120种、477部、11400余册。⑥ 据统计，祁县晋商何家与渠家后人先后向祁县人民文化馆捐献大量私家藏书，共计4865函、38901部，从

① 武晋煊：《常赞春先生传》，载常氏后人：《常子襄国学文编》卷一，非正式出版，第549页。

② 程光、盖强：《晋商十大家族》，山西经济出版社2008年版，第174页。

③ 武殿琦、渠荣鏻：《渠仁甫传》，三晋出版社2009年版，第73页。

④ 山西省晋商文化基金会：《渠仁甫备忘录》，中华书局2013年版，第54页。

⑤ 韩丽花：《山西省祁县图书馆古籍述略》，《山西档案》2016年第2期，第7页。

⑥ 乔俊海：《明清晋商人物·祁县帮》，三晋出版社2013年版，第35~36页。

而使祁县图书馆成为以古籍收藏为特色的国家一级图书馆。①

中华人民共和国成立后，山西省图书馆也收藏了许多晋商后人捐赠的图书。如太谷商人藏书家赵铁山后人将赵家"絧斋藏书室"累世珍藏的古籍文献和碑帖字画全部捐给山西省图书博物馆，共计36400余件。1954年，榆次晋商后人常凤铭按照其父常赞春的遗愿，将其寄藏于榆次文庙的2000余套图书，全部捐献给当时的山西省图书博物馆。② 1955年年底，在将部分藏书捐给祁县人民文化馆后，渠仁甫又将剩余的554部藏书③和600余幅珍贵书画④捐赠予山西省文化馆。

综上可知，明清以降，传统商业高度发达，商人群体在政治、经济和文化领域的地位和作用发生了重要变化，这一变化在商人家族藏书上有诸多表现。随着财富积累的增加和儒家文化的传播，山西商人家族肆力收藏古籍图书，形成累世藏书的风气。同时，无论从藏书数量抑或质量来看，山西商人藏书的历史地位均值得世人瞩目。在这一基础上，明清民国时期山西商人藏书家在古籍保存传播、乡邦文献整理、学术文化发展以及新式图书馆建设中均发挥了重要作用。更关键的是，山西商人藏书家将"藏以致用"的价值理念运用到极致，这不但对山西商人"儒贾兼通"的家族特质形成和三晋地域文化的塑造意义卓著，也反映出私家藏书唯有"致用"，方可在不同时期的社会文化生活中扮演重要的历史角色。

---

① 范维令：《晋商巨族：祁县何氏家族》，中国社会科学出版社2010年版，第115页。
② 山西省图书馆：《山西省图书馆史料汇编》，山西人民出版社2003年版，第294页。
③ 乔俊海：《明清晋商人物·祁县帮》，三晋出版社2013年版，第35~36页。
④ 程光、盖强：《晋商十大家族》，山西经济出版社2008年版，第174页。

下编　山西商人藏书史料

第七章 日 记

作为记载个人生活细节的重要史料，日记的史料价值和学术价值日渐被学界所重视。在中国藏书史研究中，藏书家的日记自然是具有不可取代的珍贵价值。在爬梳清代民国时期山西商人藏书史料的过程中，我们发现近代祁县商人、藏书家渠仁甫和太原士人刘大鹏的个人日记中保留有与山西商人藏书史相关的珍惜史料。

第一节 渠仁甫备忘录

《渠仁甫备忘录》是近代山西知名商人、藏书家渠仁甫的个人日记。渠氏日记保留有家族藏书的历史细节，可为我们了解山西商人藏书史提供难得的历史信息。稍显遗憾的是，渠氏日记中关于私家藏书的记载，更多是聚焦中华人民共和国成立初期的私家藏书捐公的具体过程以及胞弟渠晋云藏书的流散方向，对民国时期聚书、购书的记载着墨不多，仅零星地记载了几笔友人或出版机构赠书的史料。在之前的研究成果中，我们充分运用渠氏日记所载信息还原20世纪50年代的晋商捐书问题，但是鉴于多元研究视角的存在，我们在此将渠氏日记所载藏书内容一一摘录，以供学界从不同角度予以考察和分析。

一、民国时期备忘录

民国十年六月十三日，马炳星送来《英、德、法、日四国比较自治之研究》一册，系伊次男马铎所作。①

---

① 山西省晋商文化基金会：《渠仁甫备忘录》，中华书局 2013 年版，第 22 页。

民国十一年十一月初八日，孟履青寄来所著之《北极表说》六本，并函一件。① 初九日，同善社侯振宗送来该社所出之《全科辑要》《子午针》二书各一部，章程三册。②

二、1954 年备忘录

二月初二日(3 月 16 日)，川祜寄弟妇乔贞士信，为北京某书店拟看其可售之书，可著其乘。③

二月初九日(3 月 23 日)，接乔贞士信，北京实学书店三五日内即来看其所售之书，售价可在此协议，当将此事函知王乃臣。④

二月十九日(4 月 2 日)，北京文汇书店经理傅子通持乔贞士信，来看所售之书，与川祜商妥购运等手续，书一函交伊持之赴祁，与王乃臣接洽办理。⑤

二月二十二日(4 月 5 日)，乔贞士之书，文汇书店选购之四十一种，价一百七十八万元，款交王乃臣。⑥

二月廿三日(4 月 6 日)，王乃臣昨晚带来售书款一百七十八万元。⑦

二月廿四日(4 月 7 日)，由邮局汇北京交乔贞士人民币一百九十六万九千二百元，除售书价一百七十八万元，另有宏达堂代售燕窝等药价十八万九千二百元。⑧

三月二十日(5 月 3 日)，薛贵棻来，前经韩定中擅将乔贞士旧书送交文化馆，尚未经整理，俟整理毕再办捐献手续。⑨

三月二十四日(5 月 7 日)，薛贵棻来，余介绍杨季韶代其整理乔贞士之旧书，俟全，下次回祁再办捐献手续。⑩

---

① 山西省晋商文化基金会：《渠仁甫备忘录》，中华书局 2013 年版，第 43~44 页。
② 山西省晋商文化基金会：《渠仁甫备忘录》，中华书局 2013 年版，第 44 页。
③ 山西省晋商文化基金会：《渠仁甫备忘录》，中华书局 2013 年版，第 54 页。
④ 山西省晋商文化基金会：《渠仁甫备忘录》，中华书局 2013 年版，第 58 页。
⑤ 山西省晋商文化基金会：《渠仁甫备忘录》，中华书局 2013 年版，第 61 页。
⑥ 山西省晋商文化基金会：《渠仁甫备忘录》，中华书局 2013 年版，第 62 页。
⑦ 山西省晋商文化基金会：《渠仁甫备忘录》，中华书局 2013 年版，第 62 页。
⑧ 山西省晋商文化基金会：《渠仁甫备忘录》，中华书局 2013 年版，第 62 页。
⑨ 山西省晋商文化基金会：《渠仁甫备忘录》，中华书局 2013 年版，第 71 页。
⑩ 山西省晋商文化基金会：《渠仁甫备忘录》，中华书局 2013 年版，第 73 页。

五月十六日(6月26日),杨季韶来,谈渠为文化馆整理乔贞士捐献之书帖已讫……薛贵荣送来乔贞士捐献之书帖目录一册令阅。①

五月十九日(6月29日),薛贵荣来,交与乔贞士捐献书帖志愿书一纸,并书目一册。②

五月廿八日(7月8日),寄阎荫桐信,附诗一首。③

六月初三日(7月13日),郭少仙来,久谈,并求书篑及题琴学丛书签。④

七月二十日(8月29日),薛贵荣送来乔贞士捐献书目一册,收据一纸,黑板报底稿一纸。⑤

七月二十四日(9月2日),薛贵荣送来乔贞士售与文化馆旧书架三支、旧木箱四支人民币三十万元。⑥

九月廿二日(10月29日),至牛师傅处,令其将修理书柜工料开具花单。⑦

九月廿三日(10月30日),牛师傅送来修理书柜花单,共人民币十五万三千七百元。

九月廿四日(10月31日),便道至谦和成购二蒲纸一去、蒲袷纸一道,价共二万六千元。⑧

九月廿六日(11月2日),乔贞士、马景哲乘下午二时余车回北京,交与乔贞士售物人民币三百六十一万六千六百元。托霍寿通带去牛师傅修书柜工料人民币十五万三千七百元。⑨

十月十八日(11月24日),接阎荫桐信,并其所咏七律七绝诗,各四章。⑩

三、1955 年备忘录

农历 1954 年十一月廿八日(1955 年 1 月 2 日),寄阎荫桐信,并禽言诗二

① 山西省晋商文化基金会:《渠仁甫备忘录》,中华书局 2013 年版,第 80 页。
② 山西省晋商文化基金会:《渠仁甫备忘录》,中华书局 2013 年版,第 82 页。
③ 山西省晋商文化基金会:《渠仁甫备忘录》,中华书局 2013 年版,第 86 页。
④ 山西省晋商文化基金会:《渠仁甫备忘录》,中华书局 2013 年版,第 86 页。
⑤ 山西省晋商文化基金会:《渠仁甫备忘录》,中华书局 2013 年版,第 94 页。
⑥ 山西省晋商文化基金会:《渠仁甫备忘录》,中华书局 2013 年版,第 96 页。
⑦ 山西省晋商文化基金会:《渠仁甫备忘录》,中华书局 2013 年版,第 106 页。
⑧ 山西省晋商文化基金会:《渠仁甫备忘录》,中华书局 2013 年版,第 107 页。
⑨ 山西省晋商文化基金会:《渠仁甫备忘录》,中华书局 2013 年版,第 108 页。
⑩ 山西省晋商文化基金会:《渠仁甫备忘录》,中华书局 2013 年版,第 111 页。

首，附寄汪君子云诗二首。①

十二月十二日（1月6日），阎荫桐来坐片刻，复视其旧作七律四首。②

十二月十七日（1月10日），王载明再度回祁整理书籍。③

十二月廿六日（1月19日），昨晚收到由祁发来空书箱三十一个（内装书一个，又书箱一个）。④

十二月廿九日（1月22日），王载明整理书籍事竣，晚车归。⑤

三月初三日（3月26日），寄乔贞士信，拟将祁所存之书与之发北京。⑥

三月初四日（3月27日），祁书业诚旧居自腾空后，即由余与王、柳二家承租，余担任房租年三十元，王、柳分担五十元，闻供销合作社拟购此院，遣川祜往访张兰亭，催其接收余捐献之书籍，并筹接收方法。乔贞士存书拟寄京寓，亦缘此故也。⑥

三月初七日（3月30日），接乔贞士信，书箱可分批寄京。⑦

三月廿一日（4月13日），市委统战部赵部长、张科长来参观书业诚存书。⑧

闰三月十八日（5月9日），寄乔贞士信，启运书箱，运费每公斤一分五里，连同上下车脚费约需六七十元。⑨

四月初七日（5月28日），寄乔贞士信，告以不日启运书箱到京后持提单向路局提取方法也。⑩

四月初八日（5月29日），携川祜往访张兰亭，约暑假期间派人赴祁接收余所捐献之书籍也。⑪

四月初九日（5月30日），接王载明信，发北京书帖、瓷器、箱共三十七件，

①　山西省晋商文化基金会：《渠仁甫备忘录》，中华书局2013年版，第116页。
②　山西省晋商文化基金会：《渠仁甫备忘录》，中华书局2013年版，第117页。
③　山西省晋商文化基金会：《渠仁甫备忘录》，中华书局2013年版，第125页。
④　山西省晋商文化基金会：《渠仁甫备忘录》，中华书局2013年版，第127页。
⑤　山西省晋商文化基金会：《渠仁甫备忘录》，中华书局2013年版，第129页。
⑥　山西省晋商文化基金会：《渠仁甫备忘录》，中华书局2013年版，第144页。
⑦　山西省晋商文化基金会：《渠仁甫备忘录》，中华书局2013年版，第145页。
⑧　山西省晋商文化基金会：《渠仁甫备忘录》，中华书局2013年版，第151页。
⑨　山西省晋商文化基金会：《渠仁甫备忘录》，中华书局2013年版，第160页。
⑩　山西省晋商文化基金会：《渠仁甫备忘录》，中华书局2013年版，第163页。
⑪　山西省晋商文化基金会：《渠仁甫备忘录》，中华书局2013年版，第164页。

一切费用共六十四元九角九分。①

四月十八日（6月8日），接王载明信，祁存书籍、器具又装载二车运省，至此祁存诸物已尽运省矣。②

五月初二日（6月21日），张兰亭携其同事朱君来商，拟先派朱君赴祁视余捐献之书籍，以准备接收装运方法，约定下星期一偕同王载明赴祁。③

五月初六日（6月25日），文史馆朱君来，谓下星期一赴祁视捐献之书，余不同意，遂议决暂不往视也。④

五月十八日（7月7日），文史馆朱君（守正）来坐片刻，询赴祁接收书籍之期，答以须八月上旬。⑤

六月十二日（7月30日），文史馆朱建中来询接收书籍之期，答以俟川祜学习毕再定，座谈良久而去。⑥

八月初六日（9月21日），川祜调任五中高中教员，今午报道并请假一星期，回祁办理移交捐献书籍。川祜往朱建中寓约日赴祁移交捐献书籍，未决定，夜，朱君来约定后日赴祁。⑦

八月十三日（9月28日），昨川祜乘晚车由祁归，移交文史馆书籍手续完成，共书五百五十四部。⑧

四、1956 年备忘录

七月初八日（8月13日），接乔贞士信，商售书事也。

七月初十日（8月15日），寄乔贞士信，告以售书一切办法手续。

八月十一日（9月15日），接乔贞士信，仍为售书事也。覆乔贞士告以此间已与新华书店议妥，全数出售，共价二千八百元，箱皮在外，每箱一只作价二

---

① 山西省晋商文化基金会：《渠仁甫备忘录》，中华书局 2013 年版，第 164 页。
② 山西省晋商文化基金会：《渠仁甫备忘录》，中华书局 2013 年版，第 165 页。
③ 山西省晋商文化基金会：《渠仁甫备忘录》，中华书局 2013 年版，第 166 页。
④ 山西省晋商文化基金会：《渠仁甫备忘录》，中华书局 2013 年版，第 167 页。
⑤ 山西省晋商文化基金会：《渠仁甫备忘录》，中华书局 2013 年版，第 169 页。
⑥ 山西省晋商文化基金会：《渠仁甫备忘录》，中华书局 2013 年版，第 172 页。
⑦ 山西省晋商文化基金会：《渠仁甫备忘录》，中华书局 2013 年版，第 178 页。
⑧ 山西省晋商文化基金会：《渠仁甫备忘录》，中华书局 2013 年版，第 180 页。

元，运费等归该书店负责，如属同意，则其他求购者可以谢绝，此间当派人前往办理交款起运手续。①

九月十三日(10月16日)，阎子荣赴京办理新华书店所购乔贞士古籍起运事。②

十月初十日(11月12日)，阎子荣由京归，代购《四部备要》、白纸本《宋史》一部，价三十六元。③

十一月十六日(12月17日)，孙希圣交来乔贞士售与新华书店书价二千八百元，又书箱三十支，价六十元。④

第二节　退想斋日记

一直以来，刘大鹏《退想斋日记》是海内外中国近代史研究者极为重视的历史文献。笔者在翻阅该日记的过程中，发现长期在近代山西富商家族担任私塾先生的刘大鹏，在其日记中记载了一系列与近代山西商人家族读书、应举等教育文化相关的历史资料。刘氏日记中并未出现与晋商藏书直接相关的史料，但是他对近代山西晋中地区商人家族文教活动的记录和评价，依然可为我们提供大量的辅助性资料，基于这一原因，我们将《退想斋日记》中的部分史料摘录如下：

光绪十八年(1892)一月十五日

近来吾乡风气大坏，视读书甚轻、视为商甚重，才华秀美之子弟，率皆出门为商，而读书者寥寥无几，甚且有既游庠序，竞弃儒而就商者。亦谓读书之士，多受饥寒，曷若为商之多得银钱，俾家道之丰裕也。当此之时，为商者十八九，读书者十一二。余见读书之士，往往羡慕商人，以为吾等读书皆穷困，无不能得志以行其道，每至归咎读书，此皆未得书中滋味者耳。⑤

光绪十九年(1893)十二月十六日

世风之凌夷，不可言矣。邑人之视读书甚轻，视为商甚重。当此之时，凡为

---

①　山西省晋商文化基金会：《渠仁甫备忘录》，中华书局2013年版，第206页。
②　山西省晋商文化基金会：《渠仁甫备忘录》，中华书局2013年版，第213页。
③　山西省晋商文化基金会：《渠仁甫备忘录》，中华书局2013年版，第216页。
④　山西省晋商文化基金会：《渠仁甫备忘录》，中华书局2013年版，第221页。
⑤　刘大鹏：《退想斋日记》，乔志强标注，山西人民出版社1990年版，第17页。

商而少积资财，遂至骄奢淫逸，不顾一点礼仪，事亲不孝，放纵子弟，不数年间，遂至败亡。①

光绪二十一年（1895）十月二十四日

商贾之中，深于学问者亦不乏人。余于近日晋接周旋遇了几个商人，胜余十倍，如所谓鱼盐中有大隐，货殖内有高贤，信非虚也。自今以往，愈不敢轻视天下人矣。②

光绪二十一年（1895）十二月二十五日

平遥、祁县、太谷，票号最多，得利最大，凡做此生意者，皆涉骄盈。当此之时，皆推为第一商人，有子弟者以住票号为荣，而不知适以害子弟也。③

光绪二十三年（1897）十月初三日

榆次县车辋村常氏富家，今科得拔贡一，得举人一。同年，兄弟获隽，可谓盛矣。闻翌日优觞贺喜，奎星神前两班戏，其宗祠前戏一班，不惜银钱。④

光绪二十三年（1897）十二月二十五日

当此之时，凡有子弟者，不令读书，往往俾学商贾，谓读书而多困穷，不若商贾之能致富也。是以应考之童不敷额数之县，晋省居多，他省不知也。⑤

光绪二十四年（1898）七月十一日

武少云携《通商始末记》一部，令余阅之，所记各国与中国商之事，起于顺治元年，岁次甲申，[止于]同治十三年，岁次甲戌，有纲有目。⑥

光绪三十年（1904）十一月十六日

郝济卿同年向托余为图别业，已阅二年矣。现推荐主东家武佑卿之典席，岁送修金二百四十两，较旧业倍之。可望偿积年负，此亦贫士之常也。今秋闻济卿言，其旧东欲令子弟学西法，嫌守旧学，是以力辞其馆就别业。⑦

---

① 刘大鹏：《退想斋日记》，乔志强标注，山西人民出版社1990年版，第28页。
② 刘大鹏：《退想斋日记》，乔志强标注，山西人民出版社1990年版，第48页。
③ 刘大鹏：《退想斋日记》，乔志强标注，山西人民出版社1990年版，第48页。
④ 刘大鹏：《退想斋日记》，乔志强标注，山西人民出版社1990年版，第77页。
⑤ 刘大鹏：《退想斋日记》，乔志强标注，山西人民出版社1990年版，第78页。
⑥ 刘大鹏：《退想斋日记》，乔志强标注，山西人民出版社1990年版，第86页。
⑦ 刘大鹏：《退想斋日记》，乔志强标注，山西人民出版社1990年版，第137~138页。

第八章　年　　谱

年谱系按照编年记述个人生平事迹和社会活动的史料。学界中较为常见的是关于某一学术或政治人物的年谱，相对而言，商人这一群体留下的年谱极为少见。庆幸的是，在清末民初时期活动的山西太谷人士赵云山，一个在徐州等地从事当铺、钱庄等生意而又极其喜爱古籍文物收藏的山西商人，去世之后由其胞弟撰写完成《仲兄云山先生年谱》，并石印出版留存至今，成为我们了解山西商人藏书历史活动的珍稀资料。此外，榆次商人常氏子弟之常赞春自撰行状，亦是采用编年体例，为我们留下近代山西商人子弟从事文化实践的珍贵史料。

第一节　仲兄云山先生年谱

太谷商人赵云山活动时间集中在清末民初，经商之余，他喜欢读书、书法，尤其嗜好收藏典籍和碑帖。赵云山与同邑藏书家孙阜昌以及当时的书商书贩往来颇多，在这一过程中积聚较为丰富的藏书。赵云山去世之后，其弟赵铁山为之编纂《仲兄云山先生年谱》，按照编年顺序详细记载他的商业和收藏活动，以及图书管理、书目编纂等文化活动。除此之外，年谱还记载赵云山的读书、著书活动，将一位重视图书收藏、喜欢阅读而又可以撰文作书的商人形象，十分逼真地呈现在百年之后的读者面前。

一、光绪年间

光绪三年丁丑(6岁)

随伯兄入塾读书。业师史子光姑丈喜其聪颖，时同塾有本生胞叔维五、维教，从堂侄克全，族侄克恭，年或稍长，或相若，皆不及也。①

光绪七年辛巳(10 岁)

读毕《诗经》，讲书属对。②

光绪十年甲申(13 岁)

伯兄既出就外傅，府君日理事于商号，晨出晚归，兄已能于课读之余，兼任家中琐屑，以服老焉。③

光绪十二年丙戌(15 岁)

府君聘定襄梁一斋先生为家塾师。伯兄复归家塾读书，塾课之余，从伯兄讲受《诗经》。习制艺，工小楷，极为师所奖许，称好学焉。④

光绪十四年戊子(17 岁)

讲读《春秋左氏传》毕。⑤

光绪十五年己丑(18 岁)

应童子试，特受知于管士一先生，以第一入邑庠。初，县试已列第一，时邑宰赵伟堂先生敬府君之为人，交最契，由是引嫌，特置第二，既府院试皆第一，公每引以为谦云。⑥

光绪十七年辛卯(20 岁)

府君命伯兄与兄从族兄耦渔先生习制举业。

兄为文不趋时习，一题到手，必特抒己见，即明清大家文，亦不屑拾附，倘思索不能即得命意，交白卷弗顾也，故于院月课及后从耦渔师受业，课艺年不过十数首，师每以是申戒，谓若加勤学，将来成就洵不可量，兄虽知感而不能易也。⑦

光绪二十年甲午(23 岁)

府君聘盂县史卓如先生为塾师，先生伯兄同年也。兄性不喜华靡，鲜世俗

---

① 赵昌燮：《仲兄云山先生年谱》，太谷平民工厂民国十二年(1923)石印本，第 4 页。
② 赵昌燮：《仲兄云山先生年谱》，太谷平民工厂民国十二年(1923)石印本，第 5 页。
③ 赵昌燮：《仲兄云山先生年谱》，太谷平民工厂民国十二年(1923)石印本，第 7 页。
④ 赵昌燮：《仲兄云山先生年谱》，太谷平民工厂民国十二年(1923)石印本，第 7 页。
⑤ 赵昌燮：《仲兄云山先生年谱》，太谷平民工厂民国十二年(1923)石印本，第 8 页。
⑥ 赵昌燮：《仲兄云山先生年谱》，太谷平民工厂民国十二年(1923)石印本，第 8 页。
⑦ 赵昌燮：《仲兄云山先生年谱》，太谷平民工厂民国十二年(1923)石印本，第 9 页。

嗜，特好书，凡书贾过馆者，每倒屣吐哺以观其所携，至是得卓如夫子同声之应，学目录学，更推及于金石碑帖小学类。同邑藏书之富，首推孙弼予。兄才高学博，久为兄益友，时相过从，勤加讨论，载籍互假参考，曾约同人与兄结探骊文社，一时人文，皆由此出，不少减伯兄等昔日"梯云之会"也。兄之学进于是，藏书亦略备于是。

楷书临皇甫诞君碑，复与卓如师首先书篆隶，并命燮等试学，列入课程，燮之识字学门径，兄实启之，四弟铁笔之学，亦于是为基础。①

光绪二十二年丙申（25 岁）

仍随伯兄读书于家。

府君命燮亦从耦渔先生受业，并授依弟读。②

光绪二十三年丁酉（26 岁）

始习行书。临苏公乌云帖，日必数纸，日月无间者近十年，自是东坡书无不穷搜博览，而临则专守一帖。

命燮用聚头扇为书《说文建首》五百四十部，背面蝇头细书，据字典加以直音。③

光绪二十四年戊戌（27 岁）

府君既弃养，兄念各商业为老人一生心血精力所在，抑亦举家仰以为生者，不忍伯兄以屡弱之躯独肩斯重，于是舍所学，出助伯兄理，涉世处身，先之劳之，老人志事，得不至陨坠。……厥后名其斋曰"得闲读书"，语燮等曰："古人谓读书得闲，余今只求得闲读书耳"。④

光绪二十五年己亥（28 岁）

归自江南。得汉铜雀宫瓦砚，归装以匣，索同人题咏。⑤

光绪二十六年庚子（29 岁）

得华山碑，屡加题识，并命燮据其剥蚀缩摹全碑式附后。

记云此本起初询之售者，云系清源王效尊先生家物，光绪庚子五月端阳后，

---

① 赵昌燮：《仲兄云山先生年谱》，太谷平民工厂民国十二年（1923）石印本，第 12 页。
② 赵昌燮：《仲兄云山先生年谱》，太谷平民工厂民国十二年（1923）石印本，第 14 页。
③ 赵昌燮：《仲兄云山先生年谱》，太谷平民工厂民国十二年（1923）石印本，第 14 页。
④ 赵昌燮：《仲兄云山先生年谱》，太谷平民工厂民国十二年（1923）石印本，第 15 页。
⑤ 赵昌燮：《仲兄云山先生年谱》，太谷平民工厂民国十二年（1923）石印本，第 17 页。

归于晶石山房，时正大旱，如能得雨，便是两大快事。又，汉隶得此，叹观止矣。①

光绪二十七年辛丑（30 岁）

是年，刘蕙林明府署县事，伯兄同年也。四弟应公观风试，特受知遇，收入门下，与兄亦交契，学术文艺，勤相探讨。

谋耦渔先生墓砖铭。

和弼予兄赠新室诗七律四章。②

光绪二十九年癸卯（32 岁）

行书临汲古阁原刻本苏书陶诗。

得夏承碑。仿原额篆书题眉，自记云："此云山之第一善本也，与原拓华山碑可称双璧，甲辰二月清明后三日记。又，此碑与汉石经气息相同，金石家有谓出于中郎者，当是有本之谈，丙午腊月二十五日夜展玩记此。"③

光绪三十一年乙巳（34 岁）

率弟侄辈类次所藏书。

夏日初长，颇得闲暇，命燮等率侄辈整理藏书，分类提纲，纪册签识，日会坐厅，事案目书题，阅三月而毕，拟其例责，燮录目提要，即便检阅，且使儿子辈稍识读书途径，辑不及半，竟尔中辍，人事牵率，志病不励，至今未曾卒业。

尝书示儿辈曰："能读书者必知郑重书籍，开卷必期有益，否则不开为妙。胡乱取看，胡乱搁置，于书有损，于人无益，文雅之士必不若此。对于善本，更须珍重。史卓如先生于书最善，修理放置亦极整齐。凡所读书，损伤极少，后生须学此等，能知郑重，方可读书，将书损伤，吾实不忍观也，即是不孝。"

兄以爱书，故自少读书，不轻加圈点评识，亦不耐摘句寻章故事烦琐，而凡读过书，挈领提纲，识凡熟例，其要奥之所在，辄永久弗忘，然从不作口头禅，为茶余酒后之空谈，独于二三同嗜及弟等，有所质难则又娓娓不倦，而亦不以已之是訾人之非。④

---

① 赵昌燮：《仲兄云山先生年谱》，太谷平民工厂民国十二年（1923）石印本，第19页。

② 赵昌燮：《仲兄云山先生年谱》，太谷平民工厂民国十二年（1923）石印本，第22页。

③ 赵昌燮：《仲兄云山先生年谱》，太谷平民工厂民国十二年（1923）石印本，第24页。

④ 赵昌燮：《仲兄云山先生年谱》，太谷平民工厂民国十二年（1923）石印本，第26页。

光绪三十二年丙午（35 岁）

篆书临石鼓，写孝经序。

示燮自课简章并作文法。①

光绪三十三年丁未（36 岁）

撰程世昌先生墓表、白万青先生墓铭。

时玩索徐季海、李北海二公书。

篆书临何本石鼓。②

光绪三十四年戊申（37 岁）

尝曰："近日温读《诗经》，取以证入世以来所阅历者。闺门之内，为修身齐家之吃紧关键，后生能得闺中贤助，较明师益友之教导，有过之无不及也。"

临尹宙碑。先是购得尹宙碑旧拓本，病闲临池，并跋其尾云："尹宙碑于丙午冬得于书肆，检字方之现拓者，多存数十，喜极，拟稍暇临写考究，不料自得此碑，字课懈弛，以至于客岁冬月，被事纠葛。……如此等宝物，岂憶尚能把玩乎？乃多日因病得闲，不特玩之，而竟能临摹其大概，以遂得时之初心。……及初试出门，偕四弟访仲符昆仲，又遇一淡墨拓本，急取归相较，神气不差，而少于此本者数字，珍重之心，因之愈进，书于简端志喜也。"

临兰亭。寝馈是帖最久，探索亦极深，批郤导窾日有新得，大而化神，而明几有无能名，不能为外人道之趣，偶举以示燮等一二，惜未能尽喻也。③

二、宣统年间

宣统元年己酉（38 岁）

病愈事休养，温《诗经》《孟子》，字课临礼器碑、石鼓文。

书自课日程后二则。近年温《孟子》、温《大学》、温《中庸》、温《诗经》，病起时拟温《论语》，奈心气身力皆不耐劳，少尝辄止，端由志不立，未能帅气耳，拟自明日始，每日温一篇。

即以温《论语》之日为改过自新之日，振刷精神，严禁思虑，身病心病，兼

---

① 赵昌燮：《仲兄云山先生年谱》，太谷平民工厂民国十二年（1923）石印本，第 27 页。
② 赵昌燮：《仲兄云山先生年谱》，太谷平民工厂民国十二年（1923）石印本，第 28 页。
③ 赵昌燮：《仲兄云山先生年谱》，太谷平民工厂民国十二年（1923）石印本，第 30 页。

治并药。今日温《公冶长》一篇，读至"吾未见刚者"一节，悟到诸葛公澹泊明志宁静致远，又悟到孟子以直养而无害，今夜心上较昨夜安静。①

宣统二年庚戌（39 岁）

燮于学部试之次日，以场中文就正，兄点看讫，批其尾曰："洁净清腴，古色古香，场中莫论文，以文论必售之作也。"及榜发，忝列第一，兄笑语曰："可信老眼无花，而衡文者足称弟知己也。"②

宣统三年辛亥（40 岁）

病愈复助伯兄理商事。日亲到号，友朋相过从，官绅遇地方公事，亦能多所谘商。

江南徐郡兵变，两商号被劫。

与燮论居官、读书、教子书。……"我总想得打明年一年闲暇，自己在诸儿名下费点功夫，不知此愿能遂否，其实有旧日烟灯上得光阴足用也，能消磨于无益，不能消磨于有益乎？教读之难，其人甚矣，我之欲尽心于其事，非徒托空言，立志实行，左愿与否，未能逆睹，捎捎带带，有一年工夫，便可望大家见点好处，此是家中第一事，虽于他事难免贻误亦值。"

撰孟公杏邨墓志（代）并书。寄稿示燮曰：兹统去墓志稿一篇，可转致知文数友看看，有不合字样示知，不远即要写也。谋篇立意则颇费苦心，用语不多，将此公几世好处、己身特色已无遗憾，不知者必要嫌其太省也。

兄古文之学，初由《素位斋评选类纂》，入于唐宋则致力柳州、老泉、临川者特深，金元明清间则于归震川、方望溪、姚惜抱寝馈最久，近则独于曾文正公文有深契焉。屡病以来，心不任用他观，书课且搁置，而于文正公集，犹坐卧以之，然能不为一家言所囿，不为法所缚，一如学古各体书法，每多悟于形似皮相之外者。

撰渠小洲封翁七十寿序、李君少礼墓志。③

三、民国时期

民国元年壬子（41 岁）

---

①　赵昌燮：《仲兄云山先生年谱》，太谷平民工厂民国十二年（1923）石印本，第 32 页。
②　赵昌燮：《仲兄云山先生年谱》，太谷平民工厂民国十二年（1923）石印本，第 36 页。
③　赵昌燮：《仲兄云山先生年谱》，太谷平民工厂民国十二年（1923）石印本，第 37 页。

命燮督侄辈读。是年，塾师告辞，燮以两兄既不令北上，自请仍任塾事，迨兄一病而举家惊恐，诸事皆需燮与四弟勉助伯兄为理，塾课竟随之废止，子侄辈之学无所成就，丁未一误，此为再误，亦即兄一大隐痛也。

四弟联合同人课字，名曰"观善书社"。兄为参订规程，并分任阅看行草书课，一时与同人论书法颇多，四弟汇钞存稿。①

民国四年乙卯(44岁)

文献征存局函征先贤遗书，燮与同人共事收讨，兄多有指教。

命四弟如徐碭察看各商业。

草书默写《大学》《论语》，日写缪篆八字。②

民国五年丙辰(45岁)

纂修族谱。是年，届吾宗纂修家谱之期，族长以无可占地点，商于兄在舍供应，命四弟率猷侄随族人分任其事。

常君孝麓为视兄病，枉过小住十日，卓如夫子至自并垣。久别良友，一朝相聚，讨论学术文艺，以诗赠答，并各道病后静养补救之方。

赠卓如先生诗，赠孝麓诗，跋郭君可阶所藏泽州相国行书卷。

撰耦渔夫子小传。燮辑录耦渔师《素位斋诗》，请卓如夫子选定撰序，兄撰小传，文请子襄同年选定并跋尾，弼予表兄赐题词，即付剞劂。③

民国六年丁巳(46岁)

养病，书斋亲督子侄辈读。

撰原配孟孺人墓志、悼亡诗、重修龙泉寺碑记，代乙周先生谡孙氏祠堂碑记，为杨叔芝先生作墨盒铭。

行书写周子通书，并加诠注赐克谐。④

民国八年己未(48岁)

撰白君渐鸿墓志、马君栻辰墓表、继母刘恭人墓志。

临汉济远冯将军碑，并录碑原序，命燮识其后。此序言神详而言碑略，所可见者，碑为重勒，因出于士夫，较明人所补郙阁所翻夏承有天渊之别，能传出汉

---

① 赵昌燮：《仲兄云山先生年谱》，太谷平民工厂民国十二年(1923)石印本，第42页。
② 赵昌燮：《仲兄云山先生年谱》，太谷平民工厂民国十二年(1923)石印本，第48页。
③ 赵昌燮：《仲兄云山先生年谱》，太谷平民工厂民国十二年(1923)石印本，第50页。
④ 赵昌燮：《仲兄云山先生年谱》，太谷平民工厂民国十二年(1923)石印本，第53页。

人笔妙。临碑毕，并书此序附后。①

民国九年庚申（49 岁）

撰成都夏勉吾先生墓志、乔母马恭人墓志、张佩兰先生圹志，代安侨乙先生撰关岳庙碑记。

行书临兰亭，为张佩兰先生书生圹志。

得百泉帖刻石，缺其一。

《素位斋诗文存》刻竣。子襄同年始终其事，即由都门印得数百部归，兄命分赠同人。

为燮题手拓柱础云麾碑并书拓本旁。

为四弟题守身斋楣额并跋。②

民国十一年壬戌（51 岁）

命燮作江南之行。视察地方近状及营业情形，因两年苏省钱法大坏，银价暴涨几倍，莲于昔日。当典连年受易换之累，势已不支，同事虑不及远，认为年凶所致，兄则统观大势，综计南北金融之变态，知非从前随年之丰歉为低昂者可比。

名所居曰"瓜蔓香馆"，属子襄刻一小印。

跋弼予先生所藏薛公佩鸣指画水墨花卉册，撰胡节母传、清源县西马峪关帝庙碑、适白氏长姊墓碑、得砚记、徐青藤水墨花卉册书后、武母杨恭人墓志。③

民国十二年癸亥（52 岁）

兄自助伯兄任理商号事后，即不遑酬应笔墨，同人亦颇相谅，故幸免此一累。年来养疴多暇，渐事于斯，索者日众，纸捲缣素，积案盈几。墨瓯土缶，时列案头，茶余饭罢，即事挥毫，综计所书，反多于燮。七月初，为榆次王君棣华书墓志，病前一日尚书城内七圣庙联扁数事，亲自选定，命儿辈勾出，未及送而病既卒。燮展玩书法，豪不见败笔，呜呼，兄之所养及所造之深，从可见矣，不臻上寿，抑又何欤？④

① 赵昌燮：《仲兄云山先生年谱》，太谷平民工厂民国十二年（1923）石印本，第 57 页。
② 赵昌燮：《仲兄云山先生年谱》，太谷平民工厂民国十二年（1923）石印本，第 58 页。
③ 赵昌燮：《仲兄云山先生年谱》，太谷平民工厂民国十二年（1923）石印本，第 62 页。
④ 赵昌燮：《仲兄云山先生年谱》，太谷平民工厂民国十二年（1923）石印本，第 65 页。

四、附录

赵云山《论收藏》

余无家当，书帖、字画、金石、文字即是家当，亦即是性命，从来买书不取贵重，专求有用，而为数既多，珍重亦竟以无心得之。①

第二节　常子襄先生行年自记

作为出身于榆次商人常氏家族的文化人士，常赞春在创办经营太原范华印刷制版厂等商业活动之外，其于藏书、著述以及书画等方面成绩斐然，被目为近代三晋知名学者。常赞春一生之中多次将个人私家藏书捐赠予公立文教机构的举动，更是令人钦佩。晚年之时，常氏自撰行年记录，采用编年方法记载其一生所经历之读书、应举、教书等文化活动，颇类常氏个人之年谱。文献所见，常氏多次在北京等地购买书籍，有助于我们了解其藏书之途径。

一、光绪年间

清光绪四年戊寅（1878）

余七岁，堂叔睿园公教余及第春读唐司空图《诗品》及唐诗五律。②

清光绪六年庚辰（1880）

余九岁，家塾延同邑王先生讳绍曾，字幼沂，教余及第春、次弟读，余读《论语》，两弟先读唐诗五律，毕，读《诗经》，同讲《三字经》。余读《论语》毕，亦读《诗经》。③

清光绪七年辛巳（1881）

---

①　赵昌燮：《仲兄云山先生年谱》，太谷平民工厂民国十二年（1923）石印本，第28页。

②　常赞春：《常子襄先生行年自记》，载常氏后人：《常子襄国学文编》卷一，非正式出版，2006年第502页。

③　常赞春：《常子襄先生行年自记》，载常氏后人：《常子襄国学文编》卷一，非正式出版，2006年第502页。

余十岁，读《诗经》毕，接读《论语》。①

清光绪八年壬午(1882)

余十一岁，读《论语》及《孟子》、唐诗七绝、七律。②

清光绪九年癸未(1883)

余十二岁，读《四书》毕，读《书经》、唐诗五、七古，并讲解，学对句及小楷，录《读史论略》，随讲随读。③

清光绪十年甲申(1884)

余十三岁，读经毕。④

清光绪十一年乙酉(1885)

余十四岁，读《礼记》。⑤

清光绪十二年丙戌(1886)

余及诸弟受业人太原廪生王先生，讳汝桢，字幹臣。余读《礼记》《易经》，秋读时文、试帖，冬试作焉。⑥

清光绪十四年戊子(1888)

五月，绂兄科试由省回，代购《说文解字》。余始知训诂学，又读《蝤轩语》《书目答问》，始知目录学，涉览《五朝诗别裁》。⑦

清光绪十五年己丑(1889)

---

① 常赞春：《常子襄先生行年自记》，载常氏后人：《常子襄国学文编》卷一，非正式出版，2006 年第 503 页。

② 常赞春：《常子襄先生行年自记》，载常氏后人：《常子襄国学文编》卷一，非正式出版，2006 年第 503 页。

③ 常赞春：《常子襄先生行年自记》，载常氏后人：《常子襄国学文编》卷一，非正式出版，2006 年第 503 页。

④ 常赞春：《常子襄先生行年自记》，载常氏后人：《常子襄国学文编》卷一，非正式出版，2006 年第 503 页。

⑤ 常赞春：《常子襄先生行年自记》，载常氏后人：《常子襄国学文编》卷一，非正式出版，2006 年第 504 页。

⑥ 常赞春：《常子襄先生行年自记》，载常氏后人：《常子襄国学文编》卷一，非正式出版，2006 年第 504 页。

⑦ 常赞春：《常子襄先生行年自记》，载常氏后人：《常子襄国学文编》卷一，非正式出版，2006 年第 505 页。

闲涉览《昭明文选》《通鉴辑览》等，或述目录家言，为俗师所疾。①

清光绪十六年庚寅（1890）

余时文略有进境，喜金石文字，或作分、篆书，又以胶泥或小木刻印章。②

清光绪十八年壬辰（1892）

绂兄考入国子监南学肄业，每月信中详示读书法，并进以经解课及治经方法。③

清光绪十九年癸巳（1893）

余考古以诗及经解取，学使语以宜看《皇清经解》，并云："《经世文编》最好，其文皆致用，且多作家，于学于治皆有益，即以文求，亦万不致入俗陋一派。"余始购得诸书。④

清光绪二十四年戊戌（1898）

秋，绂兄由京回，遂任塾事，列通纪目次，依《周礼》六典，随所读经史分类抄录。冬，沛春、四弟、建春、泽春、麟嘉每五日一会讲，点《纲鉴易知录》，随录其提纲，用朱、蓝、墨三色圈识，以区善政制度失政，余复校。沛春本参以《通鉴》，凡典实，均补注书册首。⑤

清光绪三十三年（1907）

二月，余以家藏《十三经》石印《二十四史》《二十二子》及局本《朱子全书》《昭明文选》，捐学堂（榆次学堂）。⑥

---

① 常赞春：《常子襄先生行年自记》，载常氏后人：《常子襄国学文编》卷一，非正式出版，2006 年第 506 页。

② 常赞春：《常子襄先生行年自记》，载常氏后人：《常子襄国学文编》卷一，非正式出版，2006 年第 507 页。

③ 常赞春：《常子襄先生行年自记》，载常氏后人：《常子襄国学文编》卷一，非正式出版，2006 年第 508 页。

④ 常赞春：《常子襄先生行年自记》，载常氏后人：《常子襄国学文编》卷一，非正式出版，2006 年第 510 页。

⑤ 常赞春：《常子襄先生行年自记》，载常氏后人：《常子襄国学文编》卷一，非正式出版，2006 年第 511 页。

⑥ 常赞春：《常子襄先生行年自记》，载常氏后人：《常子襄国学文编》卷一，非正式出版，2006 年第 519 页。

清光绪三十四年戊申（1908）

正月初四日，如京……余为学堂采购书籍等。①

二、民国时期

中华民国七年戊午（1918）

时，众议院议员初选，余当选，京选参议院议员，余往住荣禄堂，购得书籍等。②

中华民国九年庚申（1920）

秋八月，再如京，乃将什物、书籍等同运回省。③

中华民国十一年壬戌（1922）

编成《柞閒吟庵字学谈》《经学谈》《文学谈》《诗学谈》均付印，《旧学谈》则重印也。又选定《政文撷》《法文撷》《文字达恉》。④

中华民国十二年癸亥（1923）

编成《国文约》，盖为平阳中学诸生讲授未半，至是始完成，为女师范专修科诸生讲授也。⑤

① 常赞春：《常子襄先生行年自记》，载常氏后人：《常子襄国学文编》卷一，非正式出版，2006 年第 520 页。

② 常赞春：《常子襄先生行年自记》，载常氏后人：《常子襄国学文编》卷一，非正式出版，2006 年第 526 页。

③ 常赞春：《常子襄先生行年自记》，载常氏后人：《常子襄国学文编》卷一，非正式出版，2006 年第 527 页。

④ 常赞春：《常子襄先生行年自记》，载常氏后人：《常子襄国学文编》卷一，非正式出版，2006 年第 528 页。

⑤ 常赞春：《常子襄先生行年自记》，载常氏后人：《常子襄国学文编》卷一，非正式出版，2006 年第 528 页。

第九章　方　　志

作为研究地方历史的重要史料，明清民国时期山西方志是我们收集晋商藏书资料的主要来源之一。我们的做法是，首先界定明清民国时期较为活跃的山西商人之活动区域，比如明代晋南的蒲州、平阳等地，再如清代晋中的汾阳、平遥、太谷、祁县、榆次、灵石和介休等地，然后重点从上述区域的方志中收集山西商人有关的藏书、刻书史料。我们整理之后发现，记载山西商人藏书等文化活动较为丰富的方志有两种，一种是《太谷县志》，此志记载清代太谷藏书、著述等活动十分详细，部分著述的序跋亦有存留，为我们保存了难得的研究资料；另一种是民国年间完成的《榆次县志》，该志的编修过程中有榆次常氏的常麟书、常赞春等人参与，常氏家族的人物传记、文化活动等保存十分丰富。需要指出的是，民国《榆次县志》中记载的常氏史料，与《常氏家乘》《山西献征》在某些内容上存在重复之处。

第一节　灵石县志

王筵宾，字叔恭，住东乡静升村，以明经授直隶州州判。持躬端慎，学问优长，蜚声庠序，督学使者咸优异之，许以大器，奈以数奇，七荐乡闱，未登一第。绝意仕进，教授生徒，学者皆奉为儒宗，诸弟子登贤书、食廪饩者踵相接。暇则手一编，博览群书，音韵、算学、星经、地志，无不通晓。①

王舒萼，字伟堂，光绪丙子进士。平遥县文风不振，闻公新中进士，灵石名士聘请为书院山长，士子上课余暇，教以读书之法、作文之法，多读诗书、子

---

① 李凯明、耿步蟾：《灵石县志》卷9《忠孝》，台北成文出版社 1968 年版，第 497 页。

书，陶镕日久，受益良多，由是人文蔚起，科第绵绵，书院悬匾曰："棠荫春风"。①

耿文光，字斗垣，苏溪村人，同治壬午科举人。家道素丰……家中藏书万卷，著有万卷楼书目四本，以藏书论，全省望族推为巨擘。②

王饮让，字谦亭，静升村人，博士弟子员。家道殷实，素性简朴，衣服饮食均不染豪华气习。本族十余家子弟，代为延师课读，才具平庸者送入自己商号学习生意。解衣推食，不分畛域。又善岐黄之术，村人有病，无论贫富，一请即到。③

杨尚文，由河东盐务议叙知府，以子昉贵，移赠通奉大夫。性豪爽，慕项墨林之为人，因自号曰"墨林"。家藏书籍字画，几与项氏等。早岁居京师，所交尽一时名士，名士亦喜公风雅，愿与缔交。遇寒士，不吝推解，而曲体其情，以是墨林之名动京师。有校刊《读史记略》《连筠簃丛书》行世。④

第二节　太谷县志

经商异域，讲信耐劳，足迹遍天下，执各大埠商界之牛耳，起家至数十百万者，尤为谷人之特色，故自明以迄有清中叶，谈三晋富庶之区者，无不于谷首屈一指。⑤

曹润堂，谱名培德，字柘庵，光绪乙酉科拔贡，己丑科举人。性奇慧，事继母特以孝闻，故高于才雅。以文学自饬励，精六法，嗜填词，尤工于诗，钱塘徐花农尝称其抗乎吴梅村氏而上之。其人短小精悍，优爽不羁，不屑作世俗周旋态，每欲有所效于国家，惜遇不如志，卒以维持族中家政，缚其身，不克一展其抱负，而牢骚无俚之况，一寄于诗词中，未尝一日离也。四十岁后骽疾作，用世之心顿冷，益肆力于音韵学，讽诵之余，毅然以编辑《傅徵君山年谱》自任，起

① 李凯明、耿步蟾：《灵石县志》卷9《忠孝》，台北成文出版社1968年版，第502页。
② 李凯明、耿步蟾：《灵石县志》卷9《忠孝》，台北成文出版社1968年版，第507页。
③ 李凯明、耿步蟾：《灵石县志》卷9《忠孝》，台北成文出版社1968年版，第537页。
④ 李凯明、耿步蟾：《灵石县志》卷9《忠孝》，台北成文出版社1968年版，第491页。
⑤ 刘玉璣、仇曾祜、胡万凝：《新修太谷县志·序》，台北成文出版社1976年版，第11页。

例、发凡、体段已具，未及成书而逝，所著有《木石盦诗》《木石盦文录》《木石盦随笔》《傅文贞先生年谱》。①

赵昌晋，字云山，候铨训导廪贡生，维周子。维周与武洋同为孟丕祺入室弟子，丕祺死，复从丕祺之父游，即世所称景欧先生，邃于礼者也，君上承家学，远绍师传，孝友之性，推及乡党……兄弟四人，俱续学士。兄名昌燕，己丑科举人，君则以甲午乡荐援例为内阁中书，慨时局之变，归隐栝楼香馆，皮裘三十年不易，以花鸟自娱，为乡党排解纷难……书初法欧阳率更，继学苏，晚岁溺情禊帖，文则以昌黎、望溪为归，所著有《栝楼香馆文集》《临池日记》《无聊语》。②

《晚香斋诗草》，清武先慎，稿本藏赵氏心隐庵。③

《饮霞轩诗草》，清杜瑞廷，未刊，残本藏赵氏心隐庵。④

《萝月山房近草》三卷，清杜启智，有写定未刊本一卷，藏赵氏心隐庵。⑤

《如不及斋诗钞》，清曹培干，稿藏家。⑥

《自娱诗草》，清曹瑞凝，有写定本，藏曹氏。⑦

第三节　榆次县志

(凤鸣) 书院存书，向时无几。除时文外，仅有《瀛寰志略》及《方正学集》二部、《山西通志》一部。清光绪丁未，移尊经阁藏书归之，于是辟藏书室、仪器

①　刘玉玑、仇曾祜、胡万凝：《太谷县志》卷5《文学》，台北成文出版社1976年版，第717页。
②　刘玉玑、仇曾祜、胡万凝：《太谷县志》卷5《文学》，台北成文出版社1976年版，第719页。
③　刘玉玑、仇曾祜、胡万凝：《太谷县志》卷8《著述》，台北成文出版社1976年版，第1163页。
④　刘玉玑、仇曾祜、胡万凝：《太谷县志》卷8《著述》，台北成文出版社1976年版，第1163页。
⑤　刘玉玑、仇曾祜、胡万凝：《太谷县志》卷8《著述》，台北成文出版社1976年版，第1163页。
⑥　刘玉玑、仇曾祜、胡万凝：《太谷县志》卷8《著述》，台北成文出版社1976年版，第1164页。
⑦　刘玉玑、仇曾祜、胡万凝：《太谷县志》卷8《著述》，台北成文出版社1976年版，第1164页。

室于中院之东西二隅。诸书颇断烂失次，董事常赞春因出家藏之《十三经》《廿四史》《廿二子》《朱子全书》《昭明文选》，捐赠学堂，具呈县署沈知县继焱，申禀山西巡抚及提学使，由巡抚给以"士诵清芬"、提学使给以"分惠士林"字样，并印花饬县传知装饰悬匾焉。① 榆次常氏著述见表9.1。

表9.1　　　　　　　　　　　榆次常氏著述表

书名	卷数	撰著人	附录
《读孟子札记》		常立德	据钞本，立德，字惟一，车辋村人，附贡生，大旨多析理言②
《诗经述义》	三卷	常麟书	据写印本，大旨主毛传，旁及清代说诗经者汇辑③
《礼记易简录》		常麟书	据钞本，系以清学部节本，未甚惬意，重据原本，加以删节，其说解则略采注疏及诸儒说④
《周礼述义》		常麟书	据写印本，大旨主郑注，旁采诸家说，止毕天官地官⑤
《左腴类聚》		常麟书	据写印本，为删节《左传》白文，或取事类，或存隽语⑥
《尔雅述义》		常麟书	据钞本，采摭邢、邵、郝疏，诠释、通例、篇题、子目等，付印成册⑦

---

① 张敬颢、常麟书：《榆次县志》卷8《教育考》，范华印刷厂民国二十九年(1940)铅印本，第4页。
② 张敬颢、常麟书：《榆次县志》卷13《艺文考》，范华印刷厂民国二十九年(1940)铅印本，第2页。
③ 张敬颢、常麟书：《榆次县志》卷13《艺文考》，范华印刷厂民国二十九年(1940)铅印本，第2页。
④ 张敬颢、常麟书：《榆次县志》卷13《艺文考》，范华印刷厂民国二十九年(1940)铅印本，第2页。
⑤ 张敬颢、常麟书：《榆次县志》卷13《艺文考》，范华印刷厂民国二十九年(1940)铅印本，第2页。
⑥ 张敬颢、常麟书：《榆次县志》卷13《艺文考》，范华印刷厂民国二十九年(1940)铅印本，第2页。
⑦ 张敬颢、常麟书：《榆次县志》卷13《艺文考》，范华印刷厂民国二十九年(1940)铅印本，第2页。

续表

书名	卷数	撰著人	附录
《群经正义提纲》		常麟书	据印本，采撷《论语》《孝经》《孟子》疏，删去烦文及衍述①
《中字知源录》	二卷	常麟书	据印本，依字之笔画多少为次，撷《说文解字》中通用字，略加诠释②
《实墨斋藏书目录》	一卷	常承祖	据钞本，承祖字绳武，车辋村人，以家藏诸书，依四部类编③
《抱守斋石墨存目》	一卷	常立方	据钞本，略述所存碑帖④
《南北游记》	三卷	常立方	据钞本，系由家至河南、江苏、浙江、湖南、湖北、天津、北京，备述所历形胜及交际⑤
《秦汉郡州职任谱》	一卷	常麟书	据钞本，列秦三十六郡及汉诸州郡属地任职等⑥
《读史大事辑》	二卷	常麟书	据钞本，起上古至西晋统一，为学校讲述者⑦
《外史歌略》	四卷	常麟书	据刻本，撮述外国事，约以四言韵语，为初学歌诀便诵⑧
《汉隋二志存书辑略》	三卷	常麟书	据印本，依《汉书·艺文志》《隋书·经籍志》所存书目，以清《四库全书提要》《玉函山房藏书序录》所存者为断

---

① 张敬颢、常麟书：《榆次县志》卷13《艺文考》，范华印刷厂民国二十九年（1940）铅印本，第2页。

② 张敬颢、常麟书：《榆次县志》卷13《艺文考》，范华印刷厂民国二十九年（1940）铅印本，第2页。

③ 张敬颢、常麟书：《榆次县志》卷13《艺文考》，范华印刷厂民国二十九年（1940）铅印本，第3页。

④ 张敬颢、常麟书：《榆次县志》卷13《艺文考》，范华印刷厂民国二十九年（1940）铅印本，第3页。

⑤ 张敬颢、常麟书：《榆次县志》卷13《艺文考》，范华印刷厂民国二十九年（1940）铅印本，第3页。

⑥ 张敬颢、常麟书：《榆次县志》卷13《艺文考》，范华印刷厂民国二十九年（1940）铅印本，第3页。

⑦ 张敬颢、常麟书：《榆次县志》卷13《艺文考》，范华印刷厂民国二十九年（1940）铅印本，第3页。

⑧ 张敬颢、常麟书：《榆次县志》卷13《艺文考》，范华印刷厂民国二十九年（1940）铅印本，第3页。

书名	卷数	撰著人	附录
《游汴纪程》	一卷	常第春	据钞本，纪由家赴河南所历形胜①
《治痘集要》		常龄	据县志②
《杂症萃精》		常龄	据县志③
《群方集要》		常龄	据钞本，均经验致效方，以儿科、喉科为多④
《抱守斋金石跋》	一卷	常立方	据钞本，多评书法⑤
《抱守斋集字联语》	一卷	常立方	据钞本，系集汉碑字及吴天玺纪功碑字，以五言、六言、七言、八言为次，备书联者⑥
《女鉴》	二卷	常立教	据钞本，举妇女嘉言懿行，约为四言韵语，取便记诵⑦
《北游杂咏》	一卷	常惺	据钞本，惺字慧卿，诸生，车辋村人，为由家至张家口作，为七言绝句⑧
《趣园诗草》	四卷	常立教	据钞本，山居作，合晚年教授作⑨
《知我录》	一卷	常守质	据钞本，在赤城作⑩

① 张敬颙、常麟书：《榆次县志》卷13《艺文考》，范华印刷厂民国二十九年（1940）铅印本，第3页。

② 张敬颙、常麟书：《榆次县志》卷13《艺文考》，范华印刷厂民国二十九年（1940）铅印本，第5页。

③ 张敬颙、常麟书：《榆次县志》卷13《艺文考》，范华印刷厂民国二十九年（1940）铅印本，第5页。

④ 张敬颙、常麟书：《榆次县志》卷13《艺文考》，范华印刷厂民国二十九年（1940）铅印本，第5页。

⑤ 张敬颙、常麟书：《榆次县志》卷13《艺文考》，范华印刷厂民国二十九年（1940）铅印本，第6页。

⑥ 张敬颙、常麟书：《榆次县志》卷13《艺文考》，范华印刷厂民国二十九年（1940）铅印本，第6页。

⑦ 张敬颙、常麟书：《榆次县志》卷13《艺文考》，范华印刷厂民国二十九年（1940）铅印本，第6页。

⑧ 张敬颙、常麟书：《榆次县志》卷13《艺文考》，范华印刷厂民国二十九年（1940）铅印本，第9页。

⑨ 张敬颙、常麟书：《榆次县志》卷13《艺文考》，范华印刷厂民国二十九年（1940）铅印本，第9页。

⑩ 张敬颙、常麟书：《榆次县志》卷13《艺文考》，范华印刷厂民国二十九年（1940）铅印本，第9页。

续表

书名	卷数	撰著人	附录
《塞北杂诗》	一卷	常守质	据钞本，由家赴张家口、抵京作，多五七律诗①
《辛夷花馆诗钞》	二卷	常望春	据钞本，分五七古律绝，近黄莘田、白香山，七律间近杜②
《约斋文集诗集》	各二卷	常麟书	据钞本，均清光绪末距卒时作③
《国文讲授辑存》	二卷	常麟书辑	据印本，初编上杂取诸子、春秋、三传，区论理论事之作，下杂取三传、国语、国策、史汉，区叙事记言之作，二编亦依此例④
《近代文略辑》	二卷	常麟书辑	据印本，上卷为论著类，中卷为记载类⑤
《铧华社诗集》	四卷	常麟书选辑	据钞本，为常氏诗社合辑者。初集为清光绪丁亥作，以五七古律绝及词为次，二集为戊子、己丑合作，三集为庚寅作，四集为辛卯作，均以五七古律绝为次及词⑥
《阅微草堂诗话》	一卷	常麟书	据印本，系采之纪文达笔记者⑦
《艺林谭屑》	四卷	常麟书	据印本，系采之报章及朋故诸作，或摘句，多近代作⑧

---

① 张敬颢、常麟书：《榆次县志》卷13《艺文考》，范华印刷厂民国二十九年（1940）铅印本，第9页。

② 张敬颢、常麟书：《榆次县志》卷13《艺文考》，范华印刷厂民国二十九年（1940）铅印本，第9页。

③ 张敬颢、常麟书：《榆次县志》卷13《艺文考》，范华印刷厂民国二十九年（1940）铅印本，第9页。

④ 张敬颢、常麟书：《榆次县志》卷13《艺文考》，范华印刷厂民国二十九年（1940）铅印本，第9页。

⑤ 张敬颢、常麟书：《榆次县志》卷13《艺文考》，范华印刷厂民国二十九年（1940）铅印本，第9页。

⑥ 张敬颢、常麟书：《榆次县志》卷13《艺文考》，范华印刷厂民国二十九年（1940）铅印本，第9页。

⑦ 张敬颢、常麟书：《榆次县志》卷13《艺文考》，范华印刷厂民国二十九年（1940）铅印本，第9页。

⑧ 张敬颢、常麟书：《榆次县志》卷13《艺文考》，范华印刷厂民国二十九年（1940）铅印本，第9页。

书名	卷数	撰著人	附录
《鞠部新声》		常麟书	据印本①
《秋海棠吟馆诗》	二卷	常第春	据钞本，诗近温飞卿，间为永嘉四灵体②
《午村诗钞》	一卷	常汝春	据钞本③
《知困轩遗词》	一卷	常立纪	据钞本，皆小令中调，借景抒情，无牢愁及谐谑语④

常立爱，字叔真，号莲洲，车辋村人。幼读书好沉思，与兄立德同入学，有文誉，旋以高等食廪饩。……归乃益读书，嗜李榕村文，且好诗，尽究源流，旁及九数、医方、选择、青乌诸说。以身弱谢人事，不轻出门。应试时，族人或冶游酒食征逐，立爱独游书帖诸肆。家居，族人有耽车马、服玩、声色者，立爱独阅书作字。⑤

常立屏，字宸臣，车辋村人。成诸生，尝肄业省垣崇修书院。与同县侯孝廉汝宽、阳曲林拔贡生蒽同读史鉴，互为辨析，故于史有深嗜。既选以优等食廪饩，著文誉。清同治庚午乡试，癸酉优贡，均俀得而悬黜。以光绪辛卯成恩贡，壬辰考取正白旗官学教习，期满引见，用知县，嗣以亲老，请改教职。事亲尽孝，友爱诸弟甚笃。督子麟书读成名，尤为邑人乐道。充邑绅士，所契皆端人，奖励后进，有片长称道不去口。充书院经理，为前后邑令所推重，有大事常倚之。⑥

---

① 张敬颢、常麟书：《榆次县志》卷13《艺文考》，范华印刷厂民国二十九年（1940）铅印本，第9页。

② 张敬颢、常麟书：《榆次县志》卷13《艺文考》，范华印刷厂民国二十九年（1940）铅印本，第9页。

③ 张敬颢、常麟书：《榆次县志》卷13《艺文考》，范华印刷厂民国二十九年（1940）铅印本，第9页。

④ 张敬颢、常麟书：《榆次县志》卷13《艺文考》，范华印刷厂民国二十九年（1940）铅印本，第9页。

⑤ 张敬颢、常麟书：《榆次县志》卷17《文儒录》，范华印刷厂民国二十九年（1940）铅印本，第24页。

⑥ 张敬颢、常麟书：《榆次县志》卷17《文儒录》，范华印刷厂民国二十九年（1940）铅印本，第26页。

常麟书，字绂章，号味经，又号约斋。年十三，毕十三经，有神童称。十八岁童试，凡经十四场，十三首取。明年，以高等食廪饩。辛卯，备取优贡第一，旋中乡举。壬辰，会试罢留京，考入国子监南学肄业，学益邃。初，家居与兄望春、弟赞春、第春、旭春、肇春、培春、惠春、甸春、麟图、侄运藻等为文诗社，任评阅课卷，至是乃每以所学函示诸弟辈，使益勉于学。戊戌，大挑二等。辛丑，因赴省与赞春、培春、麟图、沛春、宝春、建春、泽春、麟征、瀚春等寓黑瓦关帝庙。时谷京卿如墉主晋阳书院讲，高御史燮曾主令德堂讲，每课试，书院诸弟取生童多前列，时遂与两书院并称之……所著有《中字知源录》《外史歌略》《诗经述义》《左腴类聚》《礼记易简录》《尔雅述诣》《群经正义提纲》《汉隋二志存书述略》《国文讲授辑存初辑、二辑》《近代文略初编、二编》《阅微草堂诗话》《艺林谭屑》《鞠步新声》《传奇》，均印行。其《约斋文存诗存》及《周礼述义》均存稿。尝论学曰："读书固以知途径为要，然徒张皇于目录则中，仍不免号然耳"。①

王文洲，字春舫，聂店村人。生十年，父卒。弱冠后，酷嗜古物，所居接架琳琅，又好览儒书及佛经，评骘多当，所接多端人，家巨富而自奉俭约。②

常立教，字敷五，号芙岛，车辋村人。成诸生，以优等食饩。清光绪乙酉，举于乡，明年会试，父卒于家，闻信遄返，哀毁逾礼。后赴京读书，广交游，特矜慎。主司胡泰福奇其志节，勉以经世学，遂究史籍，尤喜兵家言，故豪饮酒酣慷慨论时事，迂儒多咋舌，然事后辄中。旋归里养母，所居植花竹、列文史。春秋佳日，奉母谦赏。子侄之才者，亦召至谈艺论史，且勖以为有用学。甲午，东事起，更究壬遁星象诸学，皆悉其故。顾性不谐俗，母殁乃赴东山故砦读书……二年，商业坏，乃如京筹度一切，既不可为，复归，馆于王村郝氏……为文有至性，诗率臆而成，近白香山、杨诚斋。所著有《趣园诗草》四卷，趣园者，以慕陶渊明，取陶语以名其园者也。③

① 张敬颢、常麟书：《榆次县志》卷18《卓行录》，范华印刷厂民国二十九年（1940）铅印本，第31页。

② 张敬颢、常麟书：《榆次县志》卷18《卓行录》，范华印刷厂民国二十九年（1940）铅印本，第31页。

③ 张敬颢、常麟书：《榆次县志》卷18《卓行录》，范华印刷厂民国二十九年（1940）铅印本，第34页。

常维丰，字宗周，车辋村人，家故多收藏，画翎毛、花卉俱雅饬。①

第四节 山西献征

作为榆次晋商常氏较为知名的读书人，常赞春在清末民初山西文化领域较为活跃，由其主导完成编纂的《山西献征》，乃是选择山西历史上较有影响之人物，为其撰写个人传记。出身于商人家庭的常赞春选择了不少商人子弟或者与晋商关联度较高的历史名人，从而为我们留下不少有价值的历史资料。

一、《明经何绍庭先生事略》

先生讳遵先，字绍庭，一字对蒙，祁县人。幼读书聪颖。祖斯盛，以增贡官大同县教谕，亲课读，特钟爱之。长入邑庠，以文名，屡摈乡闱，遂弃举子业，从事纂述。县城东故有园十余亩，先生乃引流种树，藏书画金石，日事搜讨，辨证以为娱。春秋佳日，复招携亲友，樽酒流连，相与赏奇文，析疑义。尝辑有《山右古诗晋宋梁魏周隋合钞》，又《唐诗钞附北汉诗钞》《宋金元诗钞》，均付刻。又明季保德王二弥太史遗稿，尝由戴先生廷栻序而刻之。先生得其残编，覆刻之，称精本。而精意所存，毕在金石，尝搜讨名拓旧迹，会而集之，审年代，辨款识，录文字说而订之为《山右金石文钞》。光绪初，省垣修通志，杨先生笃纂《金石记》，先生举所著以贻之，记中多有采取。家存特残稿，尚可编为二卷也。

先生成童以后，连遭父母兄弟诸丧，患喀血疾。比长，经理家务，喜赒恤，尝兴蚕桑、舍药饵，姻族称之。以光绪甲午喀血旧疾发，卒年五十岁。祁县自戴先生廷栻以文学鸿博鸣于时，先生所居小楼即丹枫阁故地，而笃志文学不求仕进，亦与戴先生为近。②

二、《上舍常锡九先生事略》

先生讳龄，字锡九，榆次人。襁褓，母卒。事继母，即以孝闻。读书喜博

① 张敬颢、常麟书：《榆次县志》卷19《艺术录》，范华印刷厂民国二十九年（1940）铅印本，第5页。

② 常赞春：《山西献征》，董润泽点校，三晋出版社2017年版，第343~344页。

览，尤契范文正、司马温公之人，持身敦朴，无富室豪侈习。与诸伯叔兄弟处，雍雍如也。童试连不售，兼以年长乏嗣，遂习医家言。朝夕研玩，得其要。

先生既以医名，而服膺儒先无稍替。五十后始举二子，严课读，不为姑息。又深慨鸦片流毒，为《洋烟四戒》，勒于石以为家训。……精太素脉法，不恒为人言。尝称："《灵枢》《素问》而外，《伤寒》《金匮》诸论，《本草纲目》等书，固业医所必读。然寒士为谋生计，则《医宗金鉴》不可不读。再其次《汪讱菴医书》虽浅近，熟此尚不至妄投方药也。"所著有《治痘集要》《杂症萃精》二书，均先生本所阅历而撷其精要者。为乡里传钞致遗存者，有《群方集要》一卷，则采诸成方而略为增减及辨论者。《我欲录》一卷，则举所见闻随笔纪录者也。①

三、《文学乔晓池先生事略》

先生讳致庸，字仲登，号晓池，祁县人。幼，父母卒，鞠于伯兄，先生敬礼周至。兄责先生读，己任家事。先生读书勤恳，好史鉴。长与侄孝廉超五同谒徐京卿继畬于平遥书院，因受业焉。先生甫入邑庠，兄疾，卒。先生大恸曰："兄殁矣，家何赖焉？吾不能如兄志也。"遂任家事，而日读《四书》《尚书》《左传》《通鉴》，均有程。虽至忙迫，无或间。嗣迭生男子，曰："兄卒无后，可以嗣矣。"以长子景岱、次子景仪、四子景侃嗣，均入邑庠。先生督课严，且多置书册，曰："吾受兄厚望，读书无成，尔辈须勉成兄志。功名迟速，虽云有命，能读书扬名亦人生快事也。"

甲午后，五、次、六诸子先后卒。先生不引为大感，督诸孙读，不稍懈。其读书及起居均有定，如曩时。……先生体闳硕，精神矍铄。八十余，不杖而行。须髯戟张，善饮健谈。生平以忠实无妄自矢。《四书》《尚书》及《左传》《通鉴》，终卷点勘在数十百，熟复喜。士流有微长，津津称道不去口。②

四、《明府乔朗山先生事略》

先生讳超五，字朗山，祁县人。……为诸生，负文誉。咸丰己未，举于乡。同治辛未，大挑一等，分发直隶知县。……先生自以书生不耐吏事，无几，请解

---

① 常赞春：《山西献征》，董润泽点校，三晋出版社 2017 年版，第 388~389 页。
② 常赞春：《山西献征》，董润泽点校，三晋出版社 2017 年版，第 369~370 页。

任。……归家，闭门课子，家故富藏书。后进以诗文请谒者，先生批摘不少贷。其喜阅书册者，尤奖励备至。……所著《有融斋文钞》一卷，《诗钞》二卷，蔼然德人之言。《时艺》二卷，均身后及门诸子辑刻者。其《诗补遗》一卷，则又诸子检诸丛残而付刻者也。①

---

① 常赞春：《山西献征》，董润泽点校，三晋出版社 2017 年版，第 172～173 页。

第十章 墓　　志

作为世人故去之后记载其生平事迹的重要文献，墓志虽有溢美和程式化之嫌，但仍是我们今天获取前人历史信息的重要途径，对于名不见经传、正史等典籍的商人群体，墓志记录的历史信息更是格外珍贵。因此，这一类的史料成为我们研究过程中重点留意的地方民间文献。整体而言，清代民初的晋商藏书家墓志，尤其以榆次常家遗存最多，它们被系统收集于民国年间编写的《常氏家乘》，笔者在本书谱牒部分对此类史料予以较为全面的收集和整理，故于此处不再重复整理。

山西省祁县、太谷、平遥等地晋商藏书家的墓志，分布相对零散，但其中不乏知名晋商或晋商藏书家的珍贵资料，比如祁县晋商乔致庸，曾经因为当代影视剧而广为人知，事实上他的墓志资料详细记载了他的聚书、读书等历史信息。再如祁县晋商何绍庭、渠本翘等，均是清末民初极具影响力的晋商藏书家、刻书家，笔者将他们的墓志资料一一收集、录入和整理，可为商人藏书研究的深化提供珍稀史料。

第一节　祁县商人墓志

一、杨深秀《皇清诰授奉宜大夫候选员外郎恩贡生何君绍庭墓志铭》

君字绍庭，别字对蒙，着籍于祁旧矣。……幼颖悟，读书异常儿，祖教谕君甚贵爱之。比长，风仪秀发，欣然蘁立。同治六年，补本邑庠生，旋以高等廪于庠文，声籍甚，益淬厉，为春秋闱计，逮娄踬乡场，乃遂毅然弃举子业，而毕力从事于著述。筑园城东约十余亩，激流植援，缀以亭台，藏书数万卷，其中尤多弄周秦铜青、汉魏石墨。每至胜日，乌帽筇仗，招携二三佳士，徜徉清流嘉木间，弹琴赋诗以为乐。已而篝毁濂浊酒，相与辨析疑义，商定体裁，所编辑者，有《山右四朝诗》《王太史稿》，都已付梓。校订而未付梓者，则有傅青主徵君《霜红龛集》。要半生精力所注，只在金石一门。……于是重价购募，多方剔抉，每得一品，审年代，辩款识，录文字而考订之。①

二、常赞春《乔致庸墓表》

公讳致庸，字仲登，号晓池，全美公之仲子也。祖、父世以贾起家。公生也晚，弱岁而恃怙见背，鞠于伯兄守约。公幼嗜读书，思以儒术昌门阀，又恶乎文士之舍本也，遂笃志为忠实无妄之诣。昆仲怡怡，友爱无间；悌弟之誉，戚党交称。甫入邑庠，而守约公即世，家政纷赜。公以力肩，乃弃举子业，仍肆力史册，籍扩识量，不沾沾以研桑术自阻云。逮丈夫子先后生且成立，公恫伯兄之无嗣也，以长、次、四子承之。常私淑燕山窦氏风，欲诸子以文学显，督饬严无少懈。公亦孜孜矻矻，广购图书。所居泊然，卷轴外无它玩好，冠服质朴如老儒生。

甲午后，公五、四、六、次诸子先后逝，诸孙衰经相继，公不引为大戚。督诸孙读书如囊者，无宽假。岁癸卯，赞娶公女孙，始谒公，公时老矣。霜鬓如戟，饮啖甚豪，酒酣扬声议论，益见坦白。而于礼法则斤斤焉，不稍假借。起居之恒，读书之挈，数十年如一日。闲窥案头，史鉴而外，如四子书、《尚书》《左氏传》，似数十百遍之熟，优者丹铅点斟，终卷鳌然，是亦公忠实无妄之一辨钦。

吾晋善贾之名久重于世，而贾而富、富而骄、骄而侉者比比矣。公特以忠实无妄者自持，意契《论语》之好礼。②

三、渠本翘墓志铭

（一）林纾《清故资政大夫典礼院直学士祁县渠公墓表》

公讳本翘，字楚南，太原之祁县人。少有检格，于文史多所该涉，顾有伯奇

---

① 黄兴涛、荆宇航：《杨深秀集》，北岳文艺出版社 2020 年版，第 169 页。
② 张正明等：《明清山西碑刻资料选·续一》，山西人民出版社 2007 年版，第 381 页。

履霜之戚,不见容于名父。配赵夫人,复以疾逝。公躬自克勉,乙酉以第一人入泮。丙戌岁试,再冠其军。戊子,复以第一人领解赠。……创办学校及助刊先正戴枫仲先生《半可集》,一一引为己任,拟纂祁。既又以参政征,公寓书以曼辞自解,项城无如何也。顾公虽高隐,尚汲汲于乡县新志,刊李扬清先生《梦华轩诗稿》,又欲仿《墨林今话》例,集所藏书画,加以品题,竟未克就。①

(二)乔尚谦《清授资政大夫典礼院直学士渠君楚南暨元配赵夫人合葬墓志铭》

祁戴枫仲先生《半可集》板片早失,君特为助刊资,成定本。今拟纂祁县新志,刊李扬清先生《梦花轩诗稿》。且集所藏书画为品题及诸公事略,如蒋氏《墨林今话》例,均未成著。曾丐林琴南为绘《麓台招隐图》,索同人题咏,此君系情风雅之可述者也。②

四、常赞春《清陆军部主事筱山乔君墓志铭》

君讳尚谦,字筱山,姓乔氏,世居祁县乔家堡。考朗山公,以清咸丰己未恩科举人,知直隶新城县。伯兄怡堂,成武生,肩家政,仲兄仲吉与君随侍直隶。君资性醇笃,顾嗜学于诗,得徐中丞继畲评点,唐人作尤爱重,盖君尝从中丞问业也。既成诸生,与堂叔建五公及仲兄、甥渠学士本翘,同肄业邑之昭余书院,时平定黄太史汝香掌院事,特赏君寻试优等食廪饩。光绪甲午,仲兄举于乡,君卷为主试周太史爰谞所赏拔,乃以次场经艺卷逾限被撤见黜。明年,君又以古学优等受钱学使骏祥首擢,时病初愈,神索莫,遂不得与。丁酉选拔,而以秋试举于乡。壬寅,援例以主事分兵部,赏花翎,晋二级。宣统初,兵部分为陆、海军两部,君供职陆军,及荫尚书昌奏请非陆军学堂出生者另籤改分,君分得礼部,嗣改礼部为典礼院,君调院办事。未及分秩,值革命兴,清室逊退,君遂携眷遄归矣。中华民国二年,祁冯县长延铸聘君充科长,未几辞谢,任祁中学校教授事。七年,以家累寓省垣,任教授,督军公署有咨议之聘,寻聘任中医改进研究会理事兼充保晋公司董事。明年,充山西省银行董事,复充榆次晋华纺纱厂

---

① 畅显明、范维令:《渠本翘史传》,山西人民出版社2018年版,第234页。
② 畅显明、范维令:《渠本翘史传》,山西人民出版社2018年版,第229页。

董事。

君读书，不沾沾章句，作字清婉，晚年行书类戴文节，喜为诗，尝与同邑高太史锡华、岳孝廉亮采、代州张孝廉友桐相唱和。在京又与李相国殿林、何总宪乃莹、王户部汝纯、贾工部璜、李太守春溥、刘京卿笃敬、杨太守履晋、魏刑部倬、葛法部文模、渠学士本翘、杨工部长澡及余弟法部旭春为诗会。及鼎革后，寓天津，借医自赡，犹与甥本翘为消寒会。在省有所作，恒示余，且赓和诗篇，至七八叠而不厌。

君诗之印行者，有《半解集诗稿》二卷。复选定同邑李广文芬、文水苏孝廉捷卿诗集，亲加校勘成精本，其他文辞不多作，作均不苟。而所为中医改进研究会讲论率登录报章，时推通识。又，评定徐灵胎《慎疾刍言》刊印行世。其余著录凡阐明医术者尚多，若加董理，亦巨观矣。①

第二节　平遥、太谷商人墓志

一、张钟岳《平遥刘庆和墓志铭》

从仲兄义门读，善记，能属文，因家计改而就商，甚非所愿，然大材小用，绰乎有余。早岁无所遇，中岁所习之业曰"汇兑"，调剂天下之财，使能流行，上且有裨于国用。乃借此游览，几遍天下，所过通都巨邑，名山大川，无不悉其风土人情，访其遗文古迹，以广见闻。与一时贤士大夫交，复能虚心受益。

性嗜书，宏博过人，尤长于史汉。曩尝寓其藏书楼，卷帙充栋，而座谈时胥能一一详道之，然皆休诸躬行，与徒尚记诵者别迥。观其《喜得傅徵君所书》(治家格言)，作记以示子侄辈，可信其为人夫。

尝读其里仁仓、甘露庵诸记，俯仰古今，切当事理，大有功于世道人心，则学问可为经济，亦略见一斑矣。②

①　乔尚谦：《息影园诗存》，民国十九年（1930）印本。

②　山西省政协《晋商史料全览》编辑委员会：《晋商史料全览·晋中卷》，山西人民出版社 2006 年版，第 802 页。

二、《平遥李宏龄墓志铭》

君讳宏龄，字子寿，姓李氏，山西平遥人。……君性忼爽直率，好与士夫游，不设城府，意有不可，虽贵势必面折之。人有一善道之，不容口嗜。儒先学说，如陈文恭、张文端父子、曾文正诸书，常不去手，并摘印以贻人。然于生业顾不废其亿中，获利恒倍他商。既久寓沪、汉，观世界大势，知吾国商人墨守不学之必败，恒为主者痛陈利害，劝设商校、遣学生、立银行，皆不见用。①

三、曹子勤《曹润堂墓志铭》

太谷之曹，以资雄于并晋间，而柘菴曹君特以名德显。君讳培德，字润堂，以字行，别字柘菴。……母督诸子学夙严，独君能勤奋，以慰其望。……光绪乙酉，以选拔贡于京，朝考报罢，援例捐内阁中书，旋以母老请告。己丑乡举，出钱塘徐花农侍郎之门。侍郎故以诗歌伏一世，知君溺苦声韵之学，相视欢甚。

君负才慧，嗜填词，游艺事亦往往精绝。既妙解画理，尤精于医，其他猷骰小术，一见即明彻奥窔，人莫测其际也。所著有《柘菴诗集》《傅徵君年谱》，藏于家待梓。②

---

① 《山西票号史料》编写组：《山西票号史料》（增订本），山西经济出版社 2002 年版，第 562 页。

② 山西省政协《晋商史料全览》编辑委员会：《晋商史料全览·晋中卷》，山西人民出版社 2006 年版，第 806 页。

第十一章　谱　　牒

作为传统时代家族记忆传承的重要载体，谱牒的编修和增补是历史时期地方望族极为重视的社会活动。降至明清二朝，谱牒撰写更是习为常见，因此大量的家族谱牒成为研究社会文化历史的史料来源。笔者在收集山西商人藏书史料过程中，将目光聚焦在明清民国时期山西商人的家族谱牒。在明清商业历史上影响较大的十余家晋商的家谱，更是成为我们爬梳资料的重点对象。较为遗憾的是，不同家族谱牒编修的体例存在差异，突出的重点也不同，当然更重要的是，藏书等活动并非每个晋商家族都竭力从事的活动，所以现存明清民国时期山西商人谱牒中保留有较多藏书资料的主要有两份，一份是榆次商人家族常氏的《常氏家乘》，另一份是代州商人家族的《冯氏族谱》，两份谱牒编写过程中极为重视家族子弟藏书、读书乃至著书活动的记载，从而为我们留下较为难得的历史资料。

第一节　常氏家乘

《捐书邑校事实》

清光绪三十三年二月十三日，赞春由家出《十三经古注》浙刻本，《二十四史》《二十二子》均石印本，《朱子全书》局刻本，《昭明文选》东昌刻本，捐存榆次高等小学堂。

（常赞春）俾充学务总办，受事以来，同事相期，一以端士习明礼让为宗旨。顷检高等初等两学堂书目，见教科书籍尚有庋藏，经史巨编反多□敛，恭绎谕旨尊孔尚实之恉，不无歉然。故生父钦加三品衔花翎道员常立仁广购图书，日以学修根砥砺子侄，谨出家藏之《十三经》《二十四史》《朱子全书》《二十二子》《昭明文选》各书，捐入学堂，取备参考……上少裨朝廷兴学之盛意，下用广故父敦本之贻谟。

十四日发批云："来牍阅悉，该绅因学堂书籍阙如，竟出先世所藏经史子集五种巨编，一朝慨助尊孔尚实，无取新奇，崇正黜邪，有关名教，较之购取坊街课本，轻重缓急，霄壤悬殊，既广朝廷之乐育，复承先德之贻谟，兴教作人，足为矜式，学探根抵，志在陶镕，知此者庶几乎候，即上陈列宪以励，正本清源"。①

《十三世立爱公事略》

幼读书，好深湛之思……先生身素弱，自是连秋试不第，遂闭户广读儒先书，又好诗，尽究源流，旁及九数、医方，选择青鸟家言。……族人或娱声伎，先生独游书帖诸肆。家居族人有耽车马服玩声色者，先生独日讨图书或作字如寒素，远近争以字学推重。先生甚矜重，不轻点笔。尝于乡社见题牓，疑兄作而神特异，凝神移时，至失佩表不自觉，人或以笑，先生曰："余一点画，不敢以轻心出之也。"楷书由唐贤溯源羲、献，虽多循时构，而神骨冲雅，行草则由羲、献，以泛及颜鲁公、黄山谷、王觉斯、傅青主，世多谓先生善临拟山园，与兄惟一先生之临颜鲁公均称之……兄好博览，尝于《皇清经解》及近代文诗笔记中多作勘正，或抨弹语。先生乃恂恂自视如不及，常读诸书，亦收阅维谨，从无脱线、折角诸习。②

《十三世立仁公事略》

先生继任事，终岁居肆中，得悉其情弊，归家事亲督诸弟读，曰："余读书不成，诸弟无以家为虑，务以读书大门闾也。"……督弟及子侄辈读书，延名师，广购书籍，曰："子弟读一书有一书好处，吾见人家覆败，子弟不肖者多不读书，能读书，败而不至于亡，是可信者。"……又嗜朱子小学，时浏览，谓诸子弟曰："此书嘉言懿行，愈身体力行愈觉有味，吾不敢为理学先生，语汝曹勉之，此中即有许多好先生、好榜样在也。"乙酉，奉天商事亏折，先生疾驰赴，既为之部署一切，身历数处，体察情形，众诮先生不即断为徒劳，先生不与辩，再期利大益，众乃无辞。……丁酉夏，子赞春得拔贡，即先生子以嗣弟房者，秋，侄第春

---

① 常赞春等：《常氏家乘》，载王春瑜：《中国稀见史料》第1辑，第15册，厦门大学出版社2007年版，第42~43页。

② 常赞春等：《常氏家乘》，载王春瑜：《中国稀见史料》第1辑，第16册，厦门大学出版社2007年版，第102~104页。

举于乡，先生欣然曰："二弟早逝，今二子先后获科名，以慰二弟，吾积年之愿，或稍纾乎"。①

《十四世望春君墓志铭》

读书性朴讷，好沉思，不沾沾以记诵为事，以故塾师不甚喜，稍长好侠义。时家用裕饶，子弟辈恒荒正业为饮博及奢侈，先生独与堂叔全甫立模、堂弟绂章麟书以读书相砥砺。暇则博览诗词，于唐白香山、宋陆放翁、清黄莘田尤有深嗜。光绪辛亥夏，约堂弟麟书及子襄赞春、杏桥第春为诗课，以铧华名社。五日一集，拟题评订无虚夕。先生尝课妇识字，读随园女弟子诗，间能为小诗及断句，于是为《芸香馆夜课图》，以征题咏，称韵事焉。明年又得堂兄雨生澍春、弟瀚卿灏春、新畲肇春、叔和惠春、雨郊甸春、植生培春先后入社，且增以辞赋杂文，半月汇齐，评次甲乙，咸推先生总社事。先生于训诂通大义，于史事熟历代治乱之源及制度。又读《近思录》《朱子全书》，于立身、承家、处众，尤翕然为乡人称道。戊戌，先生以古学受知刘学使廷琛，檄调令德书院肄业。

……家居从事医学，家故富医书，祖锡九先生龄，尤以精医好善为时重，遗著如《痧症集要》《杂症萃精》《群方集验》《从欲录》诸书，先生悉加理董，为人治病亦奏效。

所著有《读史札记》未卒，业诗则《铧华社诗四集》，外有《辛夷花馆诗词稿》《辛夷花馆杂文赋稿》，均藏于家。诗境近黄莘田、袁香亭，戊戌后所作律诗间有近杜者，古体感慨时事，则又取香山新乐府者多也。文亦雅健，不沾沾桐城阳湖诸宗派，尝曰："诗文惟有真性者为要，若日为声调格律之是求，虽工曷贵乎。"

堂弟汝春，字荫南，幼承先生示诗法，长亦工诗，好训诂学……有《午村遗诗》一卷。

（第春）研习许郑学说，尤究《尔雅》，所作经论经说，均能旁通曲畅。癸卯，补应覆试，如河南一行，因游朱仙镇、周家口诸处，归所为笔记雅饬详悉，为世所称。……遗著于《铧华社诗》四集外，有《秋海棠吟馆诗钞》二卷，《杂文赋》一卷，《游汴纪程》一卷，刊登报章，都人士亦称其雅洁。②

---

① 常赞春等：《常氏家乘》，载王春瑜：《中国稀见史料》第1辑，第16册，厦门大学出版社2007年版，第104~106页。

② 常赞春等：《常氏家乘》，载王春瑜：《中国稀见史料》第1辑，第16册，厦门大学出版社2007年版，第107~110页。

《十三世立仁公行述》

府君世兼儒贾为业，先大父有子二，府君其长子也。生数岁，从师授读，背诵默写无讹敚，稍长能文，不务声律。所读书贯通大义，不为章句之学，再应童子试不利，去而服贾。

……府君少失学，然遇经传中之有益身心者，固未尝一日忘，尝举不孝等之过而责之曰："汝辈皆学校中人，某经某语尚未读耶。"于书中尤笃好朱子小学，暇辄披览，又戒不孝："但勤读书以成吾志，至于富贵非所期也。"府君之读书若此，则诚能读书者矣。①

《十二世寿公墓碑》

幼嗜读书，志期上进，奈中年以往，未获一衿，因家政烦剧，不遑诵读，遂弃举子业，援例成贡，元非得已也。然终以读书为急务，延师训子，不惜脩费，经委赀使十数年无间言，一时馆于君家者皆名士，则所以责望其子弟者意甚切也。②

《十三世立贤公墓碑》

魏榆素封之家，不一而足，而以读书为急务者为常氏。③

《十四世承祖君墓表》

中年后养疴，家居不履廛市者几十余载，犹卷不释手，如少时事。更好读所未见书，偶遇诸目，即不惜重价购之，所居图左史右，琳琅满架，方之杜预之武库、曹曾之书橱，何多让欤。④

《十二世龄公墓志铭》

幼嗜读书，博览经史……其著《鸠烟四戒》，所以为后世警者至密已，晚岁犹手不释卷，以养身心。⑤

---

① 常赞春等：《常氏家乘》，载王春瑜：《中国稀见史料》第1辑，第16册，厦门大学出版社2007年版，第112页。

② 常赞春等：《常氏家乘》，载王春瑜：《中国稀见史料》第1辑，第16册，厦门大学出版社2007年版，第203~204页。

③ 常赞春等：《常氏家乘》，载王春瑜：《中国稀见史料》第1辑，第16册，厦门大学出版社2007年版，第206页。

④ 常赞春等：《常氏家乘》，载王春瑜：《中国稀见史料》第1辑，第16册，厦门大学出版社2007年版，第209页。

⑤ 常赞春等：《常氏家乘》，载王春瑜：《中国稀见史料》第1辑，第16册，厦门大学出版社2007年版，第210~211页。

《十二世怿公墓志铭》

公自奉极俭约，而为子侄辈延请名师束脩赆赆，不惜重金，及平时供给，惟恐不合先生意。又，虽不好周旋，而一时文人学士，最喜子侄辈与之交游，待之则尤形忠敬。且子侄辈谨遵家范，凡衣服器用，概不沾一毫奢华气习。而诵讲之余，或欲求古图籍、古碑版，苟有益于学问，虽费数百金不靳也。呜呼，公之视读书也独重，吾知公之所以望读书者独深矣。

……闻之贤而多财则损其志，愚而多财则益其过，财之有累于子孙者，古今同忧之，如公者重先人之财而喜为后人读书用，其殆善于承启者乎。①

《十二世怡公墓志铭》

公性沉静，不喜浮华，幼年专心读书，昼夜不辍。

……每日临摹法帖，工夫罔闲，人多求之，未尝应酬，非书法不足示人，特不欲炫外以务名耳。子侄诵读师课之余，常恐玩愒时日，更详为讲画，平生所好在书。②

《十三世维丰公墓志铭》

生平笃嗜典籍书画，有可者购之，不惜重赀，暇则批阅临摹以自遣。……曾宫保镌刻经书，又输金二千无吝色，复以匾赠之曰"艺舟攸济"。③

《十三世立德公墓志铭》

公赋性灵敏，自幼入塾，未尝以记诵为艰，及操觚作文，亦非同学所能及，屡经名师，多奖其材器。平生最爱图书，牙签压架，纵未能遍读，而书中源委，不少穷究之功。尤好古人法帖，凡遇原拓，不惜重赀以购之，由是书法益工，摹颜鲁公笔意，识者莫不叹赏。④

《十三世立爱公墓志铭》

持躬有法，处众以和，不涉富翁骄盈习气，俭以治家，繁华不事，朝夕训

---

① 常赞春等：《常氏家乘》，载王春瑜：《中国稀见史料》第 1 辑，第 16 册，厦门大学出版社 2007 年版，第 216~217 页

② 常赞春等：《常氏家乘》，载王春瑜：《中国稀见史料》第 1 辑，第 16 册，厦门大学出版社 2007 年版，第 220 页。

③ 常赞春等：《常氏家乘》，载王春瑜：《中国稀见史料》第 1 辑，第 16 册，厦门大学出版社 2007 年版，第 222 页。

④ 常赞春等：《常氏家乘》，载王春瑜：《中国稀见史料》第 1 辑，第 16 册，厦门大学出版社 2007 年版，第 225 页。

子，惟恐旷废时日，工书法，仿拟山园笔意，兼善擘窠大字，人争宝之。他如习歧黄、通堪舆、精选卜，特其学之末焉者耳。①

《十三世立敬公墓志铭》

自幼入塾，才调不次诸兄，厥考以其干济有余，可传家政，公亦以家中琐碎，身独任之，而诸兄始得以专心诵读，遂弃学业，经理内外。②

《十三世立仁公墓志铭》

公之少也，嗜读书，过目辄成诵，而公之叔父正轩公，以经商故，久劳于外，公思代其勤勚，愿随侍焉。

公则实事求是，既大异寻章摘句者之所为，又酷嗜朱子小学，手一编而读之，以为处伦常日用间者在此书也，今观其行事与所为，箴儆之辞，类与是书之嘉言懿行相表里，谓不学者而若然哉。③

《十三世立屏公墓志铭》

绂章名麟书，其少也，和卿公爱之特甚，弗忍远离，公乃为设塾于家，甘辍己业以课之，洎乡闱获隽，又使之肄业成均，勉为根柢之学，壮岁遂成进士，而公中子麟图复领乡荐，非公教子有方，曷克臻此。公学问渊博，凡家藏善本，不惜购以巨金，所居室备储四部各书，而尤以史学为邃。

岁甲申，邑绅耆公举充书院经理……乃就。既任事，与论翕然。前邑令雷君仪斋、夏君眉生，尤倾心信向。辛丑议和成，省城开善后局，前太原守吴公书年，必欲引公为重，公勉应之。公虽数为当道所推，而意固弗慊，亦不使诸子与闻公事。充书院经理几二十年，县署自岁时一刺外，从无竿牍之投，惟书院之广购官书，其议则自公倡之。④

《十三世立方公墓志铭》

公读书务通大略，不屑为训诂章句，习好史籍，兼究金石学，所居琳琅插

---

① 常赞春等：《常氏家乘》，载王春瑜：《中国稀见史料》第1辑，第16册，厦门大学出版社2007年版，第227页。

② 常赞春等：《常氏家乘》，载王春瑜：《中国稀见史料》第1辑，第16册，厦门大学出版社2007年版，第229页。

③ 常赞春等：《常氏家乘》，载王春瑜：《中国稀见史料》第1辑，第16册，厦门大学出版社2007年版，第231页。

④ 常赞春等：《常氏家乘》，载王春瑜：《中国稀见史料》第1辑，第16册，厦门大学出版社2007年版，第236页。

架。尝南游登太行、渡大河，谒岳武穆祠于朱仙镇，遂浮江汉游赤壁，东览金焦暨吴越虎邱、西湖诸胜，辄留书迹贻同乡。又北浮海抵芝罘，迄津沽，小住京师，西游张家口、归化城，所至作书如南游。

光绪己未，族人修家谱，公主纂述。时和斋公守贵及堂兄灏春并左右，公搜访先人遗事，备历邻村诸祠庙，凡钟、磬、碑、碣及署梁、题额诸名字悉记录。又恭阅族中神主，以补前谱之缺，正其误。公复严男子之寄嗣、女子之改适，因事正名，并详生卒、官秩、乔迁、茔域、附录、寿序、墓表、墓志，以存其人及事。起例发凡，鳌然悉当，丙申谱成，为时名著，远近戚族之修谱者，咸取法焉。

公既长文学、负书名，士皆亲之。又与敷五公立教诗歌唱和，考订碑帖者名《抱守斋金石文字记》及《抱守斋集古联语》，游历所至有南游北游诸记，详其地理及人事，不沾沾于流连风景也。晚以同志日希，时事日异，自署所居曰"懒言室"，闭户课幼子。或与野僧村老饮酒著某，暇或作书消遣。辛亥革命后，故业全隳，公昆仲以年高不堪滋扰，少衡公寓省，公寓太谷墩坊都。①

《十三世立政公墓志》

齐家之目，载籍言之最详。究其要归，则惟读书之效为最捷。古所谓开卷有益者，盖将以潜消其鄙、倍之萌，俾驯至于高明之域，优游餍饫，乐极忘疲，其于家也，壹若无所事事，卒之天机充溢，且转移于不自觉，乔野者文，顽梗者格，一室熙熙，蒸为善气，莫不自读书来也。吾家自谷迁榆，丁口繇衍，家人生产，不能不籍资商务，而读书一道，则世守之，而莫敢忘。②

《十三世立经公墓志铭》

少卓越，颇鄙科举业，内自颓放，不修边幅，与裘马少年相征逐。已而厌之，遂南游，济河渡汉，访黄楼赤壁之胜，浮江淮纵览金焦诸山，留苏、松，航渤海而北入燕，益壮游兴。归乃葺精庐，拥图籍，酷嗜宋诸儒书，于邵氏《皇极经世》尤有妙契。复旁通星相、壬遁、卜筮诸家言，均得要领，然故讳之不轻道，道辄多奇中。四十后潜心读易，不为章句学，及卒业，慨然曰："道在是矣"。③

① 常赞春等：《常氏家乘》，载王春瑜：《中国稀见史料》第1辑，第16册，厦门大学出版社2007年版，第241页。

② 常赞春等：《常氏家乘》，载王春瑜：《中国稀见史料》第1辑，第16册，厦门大学出版社2007年版，第244页。

③ 常赞春等：《常氏家乘》，载王春瑜：《中国稀见史料》第1辑，第16册，厦门大学出版社2007年版，第249页。

《十三世立教公墓志铭》

公幼读书，不屑屑章句，长读史，慕古烈士风。……退隐于东山故砦，垦余地，艺花木，养蜂蓄鱼，浏览廿二史，诵陶靖节诗，独酌醺然。……宣统庚戌，赞考送北京大学经科肄业，公接任家校事，每为诸生讲文艺史事，声闻隔座，诸生皆乐而忘疲，学大进。……壬子，吾家骤落，京肆事尤棘手，众推公往。癸丑，公遂驻京，至甲寅秋，自以维持无术谢归，贫不能自给，始馆于郝氏家塾，诸生之乐公，一如曩者家校。

公交友尚气谊。戊子住京时，同年中如贾子咏丈、张懿斋、候樾卿两师交尤赞。近县则极推服赵耦渔丈，云公为学邃于史，兼通兵家言，及星象占候。为文伉爽，率以胸臆，近黄陶菴、陈句山。古文不轻作，作亦不存稿。诗主真朴，不为饤饾流易诸习，今箧中存稿尚多，待编订成书者有《女鉴》四编二卷，山中课女所辑取故事，约以四言韵语也。①

《十三世立宪公墓志铭》

公少业儒，补县学弟子员，倘得毕力于此，所就或未可量。徒以承嗣之后，亲年既老，调护需人，家事亦宜代为经画，而学业因以中辍。光绪十七年，曜星公以疾考终，外而商肆，内而家政，公独肩之。②

《十四世承祖君墓志铭》

公天资宽厚，不屑屑以锱铢相较，而尚志乃在诗书……既而屡应童子试不利，遂谢贴括业。时以古图籍、古碑碣自娱，所居琳琅满室，自六经史汉而外，以及稗官诸说部，言之皆娓娓动听。③

《十四世光祖君墓志铭》

公多男，并诸孙十余辈，无敢不遵约束者，以长幼不齐，延师分为两塾，使幼者读一处，稍长者读一处。年中不轻给假，曰："汝等但读，家庭琐务，我自营之，毋须尔。"近以年渐臻，后将不任劳绩，乃使秀者读，黠者贾，朴诚者理家。④

---

① 常赞春等：《常氏家乘》，载王春瑜：《中国稀见史料》第1辑，第16册，厦门大学出版社2007年版，第251页。

② 常赞春等：《常氏家乘》，载王春瑜：《中国稀见史料》第1辑，第16册，厦门大学出版社2007年版，第254页。

③ 常赞春等：《常氏家乘》，载王春瑜：《中国稀见史料》第1辑，第16册，厦门大学出版社2007年版，第257页。

④ 常赞春等：《常氏家乘》，载王春瑜：《中国稀见史料》第1辑，第16册，厦门大学出版社2007年版，第260页。

《十四世际春君墓志铭》

君少读书，解大义，以考重家事，故甫冠辍读，纳粟充国子生，使营商奉天。吾常氏自明际由太谷迁榆次车辋村，起家以来，兼重儒贾，顾业儒者多啬于科名，业贾者事悉理，家且益裕，于是末季或轻儒，而流俗又以富家子业商者，恐明其故不可终任也，往往苛于待遇，有小过辄斥之，君以清光绪甲午辞归，如余家谒先大夫，询悉其故，谕之曰："果得此阅历，即家居理己肆事，亦可也，岂必终依人以活耶。"君自是一意勤家事。

余与诸弟依堂兄望春、麟书，为经史辞章之学，窃得微名，且知为人也，乃益励诸弟读，己力肩家事肆事。每辨色而起，洒扫庭宇，诸弟或宴起为之扫除窗闼，诸弟相与愧愤勉于勤。庚子后，望春兄鉴于吾家人众而资有限，恐一旦竭蹶，无以为生，因议立蚕桑局、织布厂，君董局厂事，由京津聘教授、购器械，归率族中子弟之不习儒贾者以入，有缺额则招生供膳宿，未几出品渐佳，销售日广。君又以诸生徒谋生为计，书、算均宜究心，乃与堂叔仙洲公议定，业余授课。

癸卯，四弟沛春、六弟蕴春成诸生，复肄业山西大学堂西学专斋，朝命立学堂、罢科举，望春兄约诸兄弟立家校……寻沛春、蕴春毕业大学，蕴春日得举人奖，五弟浴春、七弟熙春肄业太原府中学堂，熙春毕业及格。君更饬诸子侄从事于学，不以家人琐屑纷其心。[1]

《十四世第春君墓志铭》

岁丁亥，堂兄望春、麟书约余为诗课，君昵就二兄，间为诗，二兄激赏，于是如期命题传牋，且约读经史，均有程。君耆小学家言，治《尔雅》，兼好许君书。明年，弟旭春亦附课，君与尤契。同读香山、牧之、玉谿、飞卿、冬郎集，为小诗，神益近，不耐为长篇，二兄者亦以其弱也，不过为苛责。

乙巳，家设女校，约君讲授，诸生率乐其详确，多请益，甫二年有能为通俗纪事及信函者，金曰："此得之杏桥者也。"

甲寅，余以先太夫人忧归，家难渐迫，君益弱，寝舆均须人。然案头枕侧，

---

① 常赞春等：《常氏家乘》，载王春瑜：《中国稀见史料》第 1 辑，第 16 册，厦门大学出版社 2007 年版，第 267 页。

未尝离书，且哑哑以疑难质。乙卯春，余归谒先陇，君更弱，濒行尊酒宵谈，侘傺无聊，索余佛经及渔洋诗，曰姑以为自遣耳，相与泫然。丙辰春，家难愈哑，君书籍、文具、几榻斥卖俱尽。①

《十四世庆春君墓志铭》

或翻阅医药诸书，鉴赏铜瓷文玩，意自得也。宣统辛亥革命，余家生计堕落，兄弟辈衣食四方，君遂挈妇渠侨居太谷，生二子，深居简出，弄儿自娱，古瓷精铜，间亦购置。②

《十四世汝春君墓志铭》

君幼读书，颇有癖致。丁亥年，九岁，堂兄辛楣、绂章约余及弟杏桥结"铧华社"，为诗唱和，君能效为小诗，稍长受诗法于辛楣兄，受《说文解字》学于余，为杂文诗。初，余任评阅，戊戌秋，绂章兄由京师归，遂编君副课，且评阅诸弟课艺，君文诗境大进。……所为诗署《午村诗稿》，尚待点定也。③

《十五世运隆君墓志铭》

幼读书，好湛思，鄙时文，究经史……耽许氏书，玩周易理，谓通经学之邮，入理学之奥……作词章咸达其体，为行书由襄阳以窥北海，画马深契赵承旨。余与同学从张懿斋师，在光绪癸巳，每读书命笔，相与赏析，更相砥砺。暨壬寅游秦，揽长河华岳之奇，吟咏自喜，夜雨秋灯，评碑论学。④

《十五世运吉君墓志铭》

研究金石文字，所藏医书多秘笈精本，太原李先生润章、徐沟董先生庆安均老，医学赅博，皆乐与君交，藏书互假。光绪甲午，秦中刻本经疏证称精善，君读之曰："是犹有敚误，不及余藏者"，为补敚勘误十许条，贻之书俾成完本。时余家居读经，治训诂，究篆分。君恒乐就相与质疑辩难，每快谈或至夜分始

---

① 常赞春等：《常氏家乘》，载王春瑜：《中国稀见史料》第 1 辑，第 16 册，厦门大学出版社 2007 年版，第 269 页。

② 常赞春等：《常氏家乘》，载王春瑜：《中国稀见史料》第 1 辑，第 16 册，厦门大学出版社 2007 年版，第 273 页。

③ 常赞春等：《常氏家乘》，载王春瑜：《中国稀见史料》第 1 辑，第 16 册，厦门大学出版社 2007 年版，第 275 页。

④ 常赞春等：《常氏家乘》，载王春瑜：《中国稀见史料》第 1 辑，第 16 册，厦门大学出版社 2007 年版，第 276 页。

散，所携非打本即褾册也。……富藏书及碑帖，汉刻多精品。唐太宗书晋祠铭，余为补碑额、校文字，信明初拓，希世佳本也。①

吾宗向以儒贾起家，先人经商者习于淳朴，无他记述可证，而业儒则所闻所见均有可述者焉。②

憬公仿欧阳率更，书尤工。惺公遗诗犹存，由家赴张家口所作七言绝句，写景抒情均有佳胜云。十三世惟梁公楷工柳少师书，行作圣教序。立德公既富藏书，且究心考订学，于《皇清经解》《印雪轩随笔》《曾文正文钞》均有识语，或考订字谊及文章者，又存《读孟子札记》，则塾课所作也。公初仿赵吴兴书，晚学颜鲁公书，尤优健。立爱公藏书亦多为史学、理学等，且究九数学，书法则多帖派，参合宋黄文节、明文待诏、傅青主、清王觉斯云。立屏公邃于史学，住重修书院，于同邑候孝廉汝宽、阳曲林明经生蕙共究史鑑，睹记事实为评论。公藏书亦多史籍，书法则工颜鲁公、赵吴兴、董华亭诸家云。立方公既嗜史籍，复好金石学及词章，故藏书多此种，书法则工欧阳率更、孙参军、颜鲁公。③

立教公邃史学及词章，藏书多此种，尤好汲引后进，尝倡治《说文解字》学及研究经术，尝与立方、立纪公唱和，今有遗诗。守质公究词章，嗜曾文正学说，亦有遗诗，率丛残，或仅断句者。又维丰公工书，善画，如人物、花石、禽虫等，均有存者。惟豫公不常作画，然率意弄笔，均见生动。师孔公亦能书，及减笔画。立豫公则为山水、花石、兰竹等，设色墨画，均能究心，画蝶尤工，致若生云。④

十四世澍春既工画且有巧思，画山水、人物均有致。望春先研习词章，与弟麟书、赞春、第春、旭春先为诗课，名"耤华社"……麟书以举人考入国子监南学，仍阅社课卷，半月为期，于是提倡究小学、经学、史学、词章，书函问答，相与奖诱，既又合渭春、麟图、汝春、建春及运衡等附课焉。及麟书设教于家，

---

①　常赞春等:《常氏家乘》，载王春瑜:《中国稀见史料》第 1 辑，第 16 册，厦门大学出版社 2007 年版，第 277 页。

②　常赞春等:《常氏家乘》，载王春瑜:《中国稀见史料》第 1 辑，第 16 册，厦门大学出版社 2007 年版，第 318 页。

③　常赞春等:《常氏家乘》，载王春瑜:《中国稀见史料》第 1 辑，第 16 册，厦门大学出版社 2007 年版，第 318 页。

④　常赞春等:《常氏家乘》，载王春瑜:《中国稀见史料》第 1 辑，第 16 册，厦门大学出版社 2007 年版，第 318 页。

复以沛春、宝春、建春、泽春，日课以点勘史籍。①

吾家向有藏书，其盛者十三世立德公、立爱公、立屏公、立方公，皆四部列架，即碑版类帖皆类是。立爱公求之精，然限以楷、行及草。立方公推之博，兼备篆分焉。字迹画幅，则立德公所藏为多，后归立方公。维丰公嗜书及画，所藏多名迹，子承祖兼好书，则藏弆更富矣，尝编有目录，叙次有法。②

吾晋灵石何氏，为旧家之最。其先人双溪先生思钧有名德，子砚农兰士，尤以文学显。③

第二节　代州冯氏族谱

卷二《家训附录(嘉言)》

金泉公(四世祖讳忠)曰："大丈夫何拘挛于句读为哉？人生戴堪履舆仕则为朝廷襄治理，商则为朝廷积财用，古不有阳翟大贾乎？不有卜大夫之成规乎？此两人者，吾重之慕之可法也。"

又曰："读书须以忠孝为本，当身体力行，无徒章句是寻"。④

卷二《志传上·秋水公传》

太夫人明诗书，能为经生家言，授以《周易》《毛诗》，神解超悟，一过辄成诵，长就外傅，不屑斤斤帖括。博综群籍，凡经、史、子、集、兵、农、律、吕九流稗志，探之罔弗搜精洞微。⑤

卷三《志传下·熙字公王太夫人墓志铭》

尝谓子孙："读书贵能行，说铃书肆，虽万卷何益？"⑥

———————————

① 常赞春等：《常氏家乘》，载王春瑜：《中国稀见史料》第1辑，第16册，厦门大学出版社2007年版，第318页。

② 常赞春等：《常氏家乘》，载王春瑜：《中国稀见史料》第1辑，第16册，厦门大学出版社2007年版，第322页。

③ 常赞春等：《常氏家乘》，载王春瑜：《中国稀见史料》第1辑，第16册，厦门大学出版社2007年版，第322页。

④ 冯曦纂：《代州冯氏族谱》卷二，民国二十二年(1933)印本，第27页。

⑤ 冯曦纂：《代州冯氏族谱》卷二，民国二十二年(1933)印本，第48页。

⑥ 冯曦纂：《代州冯氏族谱》卷三，民国二十二年(1933)印本，第9页。

卷三《志传中·合三公及墓志铭》

好学，终年谋食奔走，未尝废读，甚有文誉。①

卷二《志传上·性初公墓志铭》

至其教子读书，时加督责，每以克振家声为念。②

卷三《志传中·孔瞻公传及墓志铭》

以病去，遂不复出，家居拥书万卷，徜徉以终。③

署其斋曰"恬居"，贮书数千卷，日徜徉其中，④

卷三《志传中·定九公传》

君好读书，出处以书自随，虽舟车路中不废，丹铅点勘，矻矻终年。既死，兄弟发其遗书，凡课程先后皆注日月其上，将死前数日犹有标识如平时。为文务刻苦，每一篇成，辄数易其稿。⑤

卷三《志传中·康斋公家传》

工诗，间亦为古文，辞颇见大义，尤熟史学，其于地理沿革、方域形势，天得也。⑥

卷三《志传中·菊人公行述》

君喜读书，治事延宾外，卷未尝释，勾元提要，随手摘录，前后钞本累尺，字画并极工整。古文诗赋，于少陵、东坡最所服膺，时时讽咏……尤喜搜索名人书画什袭珍藏。⑦

卷三《志传中·鲁川公传》

身后惟俸金数百，书数十箧……先生文诗均守桐城衣钵，已刻者《微尚斋诗集》五卷，《续集》二卷，《适适斋文》一卷，公牍若干卷未刻……衣履朴素，遇古书佳帖良醖，不惜重价务必得。⑧

---

① 冯曦纂：《代州冯氏族谱》卷三，民国二十二年(1933)印本，第7页。
② 冯曦纂：《代州冯氏族谱》卷二，民国二十二年(1933)印本，第110页。
③ 冯曦纂：《代州冯氏族谱》卷三，民国二十二年(1933)印本，第1页。
④ 冯曦纂：《代州冯氏族谱》卷三，民国二十二年(1933)印本，第2页。
⑤ 冯曦纂：《代州冯氏族谱》卷三，民国二十二年(1933)印本，第9页。
⑥ 冯曦纂：《代州冯氏族谱》卷三，民国二十二年(1933)印本，第23~24页。
⑦ 冯曦纂：《代州冯氏族谱》卷三，民国二十二年(1933)印本，第36页。
⑧ 冯曦纂：《代州冯氏族谱》卷三，民国二十二年(1933)印本，第59页。

卷三《志传中·季修公家传》

年十五，以贫辍学，入都习贾，主者嘉君敏慎，极相倚任，君顾不肯因贾废学，得暇手一卷，或时搦管临池。①

卷三《志传中·伯高公家传》

先生幼聪慧，笃志好学，年十五，补博士弟子员。家故富藏典籍，遂得敞精竭力，淹贯群书，而于程朱之言尤为酷嗜。暇时日与知交讲论，触类引申，多出人意表，视章句帖括之学篾如也。②

---

① 冯曦纂：《代州冯氏族谱》卷三，民国二十二年（1933）印本，第 61 页。
② 冯曦纂：《代州冯氏族谱》卷三，民国二十二年（1933）印本，第 65 页。

第十二章 其 他 史 料

除上述诸种较成体系的藏书史料外，我们还从其他文献典籍中收集整理了与山西商人藏书、刻书和读书相关的珍稀资料。举其要者，目前整理有手抄本《祁县人民文化馆收藏古书登记册》、张四维所撰《张四维集·条麓堂集》、山西省图书馆编《山西省图书馆史料汇编》以及常赞春亲友所撰写的相关纪念文章。以上几种典籍文献的内容或作者，与明清民国时期山西商人之间多有渊源。

第一节 祁县人民文化馆收藏古书登记册

中国古代藏书史研究过程中，非常关键的一种史料便是藏书家的藏书目录。晋商藏书家如祁县何绍庭、太谷赵铁山、祁县渠仁甫以及榆次常氏等均曾自行编写家藏图书目录，可惜均未流传下来。他们在20世纪50年代捐赠给山西省级文化机构的家族藏书，也多是打散之后汇入馆藏之中，并未单独编写藏书目录。幸运的是，20世纪50年代，祁县晋商何氏、渠氏二家捐赠给祁县人民文化馆的古籍文献，被祁县人民文化馆的工作人员认真地予以记录，为我们还原历史时期晋商藏书家的藏书内容、特点提供了无可替代的珍稀史料。

2016年年底，有赖山西财经大学晋商研究院张亚兰教授告知，获悉祁县晋商文化研究所范维令所长收藏有与晋商藏书相关的文献。与范维令所长接洽之后，笔者赴祁县图书馆等地进行社会考察，既在祁县图书馆见到清代民国时期山西商人曾经珍藏、后又捐赠的典籍文献，又在范维令所长处见到1955年祁县人民文化馆（祁县图书馆前身）工作人员手抄本古籍登记册一本。该登记册合计80余页，从书名、套数、册数、卷数、纸别、版别、著作人以及捐献人等角度，详细记载了20世纪50年代祁县晋商后人何晓楼、渠仁甫和乔贞士所捐赠古籍文献的基本情况。

我们此次整理晋商捐书书目时并未将该登记册的全部内容予以整理录入，而是选择渠仁甫和乔贞士的捐书书目作为整理要点，原因在于何氏捐书之书目已由范维令先生在氏著中整理披露，① 故而不再重复整理。值得注意的是，在祁县晋商捐书总量中，何氏捐书占有绝对的主导地位。祁县晋商藏书家捐书目录见表 12.1。

表 12.1　　　　　　　　　　　　　祁县晋商藏书家捐书目录

编号	书名	套数	册数	卷数	纸别	板别	著作人	捐献人	备考
一									
	《周易程传》		3	8	竹	局	程颐	乔贞士	
	《易经贯一》	4	22	22	白	坊	金城	渠仁甫	清乾隆十六年和序堂本②
	《周易详说》	2	16	15	蒲	坊	邓尚谦	渠仁甫	
	《周易折中》	2	16	22	竹	坊	康熙御纂	乔贞士	
	《周易约选》	2	16	16	竹	抄		乔贞士	
	《易守》	1	8	32	白	清	叶佩荪	渠仁甫	
	《易经揆一》	1	10	10	竹	家藏	梁锡玙	渠仁甫	
	《周易爻微广义》	1	8	8	白	坊	闫汝弼	渠仁甫	
二									
	《读易大旨》	1	4	5	白	坊	孙奇逢	乔贞士	
	《周易讲义大全》	1	8	7	边	抄	云中官	渠仁甫	
	《易经一见能解》	1	6	6	竹	坊	黄淳耀	乔贞士	
	《书经》		4	6	竹	坊	蔡沈	乔贞士	
	《书经》	1	4	6	白	坊	蔡沈	乔贞士	
	《书经》	1	4	6	白	坊	蔡沈	乔贞士	

---

①　范维令：《晋商巨族：祁县何氏家族》，中国社会科学出版社 2010 年版，第 115～147 页。

②　渠仁甫捐书之版本情况，采自武殿琦、渠荣镳：《渠仁甫传》，山西古籍出版社 2009 年版，第 110～113 页，以下皆同。

续表

编号	书名	套数	册数	卷数	纸别	板别	著作人	捐献人	备考
	《书经》	1	4	6	白	坊	蔡沈	乔贞士	
	三								
	《书经》	1	4	6	竹	坊	蔡沈	乔贞士	共计5部
	《尚书详解》	1	8	50	竹	坊	陈经	乔贞士	
	《书经传说汇纂》	2	20	21	竹	坊	康熙钦定	乔贞士	
	《书经传说汇纂》	2	20	21	竹	坊	康熙钦定	乔贞士	
	《书经》		4	6	竹	坊	蔡沈	乔贞士	
	《诗经体注图考》	1	4	8	竹	坊	高朝璎	乔贞士	
	《诗义折中》	2	16	20	竹	坊	御撰	乔贞士	共2部
	四								
	《毛诗名物图说》	1	4	9	竹	藏	徐鼎	渠仁甫	
	《韩诗外传》	1	2	10	白	局	韩婴	乔贞士	
	《大戴礼记》		4	13	竹	坊	戴德	乔贞士	
	《监本礼记》	1	10	10	竹	局	陈澔集说	乔贞士	
	《文公家礼》	1	6	4	竹	坊	朱熹	乔贞士	
	《礼经会元》		4	4	白	藏	叶文康公	乔贞士	
	《三礼图》		2	20	竹	藏	聂崇义	乔贞士	
	《仪礼图》	1	3	6	白	局	张惠言	乔贞士	
	《礼记节本》	1	5	9	竹	坊	汪基订	乔贞士	
	《周官精义》	1	6	12	竹	坊	连斗山	乔贞士	
	《三礼约编》	1	8	10	竹	坊	汪基	乔贞士	
	《三礼约编》	1	6	16	竹	坊	汪基	乔贞士	共2部
	《钦定仪礼义疏》		60	82	竹	坊	御纂	乔贞士	
	《月令粹编》	1	8	24	竹	坊	秦嘉谟	乔贞士	
	《周礼节训》	1	2	6	竹	坊	黄崑圃	乔贞士	
	五								
	《监本礼记》	1	10	10	竹	坊	陈澔集说	乔贞士	共3部
	《礼记体注》	2	12	10	竹	坊	范紫登	乔贞士	
	《周官义疏》	6	36	48	竹	坊	御制	乔贞士	

续表

编号	书名	套数	册数	卷数	纸别	板别	著作人	捐献人	备考
	《仪礼义疏》	6	48	48	竹	坊	御制	乔贞士	
	《礼记体注》	1	4	4	竹	坊	范紫登	乔贞士	
	《三礼义疏》	16	124	178	竹	坊	钦定	乔贞士	
	《礼书通故》	4	32	50	竹	家藏	黄以周述	渠仁甫	
	《公羊穀梁全传》	1	8	30	竹	坊	胡安国	乔贞士	
六									
	《左传杜林合注》		12	50	竹	坊	杜预、林尧叟	乔贞士	共2部
	《春秋左传纲目》	2	16	14	竹	坊	张岐然	乔贞士	
	《春秋识录三编》	1	6	3	竹	家藏	程廷祚	乔贞士	
	《姚辑左传》	2	12	30	竹	坊	姚培谦	乔贞士	
	《春秋世族源流图考》	1	4	6	竹	坊	常茂徕	乔贞士	
	《春秋直解》	1	6	12	竹	仿殿	梁锡玙	渠仁甫	
	《春秋大事表》	4	24	50	白	坊	顾栋高纂	乔贞士	
	《春秋传说汇纂》	4	32	38	竹	坊	钦定	乔贞士	
	《春秋胡传》	1	8	30	竹	坊	胡安国	乔贞士	
	《左传类对赋》	1	2	10	竹	坊	高士奇	乔贞士	
	《左传文苑》	1	6	8	竹	闵刊	张萧评	乔贞士	
	《御纂孝经》		1	1	竹	坊		乔贞士	
七									
	《孝经衍义》	4	30	100	竹	坊	康熙御纂	渠仁甫	
	《御纂五经》	21	154		竹	坊	钦定	乔贞士	
	《五经图》	1	6	12	白	清	卢谦订	乔贞士	
	《五经读本》	5	24		竹	坊		乔贞士	
	《五经备旨》	5	20		竹	坊		乔贞士	
	《五经旁训》	1	8		竹	坊		乔贞士	
	《六经图考》	2	12		白	清		乔贞士	共2部
	《御纂七经》	32	252		竹	坊	钦定	乔贞士	

编号	书名	套数	册数	卷数	纸别	板别	著作人	捐献人	备考
	《四书五经读本》	8	46		边	局		乔贞士	
	《十三经类语》	2	8	14	白	家藏	何兆圣	渠仁甫	
	《经义述闻》	2	24	32	竹	坊	王引之	乔贞士	共二部
	《经典释文》	1	12		白	局	陆法明	乔贞士	
	《皇清经解》	25	360	1400	竹	原刊	阮元校	乔贞士	
	《十三经注疏》	19	150		竹	汲古阁	毛晋校	乔贞士	短一套
	八								
	《汉学师承记》	1	4	8	竹	局	江藩	乔贞士	共2部
	《易书诗三经揭要》	1	6		竹	坊	周蕙田	乔贞士	
	《监本四书》	1	6		边	局	朱熹集注	乔贞士	共7部
	《砾批四书》		9		竹	明	李卓吾评批	乔贞士	
	《四书鞭影》	2	12	20	竹	坊	刘凤翔	乔贞士	
	《四书人物串珠》	2	24	40	竹	坊	臧志仁	乔贞士	
	《四书经史摘记》	1	4	7	竹	坊		乔贞士	
	九								
	《四书朱子汇参》	4	32		竹	坊	朱熹	乔贞士	
	《四书朱子汇参》	4	32		竹	坊	朱熹	渠仁甫	
	《四书大全》	4	24		竹	清	陆稼书	渠仁甫	
	《四书翼注论文》	2	12	38	竹	坊	钱屿沙	乔贞士	
	《四书经注集证》	4	32		竹	坊		乔贞士	
	《明四书文》	2	16		白	清	钦定	乔贞士	
	《四书体注》	1	6		竹	坊	范翔	乔贞士	
	《四书释地续》	1	5		竹	坊	阎若璩	乔贞士	
	《四书释地补》	1	6		竹	坊	樊廷枚	乔贞士	
	《四书灵捷解》	1	4		竹	坊	张素存	乔贞士	
	《四书典制类联》	2	12	23	竹	坊	阎其渊	乔贞士	共2部
	《四书考辑要》	2	12	20	竹	坊	陈宏谋	乔贞士	
	《二论典故》	1	4	4	竹	坊	刘珍辑	乔贞士	

续表

编号	书名	套数	册数	卷数	纸别	板别	著作人	捐献人	备考
	《四书白话解说》	1	14		洋	石印	江希张	乔贞士	
	《四书备旨》	1	8		洋	石印	邓林	乔贞士	共2部
十									
	《四书说约》	1	4		竹	坊	鹿善继	乔贞士	
	《中庸衍义》	1	12	17	白	清	夏良胜	渠仁甫	
	《四书大全》	4	24		竹	清	陆陇其	乔贞士	
	《尔雅注疏》	1	6	11	竹	坊	郭璞	乔贞士	
	《说文解字》	2	8	15	白	汲古	徐铉	渠仁甫	
十一									
	《孙氏说文解字》	1	12	14	毛边	局	孙星衍	乔贞士	
	《段氏说文解字》	1	8	15	连史	石印	段玉裁	乔贞士	
	《说文解字斠诠》	1	6	14	白	局	钱坫	乔贞士	
	《字课图说》	1	8	10	竹	石印	刘树屏	乔贞士	
	《字典考证》	1	6	12集	白	局	奕绘	乔贞士	
	《康熙字典》	4	40	12集	竹	聚珍	奕绘	乔贞士	
	《康熙字典》	4	40	12集	白	局	奕绘	乔贞士	
十二									
	《字汇》	2	14	12集	竹	坊	梅鼎祚	乔贞士	
	《韵辨附文》	1	5	不分	竹	坊		乔贞士	
	《六艺纲目》	1	2	2	竹	坊	舒天民	乔贞士	
	《棣篇》		10	45	白	家藏	翟云升	乔贞士	
	《汉溪书法》	1	6	8	白	家藏	戈守智	乔贞士	
	《钟鼎款识》	1	4	10	洋	石印	阮元	乔贞士	
	《养蒙针度》	1	2	5	竹	坊	潘子声	乔贞士	
	《草字汇》	1	6		白	石印	石梁	乔贞士	
	《易堂问目》	1	2	4	竹	坊	吴鼎	乔贞士	
	《直省释奠礼乐记》	1	4	6	白	家藏		渠仁甫	
	《幼学须知》		4	4	竹	坊	钱元龙	乔贞士	共2部

编号	书名	套数	册数	卷数	纸别	板别	著作人	捐献人	备考
	《幼学琼林》	1	4	4	竹	坊	邹圣脉	乔贞士	
	《家塾蒙求》		2	5	白	清	康基渊	乔贞士	
十三									
	《诗韵含英》	1	4	18	竹	坊	刘文蔚	乔贞士	
	《普通百科全书》	2	15		洋	铅		渠仁甫	
	《诗法浅说》		2	6	竹	坊	叶葆	乔贞士	
十四									
	《二十四史》	73	594		竹	五局合刊		渠仁甫	短晋书72至95，6册
	《二十四史》	130	711		连史	同文石印		乔贞士	
	《二十四史》		379		有光	铅印		乔贞士	应补21册
	《前后汉书》	6	32	150	边	局	班固、范晔等	乔贞士	
	《三国志》	2	8	65	竹	局	陈寿	乔贞士	
十五									
	《历代帝王年表》	1	4		竹	坊	齐召南	乔贞士	
	《历代史论》		8	12	竹	坊	张溥	乔贞士	
	《历代年号记略》		1	不分	白	官	亦园	乔贞士	
	《资治通鉴纲目》	20	120	118	竹	坊	陈仁锡评	乔贞士	共2部
	《资治通鉴纲目》	20	120	118	竹	坊	陈仁锡评	渠仁甫	
	《资治通鉴》	12	96	336	竹	明	司马光	乔贞士	通鉴294卷 目录10卷 辨误12卷
	《资治通鉴》	16	128	373	竹	明	钟惺编	乔贞士	正编294卷 续编61卷 前编18卷
十六									
	《续资治通鉴》	10	64	220	竹	局	毕沅	乔贞士	

续表

编号	书名	套数	册数	卷数	纸别	板别	著作人	捐献人	备考
	《前后汉纪》	4	12	60	竹	坊	荀悦	渠仁甫	
	《御批通鉴辑览》		58	120	竹	坊	乾隆御批	乔贞士	
	《纲鉴易知录》	2	24	107	连史	石印	吴秉权	乔贞士	
	《明鉴》	1	10	24	连史	局	嘉庆钦定	渠仁甫	
	《明纪纲目三编》	1	6	6	竹	坊	张廷玉等纂	乔贞士	
十七									
	《钦定明鉴》	4	24	24	白	殿	嘉庆钦定	渠仁甫	
	《史鉴节要》		2	6	竹	坊	鲍东里	乔贞士	
	《史学提要》	1	3	5	竹	坊	黄继善	乔贞士	
	《世界年鉴》	洋装	1	不分	注	铅	日本伊东	乔贞士	
	《纲鉴汇纂》	3	18		白	石印	袁黄、王世贞纂	乔贞士	短未函6册
	《七朝纪事本末》	5	46		白	铅		乔贞士	短首函
	《圣武记》	1	12	14	竹	坊	魏源	乔贞士	
十八									
	《圣武记》	4	32	14	白	家藏	魏源	渠仁甫	
	《路史》	4	24	47	竹	坊	罗泌	乔贞士	
	《明史稿》	4	80	310	竹	坊	王鸿绪	乔贞士	
	《正续东华录》		62		白	铅	王先谦编	乔贞士	短2册
	《十一朝东华录》	1匣	60		白	石印	王先谦编	乔贞士	短1册
	《汤文正公史稿》	2	14	30	白	清	汤斌撰	渠仁甫	
	《清季野史》		1	8	洋	铅	胡寄尘	乔贞士	
十九									
	《史案》	1	4	20	白	清	吴裕垂	乔贞士	
	《国语国策合》	2	10	54	白	局	宋庠、鲍彪校	乔贞士	
	《国语国策合》	2	10	54	白	局	宋庠、鲍彪校	渠仁甫	

续表

编号	书名	套数	册数	卷数	纸别	板别	著作人	捐献人	备考
	《史通削繁》	2	8	4	白	坊	纪昀	乔贞士	
	《史通削繁》	1	4	4	白	局	纪昀	渠仁甫	
	《清史纲要》		2	14	洋	铅	吴曾祺	乔贞士	
	《史通通释》	1	8	20	白	铅	刘知幾	乔贞士	
	《明季北略》	2	12	24	竹	坊	计六奇	渠仁甫	
	《明季南北略》	4	24	42	竹	坊	计六奇	渠仁甫	
	《明季南北略》	4	24	42	竹	坊	计六奇	乔贞士	
二十									
	《清代学术概论》		2	不分	洋	铅	梁启超	乔贞士	
	《文学史大纲》		1	13章	洋	铅	顾寔	乔贞士	
	《读史粹全》	10	80	80	白	家藏	胡炳文	渠仁甫	
	《涑水纪闻》	1	6	16	白	抄	司马光	乔贞士	
	《包孝肃公奏议》		2	10	竹	坊	包拯	乔贞士	
	《胡文忠公遗集》	1	8	10	竹	坊	胡林翼	乔贞士	
	《经世文统编》	6	53	120	白	石印	贺长龄	乔贞士	
	《胡文忠公全集》	4	32	86	竹	坊	胡林翼	渠仁甫	
廿一									
	《五朝名臣言行录》	6	36	75	白	家藏		渠仁甫	前后续别外5集
	《读史管见》	2	16	30	竹	坊	胡寅	渠仁甫	
	《古列女传》	1	4	8	竹	清	顾广圻	乔贞士	
	《新序》		2	10	白	局	刘向	乔贞士	
	《诸葛武侯集》	1	4	11	竹	坊	张澍编辑	乔贞士	
廿二									
	《中兴名臣事略》		4	8	白	铅	朱孔彰	乔贞士	
	《说苑》	1	6	20	竹	清	刘向	乔贞士	
	《南诏野史》	1	4	2	竹	坊	杨慎辑	乔贞士	
廿三									
	《山西通志》	12	96	184	毛边	官	张煦	渠仁甫	

编号	书名	套数	册数	卷数	纸别	板别	著作人	捐献人	备考
	《日下旧闻考》	6	48	160	竹	坊内	英廉奉敕编	乔贞士	
	《广兴记》	1	10	24	竹	明	陆应阳	乔贞士	
	《乾隆府厅州县志》	4	24	50	白	局	洪亮吉	渠仁甫	
	《圆天图说》	4	16	20	白	家藏	李明彻	渠仁甫	
	《新斠注地理志》	1	8	16	毛边	局	钱坫	乔贞士	
	《李氏五种》	2	16	20	竹	局	李兆洛	乔贞士	
	《世界地理志》		3	不分	白	铅	樋田保熙	乔贞士	
廿四									
	《分国图志》		1	不分	白	铅	中华书局编	乔贞士	
	《晋乘蒐略》	6	35	32	竹	家藏	康基田	渠仁甫	
	《首都志》	洋装	2	不分	光	铅	王焕彬	渠仁甫	
	《凤台县志》	1	10	20	竹	官	姚学甲	乔贞士	
	《祁县志》	1	10	16	白	官	陈时等	渠仁甫	
	《清源乡志》	1	6	18	竹	官	王勋祥修	乔贞士	
廿五									
	《西湖志》	2	20	48	白	官	李卫等修	渠仁甫	
	《历史地理大辞典》	2	12	不分	洋	石印	章嵚辑	渠仁甫	
	《大清一统志》	1匣	60	500	白	石印	乾隆敕编	渠仁甫	
	《祁县志》	1	10	16	白	官	陈时纂修	乔贞士	
廿六									
	《二顾合刻》	1匣	60	255	白	铅	顾祖禹 顾炎武	乔贞士	天下郡国利病120卷 谈史方舆纪要135卷
	《两汉会要》	2	18	110	白	广	徐天临	乔贞士	

编号	书名	套数	册数	卷数	纸别	板别	著作人	捐献人	备考
	《大清会典》	6	40	162	竹	殿	康熙敕撰	乔贞士	
	《大清会典》	80	461	1490	连史	影印	敕撰	乔贞士	会典6套36册100卷 图临66册170卷 正例63套359册1220卷
	《清季外交史料》		132	2471	白	铅	王彦威辑	渠仁甫	附图十六帧，短史料29册
廿七									
	《泰西新史揽要》	1	8	24	洋	铅	蔡尔康	乔贞士	
	《原富》	1	8		洋	铅	严复	乔贞士	
	《中外经济政治汇考》	2	16	16	洋	石印	江标	乔贞士	
	《寔政录》	1	4	7	白	局	吕坤	乔贞士	
	《荒政辑要》	1	2	9	白	局	汪志伊	乔贞士	
	《救荒补遗》	1	2	2	白	局	董炜	乔贞士	
	《明夷待访录》		1	不分	洋	石印	黄宗羲	乔贞士	
	《补注洗冤录集证》	1	4	4	白	局	童濂	渠仁甫	
	《晋政辑要》	1	8	8	竹	官	郑元璹	乔贞士	
	《三通序》	1	3		白	局	杜佑	乔贞士	
	《大清通礼》	4	24	54	竹	官	道光敕修	乔贞士	
廿八									
	《南巡盛典》	4	48	120		殿	高晋等辑	渠仁甫	
	《中国经济年鉴》	洋装	2	不分	洋	铅	编纂委员会	渠仁甫	
	《不忍杂志汇编》	2	12	12	洋	石印	康有为	乔贞士	

续表

编号	书名	套数	册数	卷数	纸别	板别	著作人	捐献人	备考
	《合肥七十赐寿图言》	1	6	不分	白	影印	光绪御敕	乔贞士	
	《邵亭知见传本书目》	1	8	16	白	石印	莫友芝	乔贞士	
	《书目答问》	1	2		白	石印	张之洞	乔贞士	
	《书目答问》	1	4		竹	批	张之洞	乔贞士	
廿九									
	《二如亭群芳谱》	4	24	29	竹	藏	王象晋	乔贞士	
	《广金石韵府》	1	6	不分	竹	坊	朱时望	渠仁甫	
	《历代名人生卒年表》	洋装	1	不分	白	铅	梁廷燦	渠仁甫	
	《花镜》	1	4	6	竹	坊	陈扶摇	乔贞士	
卅									
	《东莱左氏博议》	1	4	4	竹	坊	吕祖谦	乔贞士	
	《东莱左氏博议》	1	6	25	竹	坊	吕祖谦	乔贞士	
卅一									
	《黄氏日抄》	4	32	95	竹	仿宋	黄震	乔贞士	
	《读书记》	4	40	40	竹	祠堂	真德秀	渠仁甫	
	《读书录》	1	8	23	白	坊	薛瑄	乔贞士	
	《读书记数略》	4	16	54	边	家藏	宫梦仁	乔贞士	
	《五种遗规》	2	12	15	竹	家藏	陈宏谋	乔贞士	共2部
	《小学纂注》	1	4	6	竹	坊	高愈	乔贞士	共2部
	《人谱类记》	1	2	3	竹	坊	刘宗周	乔贞士	
	《近思录》	1		14	白	局	江永集	乔贞士	
	《性理精义》	1	8	12	竹	官	康熙敕编	乔贞士	共3部
卅二									
	《翁注困学纪闻》	2	12	20	白	局	王应麟	乔贞士	
	《日知录集释》	4	16	32	白	局	顾炎武	乔贞士	

续表

编号	书名	套数	册数	卷数	纸别	板别	著作人	捐献人	备考
	《十驾斋养新录》	1	8	23	竹	坊	钱大昕	乔贞士	
	《陔馀丛考》	4	24	43	竹	家藏	赵翼	乔贞士	
	《通俗编》	1	8	38	竹	坊	翟灏	乔贞士	
	《经馀必读正续三集》	1	10	20	竹	坊	赵在翰等辑	乔贞士	
	《困学纪闻》	2	20	20	竹	坊	翁元圻	渠仁甫	
	《读书杂志》	1	8	80	连史	石印	王念孙	乔贞士	
	《吕氏十种》	1	10	不分	白	明	吕坤	渠仁甫	
	《恒言录》	1	4	6	竹	家藏	钱大昕	乔贞士	
	《东塾读书记》	1	4	15	白	铅	陈澧	乔贞士	
	《读书乐趣》	1	6	8	竹	坊	伍涵芬	乔贞士	
	卅三								
	《吕子节录》	1	4	4	竹	坊	吕坤	乔贞士	
	《心斋十种》	1	4	21	竹	坊	任兆麟	乔贞士	
	《述记》	1	6	16种	竹	坊	任兆麟	乔贞士	
	《中西正宗、西学要领合刻》	1	3	不分	竹	铅	倭仁	乔贞士	
	卅四								
	《读史兵略》	2	16	46	白	官	胡林翼	渠仁甫	
	《读史兵略》	2	16	46	白	官	胡林翼	乔贞士	
	《金汤借箸十二筹》	4	16	12	白	坊	李盘	渠仁甫	
	《农桑辑要》	1	2	4	官堆	家藏	元司农司	乔贞士	
	《畜蚕学讲义》	下卷	1	7	洋	铅印	畜产学会	乔贞士	
	《医方本草合编》	1	6	18	竹	坊	汪昂	乔贞士	
	卅五								
	《本草纲目》	4	24	52	洋	石印	李时珍	乔贞士	
	《陈修园七十二种》	2	24	72种	洋	石印	陈念祖	乔贞士	

续表

编号	书名	套数	册数	卷数	纸别	板别	著作人	捐献人	备考
	《傅氏男女科》	1	4	6	竹	广	傅山	乔贞士	
	《达生编》		1	4	竹	坊	洪门武	乔贞士	
	《胎产秘书》		2	4	竹	石印	吴克潜	乔贞士	
	《药性辞典》	洋式	1	不分	洋	石印	吴克潜	乔贞士	
	《瘟疫论补注》		2	上下	洋	石印	吴又可	乔贞士	
	《伤寒瘟疫条辨》	1	4	6	洋	石印	杨璿	乔贞士	
	《痧胀玉衡》		2	4	竹	坊	郭士遂	乔贞士	
	《天花八阵》		2	3	竹	坊	王伯伟	乔贞士	
	《紫外线治疗法》	洋式	1		光	铅	王文勤译	乔贞士	
	《返老还童》	洋式	1		光	铅	王文勤译	乔贞士	
				卅六					
	《温病条辨》	1	6	6	竹	家藏	吴鞠通	乔贞士	
				卅七					
	《甲子会纪》	1	2	5	竹	坊	薛应旂	乔贞士	
	《小筮正宗》	1	6	14	竹	坊	王维德	乔贞士	共2部
	《神峰辟谬命理正宗》	1	6	5	竹	坊	张楠	乔贞士	
	《近见录》	1	6	不分	竹	家藏	高云龙	乔贞士	
				卅八					
	《金罍子》	上中下	10	44	竹	明	陈绛	乔贞士	
	《淮南子》	1	6	21	竹	坊	高诱	乔贞士	
	《吕氏春秋》	1	6	26	竹	家藏	毕沅	乔贞士	
	《荀子》	洋式	1		洋	铅	叶绍钧	乔贞士	
	《老子》	洋式	1		洋	铅	陈柱选注	乔贞士	
	《白虎通》	1	2	4	白	局	班固	乔贞士	
				卅九					
	《艺文类聚》		20	100	竹	明	欧阳询	乔贞士	
	《潜确类书》	4	32	120	竹	明	陈仁锡	渠仁甫	

续表

编号	书名	套数	册数	卷数	纸别	板别	著作人	捐献人	备考
	《图书编》	20	160	127	竹	明	章潢	渠仁甫	
	《佩文韵府》	24	111	212	白	广	康熙敕撰	渠仁甫	附拾遗
	《佩文韵府》		59		白	石印	康熙敕撰	乔贞士	短一册
	《渊鉴类函》	20	140	450	白	坊	康熙御制	乔贞士	
	《格致镜原》	4	40	100	竹	坊	陈元龙	乔贞士	
	《格致汇编》	2	8		白	铅	英人傅兰雅	乔贞士	
四十									
	《子史精华》	8	48	16	竹	坊	康熙敕撰	乔贞士	
	《唐类函》	10	100	200	竹	明	俞安期	乔贞士	
	《白眉故事》	1	4	10	竹	坊	许以忠	乔贞士	
	《记事珠》	2	10	10	竹	家藏	王刚	乔贞士	
	《考古类编》	1	8	12	竹	家藏	柴绍炳	乔贞士	
	《小知录》	1	6	12	白	坊	陆凤藻	渠仁甫	
	《昭代名人尺牍初续》	3	30	不分	洋	石拓	吴修	乔贞士	
	《李文忠公朋僚函稿》		12	24	洋	批	吴汝纶	乔贞士	
四十一									
	《曾公家书家训》	1	12	12	竹	铅	曾国藩	乔贞士	
	《清十大名家手札》	1	10	不分	洋	铅	襟霞阁主	乔贞士	
	《分类尺牍备览》		5	30	白	铅	王韬	乔贞士	短四—七卷一册
	《分类尺牍大全》	1	12	12	洋	石印	袁韬	乔贞士	
	《分类尺牍正规》	1	8	8	洋	石印	贺群上	乔贞士	
	《分类尺牍大成》	1	12	32类	洋	石印	周莲弟	乔贞士	
	《新撰学生尺牍》		2	上下	洋	石印	商务编译印	乔贞士	
	《潜园友朋书问》	1	6	百家	洋	石印	潜园编	乔贞士	

续表

编号	书名	套数	册数	卷数	纸别	板别	著作人	捐献人	备考
	《胭脂牡丹》	1	6	6	白	坊	王德宽	乔贞士	
	《古今集联》	1	4	8	竹	坊	双鱼罂斋	乔贞士	
	《类联集锦》	1	4	8	竹	坊	张宗涛	乔贞士	
	《太平广记》	6	48	500	白	坊	李昉等编	渠仁甫	
	《太平广记》	7	56		白	坊	李昉等编	乔贞士	短第六函5册
	《三国演义》	2	16	51	竹	坊	金人瑞	乔贞士	
	《三国演义》	2	20	19	竹	坊	金人瑞	乔贞士	
	《东周列国》	1	8	108回	白	石印	蔡昇	乔贞士	
	《聊斋志异》		8	16	白	同文	蒲松龄	乔贞士	
	《红楼梦》	2	16	120回	洋	石印		乔贞士	
	《朱批西厢记》	1	6	8	竹	坊	金人瑞评	乔贞士	
四十二									
	《绿野仙踪》	2	16	80回	竹	坊		乔贞士	
	《评注水浒》	2	12	12	白	石印	施耐庵	乔贞士	
	《纪氏五种笔记》	4	24	24	白	坊	纪昀	乔贞士	
	《满夷猾夏始末记》	1	12	8编	洋	铅	甦氏	乔贞士	
	《香祖笔记》		1	12	洋	铅	王士祯	乔贞士	
	《玉梨魂》		1	30章	洋	铅	徐枕亚	乔贞士	
	《虞初新志》		1	20	洋	铅	张潮	乔贞士	
	《吹纲录》		1	不分	洋	铅	叶廷琯	乔贞士	
	《老残游记》		1	20章	洋	铅	老残	乔贞士	
	《雪窗谈异》	1	8		竹	坊	杨循吉	乔贞士	
四十五									
	《精华录训纂》	2	24	10	竹	家藏	惠栋	乔贞士	
四十七									
	《宁都三魏集》	8	48	120	白		魏禧、礼、祥	渠仁甫	

续表

编号	书名	套数	册数	卷数	纸别	板别	著作人	捐献人	备考
				四十八					
	《吴诗集览》	4	20	20	竹	家藏	靳荣蕃	渠仁甫	
	《吴诗辑览》	2	12	20	竹	家藏	靳荣蕃	乔贞士	
	《六如居士集》	1	8	20	竹	坊	唐寅	乔贞士	
				五十二					
	《大云山房文稿》	1	10	10	白	坊	恽敬	乔贞士	
	《纪批苏文忠诗集》		12	50	白	广	纪昀		
	《纪批苏文忠诗集》	1	12	50	白	广	纪昀	渠仁甫	
	《五色批杜工部集》	2	10	20	白	广	五家合评	乔贞士	
	《淮海集前后》	1	6	49	竹	家藏	秦观	乔贞士	
	《李文公集》	1	4	18	竹	汲古	毛晋	乔贞士	
	《全忠节公集》	1	4	8	竹	家藏	邹勷	乔贞士	
	《张曲江诗抄》	1	2	4			梁炯		
	《庾子山全集》	2	16	16	竹	坊	倪璠	乔贞士	
	《敦艮斋遗书》	1	5	17	白	官	徐润第	乔贞士	
	《昌黎诗集注》		4	11	竹	家藏	顾嗣立	乔贞士	
				五十六					
	《仁雪轩稿》	1	4	6	白	抄	景芳高氏	渠仁甫	
	《敦艮斋遗书》		5	17	白	官	徐润第	渠仁甫	
	《杨忠愍全集》	1	5	8	白	坊	杨继盛	渠仁甫	
	《壮悔堂诗文集》	2	12	16	竹	官	侯方域	渠仁甫	
	《施注苏诗》	2	16	42	白	坊	苏轼	渠仁甫	
	《陆象山全集》	2	16	36	白	坊	李绂点次	渠仁甫	
	《王伯川全集》	4	24	22	竹	家藏	王守仁	渠仁甫	
				五十七					
	《陆象山全集》	4	16	36		家藏	李绂点次	渠仁甫	

续表

编号	书名	套数	册数	卷数	纸别	板别	著作人	捐献人	备考
	《李二曲全集》	4	16	26	竹	坊	李中孚	渠仁甫	
	《曾文公家训》	1	4	6	竹	坊	曾国藩	乔贞士	附笔记
	《铜鼓堂遗稿》	1	4	32	竹	坊	查礼	渠仁甫	
	《韩昌黎集》	2	11	40	白	局	李泰编	渠仁甫	
	《潜研堂文集》	2	12	50	竹	坊	钱大昕	渠仁甫	
	《恩贻堂全集》	1	12	32	竹	坊	黄文琛	渠仁甫	
	《司马温公集》	2	20	82	竹	家藏	司马光	渠仁甫	
	《小仓山房文集》	4	24	32	竹	坊	袁枚	渠仁甫	
	《苏东坡全集》	6	48	84	竹	祠堂	王崇礼辑	渠仁甫	
	《霜红龛集》	1	4	6	白	家藏	傅山	乔贞士	
	《午亭文编》	2	16	50	白		计东	乔贞士	
	《李太白文集》	2	20	36	竹	坊	王琦	乔贞士	
五十九									
	《击壤集》	1	6	10	竹	明	邵雍	渠仁甫	
	《黄石斋九种》	4	30	全	白	家藏	黄道周	渠仁甫	
六十									
	《词林典故》	1	8	8	竹	仿殿	乾隆敕撰	渠仁甫	
	《竹轩诗稿》	1	6	6种	白	坊	刘秉恬	渠仁甫	
	《杜诗译解》	1	12	10	竹	家藏	张晋评	渠仁甫	
六十一									
	《遗愁集》	1	8	14	竹	坊	张贵胜	乔贞士	
	《抱山堂集》	1	4	14	白	坊	朱彭	渠仁甫	
	《介石堂诗集》	1	4	10	竹	家藏	祁起元	渠仁甫	
	《鉴止水斋集》	1	4	20	竹	坊	许宗彦	渠仁甫	
	《张文贞公文集》	2	16	12	竹	家藏	张玉书	渠仁甫	
	《尤西堂集》	2	24	64	竹	坊	尤侗	渠仁甫	
	《卢陵文集》	2	10	16	竹	坊	文天祥	渠仁甫	
	《嘉祐集》	1	6	20	竹	坊	苏洵	渠仁甫	

续表

编号	书名	套数	册数	卷数	纸别	板别	著作人	捐献人	备考
		六十二							
	《范文正公集》	1	10	46	竹	坊	范仲淹	渠仁甫	
	《苏文忠公诗集》	2	12	50	白	坊	苏轼	渠仁甫	
	《翰苑集》	1	8	24	白	坊	陆贽	渠仁甫	
	《李太白文集》	2	20	36	白	家藏	王琦	乔贞士	
	《三色批韩昌黎诗》	1	4	11	白	坊	顾嗣立	乔贞士	
	《范文正公集》	1	4	8种	白	坊	范仲淹	乔贞士	
	《杜诗镜铨》	1	10	22	竹	坊	杨伦编次	乔贞士	
	《白象山全集》	4	24	36	竹	家藏	李绂点次	乔贞士	
	《沈归愚全集》	4	20	56	竹	家藏	沈德潜	乔贞士	
		六十三							
	《洪北江全集》	8	56	222	白	局	洪北江	乔贞士	
	《槐轩全集》	12	106	177	竹	家藏	刘沅	渠仁甫	
	《瓯北全集》	8	64	159	竹	坊	赵翼	渠仁甫	
		六十四							
	《抱冲斋诗集》	2	12	31	白	局	斌良	渠仁甫	
	《剑南诗钞》	1	4	不分	竹	家藏	陆游	乔贞士	
	《颜鲁公文集》	1	6	15	竹	家藏	颜真卿	乔贞士	
	《何大复集》	1	8	38	竹	家藏	何景明	乔贞士	
	《甫田集》	1	8	36	白	坊	文徵明	乔贞士	
	《樊南诗文集》	1	8	11	白	局	李义山	渠仁甫	
	《三鱼堂文集》	2	12	12	竹	家藏	陆陇其	渠仁甫	
	《林次堂文集》	2	16	18	竹	家藏	林希之	渠仁甫	
	《元丰类稿》	2	12	50	竹	家藏	曾南丰	渠仁甫	
	《曾文正公全集》	6	54	164	白	铅	曾国藩	渠仁甫	
		六十六							
	《随园全集》	12	96	330	竹	坊	袁枚	乔贞士	

续表

编号	书名	套数	册数	卷数	纸别	板别	著作人	捐献人	备考
	《思绮文集》	1	10	10	竹	家藏	章藻功		
	《杭氏七种》	1	6	18	竹	坊	杭世骏	乔贞士	
	《绿筠堂屋诗钞》	1	4	18	白	坊	叶观园	乔贞士	
六十七									
	《四六文集》	2	24	24	竹	坊	胡浚	渠仁甫	
	《研经室诗录》	1	2	5	竹	家藏	阮元	乔贞士	
	《童山全集》	1	6	24	竹	坊	李调元	渠仁甫	
	《朱批昭明文选》	2	12	60	白	海禄轩	叶树藩	乔贞士	
	《朱批昭明文选》	4	24	60	白	海禄轩	叶树藩	渠仁甫	
	《汉魏百三名家集》	12	96	103家	竹	重刊	张溥编	渠仁甫	
	《全唐诗》	20	120	900	竹	坊	康熙敕编	渠仁甫	
	《全唐诗》	16	160	900	白	仿殿	康熙敕编	乔贞士	
六十八									
	《文选音义》	1	4	8	竹	坊	余萧客	乔贞士	
	《唐宋八大家类选》	1	6	14	白	局	储欣	乔贞士	
	《唐宋八大家文读本》	2	12	30	竹	坊	沈德潜编	乔贞士	
	《五色批古文渊鉴》	4	30	64	白	保存	康熙敕编	渠仁甫	
	《五色批古文渊鉴》	4	40	64	白	保府	康熙敕编	乔贞士	
	《古文分类集评》	4	24	22	竹	坊	于光华编	乔贞士	
	《古文辞类评注》	2	16	13类	洋	铅	姚鼐	乔贞士	
	《姚选古文辞类纂》	1	6	30	白	局	姚鼐	乔贞士	

续表

编号	书名	套数	册数	卷数	纸别	板别	著作人	捐献人	备考
	《古文一隅》	1	3	3	白	家藏	朱宗洛	乔贞士	共三部
	《古文雅正》	1	4	14	白	家藏	蔡世远	乔贞士	
	《古文未曾有集》	1	8	8	竹	家藏	王甫白	乔贞士	
	《古文嗜凤》	1	8	8	竹	家藏	余诚评注	乔贞士	
	《古文释义》	1	8	8	竹	坊	汪基辑	乔贞士	
	《古文观止》	1	6	12	竹	坊	吴乘权、吴大职辑	乔贞士	
	《古文翼》	1	8	8	洋	石印	唐德宜	乔贞士	
	《古文翼》	2	12	8	竹	坊	唐德宜	乔贞士	
	《古文翼读本》	2	16	8	竹	坊	唐德宜	乔贞士	
六十九									
	《古文笔法百篇》		1		洋	石印	新式标点	乔贞士	
	《作文百法》		1	3	洋	铅印	许生隣	乔贞士	
	《唐宋文醇》	2	20	58	太史连	殿版	康熙御选	乔贞士	
	《六朝唐赋》	1	2		白	家藏	马传庚	乔贞士	
	《古文七种》	4	32		竹	坊	储欣选	乔贞士	
	《古文雅正》	1	8	14	竹	坊	蔡世远	乔贞士	
七十									
	《瀛奎律髓》	2	12	49	竹	坊	方虚谷	乔贞士	
	《东瓯文录》	2	16	16	竹	坊	陈遇春	渠仁甫	
	《中国新文库》		6		洋	铅	图书公司编	乔贞士	
	《广理学备考》	8	64		竹	坊	范鄗鼎	乔贞士	
	《理学备攻》	1	6		竹	坊	范鄗鼎		
	《唐贤三昧集》	1	3	3	竹	坊	王士禛	乔贞士	
七十一									
	《唐诗合解》	1	6	22	竹	坊	王尧衢	渠仁甫	
	《唐诗合解》	1	6	22	竹	坊	王尧衢	乔贞士	
	《唐诗三百首》	1	8	12	竹	坊	蘅塘退士	渠仁甫	
	《唐诗三百首》	1	6	6	竹	坊	蘅塘退士	乔贞士	

编号	书名	套数	册数	卷数	纸别	板别	著作人	捐献人	备考
	《国朝诗别裁》	2	12	36	竹	坊	沈德潜	乔贞士	
	《七家诗选》	1	4	7	白	坊	王廷绍	乔贞士	
七十二									
	《国朝山左诗抄》	2	20	60	竹	家藏	卢见曾	渠仁甫	
七十六									
	《带经堂诗话》	2	8	30	竹	家藏	王士祯	渠仁甫	
	《渔洋诗话》		2	2	竹	家藏	王士祯	乔贞士	
	《瓯北诗话》	1	4	12	竹	家藏	赵翼	乔贞士	
	《随园诗话》	1	12	26	竹	坊	袁枚	乔贞士	
	《随园诗话》	2	12	26	白	石印	袁枚	乔贞士	
	《和陶合笺》	1	4	4	白	石印	温汝能	乔贞士	
	《词林二妙》	1	6	6	白	石印	延子澄	乔贞士	
七十七									
	《连筠移丛书》	6	36		白	家藏	杨墨林	渠仁甫	
七十八									
	《玉函山房丛书》	10	78		白	局	马国翰	乔贞士	
	《海山仙馆丛书》	15	120		白	局	潘仕成	乔贞士	
七十九									
	《稗海》	12	160		竹	明	商濬	乔贞士	
	《平津馆丛书》	8	64		竹	家藏	孙星衍	乔贞士	
	《昭代丛书》	2	8		白	家藏	张潮	乔贞士	
	《三长物斋丛书》	8	80		竹	坊	黄本骥	渠仁甫	
	《惜阴轩丛书》	16	124		竹	坊	李锡龄	渠仁甫	
	《津逮秘书》	20	160		竹	汲古	毛晋	乔贞士	
	《龙威秘书》	10	80		白	坊	马俊良	渠仁甫	
	《龙威秘书》	10	80		白	坊	马俊良	乔贞士	
八十									
	《道德经小楷帖》		1		裱本	拓	赵孟頫书	乔贞士	

编号	书名	套数	册数	卷数	纸别	板别	著作人	捐献人	备考
	《张公道教碑》		4		裱本	拓	赵孟頫书		
	《许嗣永临圣教序》		1		锦裱	墨迹	许嗣永书	乔贞士	
	《南山十泳》		1		裱本	拓	文徵明书	乔贞士	
	《快雪堂法帖》		7		裱本	拓	王羲之书	乔贞士	短一本
	《乐毅论》		1		裱本	拓	王羲之书	乔贞士	
	《大宝贤堂法帖》	2	8		裱本	拓	戴梦熊补	乔贞士	
			八十一						
	《歆家庙碑》		4		裱本	拓	颜真卿书	乔贞士	
	《古宝贤堂法帖》		4		裱本	拓	李清钥书	乔贞士	
	《黄庭经小楷帖》		1		裱本	拓	董其昌书	乔贞士	
	《丹枫阁记》		1		裱本	拓	傅山书	乔贞士	
	《渠星海墓志铭》		1		未裱	拓	赵铁山书	乔贞士	
	《快雪堂法帖》		5		洋帛	石印	有正书局出	乔贞士	

第二节　山西省图书馆史料汇编

　　《山西省图书馆史料汇编》一书，详细记载了民国至中华人民共和国成立初期山西省图书馆发展过程中的图书寄存和捐赠状况，笔者从中发现了民国时期山西商人藏书家赵铁山、常赞春等向山西省图书馆寄存藏书、捐赠藏书的史料。由记载可知，山西省图书馆工作人员曾对相关寄存或赠图书进行编目，遗憾的是，我们今天无法查询到此类极具价值的图书目录。

一、藏家寄储书籍

　　本馆除自置图书外，尚承榆次常子襄先生、沈阳曾望生先生、黄岩柯定础先生、阳城张紫绂先生、田玉如先生，将其所藏书籍碑帖寄储本馆。中有希世佳本，多为本馆所未备者，其增光裨美，至为鸿多。本馆实深感谢，除慎重保存外，并印行目录以资表彰。①

二、1950 年和 1951 年接管、捐赠、购买、抢救书籍、字画统计表（见表 12.2）②

表 12.2　**1950 年和 1951 年接管、捐赠、购买、抢救书籍、字画统计表**

年份	书籍	字帖	数目	接管	捐赠	备考
1950	书籍		30000 本		太谷赵铁山	
1951	书籍	书画	178 件		榆次常子襄	计画轴、楹联裱匾、屏条等 112 件，合计为上数

整理了太谷赵氏的 105 箱旧书，分类登记，按号上列架，共计 39623 册。此宗书籍较为整齐，内有《太平御览》一部及《册府元龟》1 部（不全），均属罕物。③

第三节　张四维集·条麓堂集

张四维虽为明代知名官员，其家庭背景却是商人出身，其父、弟以及其他亲友多从事商业贸易。正因张四维乃是商人子弟，他的个人文集中常有与明代蒲州商人相关的文字，为我们了解明代山西商人的历史信息提供了珍贵资料。

原泉任公，"公生而秀慧，有立志，幼治《周易》，日夜孜孜，用心甚苦，以家累不获卒业，然志在是也。故虽挟资远游，所至必以篇简自随，遇先贤嘉言善行则手录之，久久成帙，题之曰《日用录》，盖若昔人《自警编》意……太守自知学读书，公教之悉有条贯，诲督严密，故成名甚早"。④

张四教，"年仅十六，即服贾远游，历汴泗，涉江淮，南及姑苏、吴兴之境。""尤精《九章算术》，凡方田、粟布、勾股、商分等法，廛中有白首不得肯綮

---

①　山西省图书馆：《山西省图书馆史料汇编》，山西人民出版社 2003 年版，第 93 页。

②　山西省图书馆：《山西省图书馆史料汇编》，山西人民出版社 2003 年版，第 294 页。

③　山西省图书馆：《山西省图书馆史料汇编》，山西人民出版社 2003 年版，第 317 页。

④　张四维：《张四维集·条麓堂集》卷 27《封修职郎国子监助教原泉任公暨配孺人李氏合葬墓志铭》，张志江点校，上海古籍出版社 2018 年版，第 740 页。

者，弟皆按籍妙解，不由师授"。①

张四维父，"数年，乃南循淮泗，渡江入吴。又数年，业益困，则溯江、汉西上夔峡，岁往来楚、蜀间，已乃北游沧、博，拮据二十年，足迹且半天下……迨不孝辈知学，府君方跋涉川陆，或数岁一归，每贻书督励，购诸经传注、疏义及《史》《汉》诸书车寄之。或议非其要者，府君曰：'儿辈资可教，吾冀其为通儒也。'"。②

明代蒲州商人沈廷珍，"幼知学，进取甚锐，后以家务服贾，所欲不存也。故南帆扬越，西历关陇，乘时废居，用能拓产殖家，所至必携《小学》《通鉴》，时诵习之，遇事辄有援证。工楷书，喜为近体诗，盈于囊箧，其嗜好然也"。③

明代蒲州商人韩玻，"雅嗜洁净，而尤好观古今史籍，故虽牵车服贾，能以心计阜通货贿而擅其赢……（嗣子韩楫）与余辈二三同志共学南亭，离经考业……孺人时更僮诃之，已则大悦，其供馈之需、器用之备，岁且再易，未有厌焉"。④

张四维母，"维兄弟始知学时，读《千文》《孝经》《庸》《语》诸书，悉先母口授于潆澹、箴组之间，邻母亦有以其儿来学者，至今历历焉……母且授以儒业，稍长即遣外就傅，自馆归辄稽当日课，一不及程，即正色斥退，比明日课及程始色解"。⑤

第四节　常赞春先生传

平生治学谨严，恶宋明理学之空谈心性，推崇汉学，深究许郑之学。有《魏

①　张四维：《张四维集·条麓堂集》卷28《明威将军龙虎衔指挥佥事三弟子淑墓志铭》，张志江点校，上海古籍出版社2018年版，第772页。

②　张四维：《张四维集·条麓堂集》卷30《先考封光禄大夫柱国少师兼太子太师礼部尚书中极殿大学士峭川府君行状》，张志江点校，上海古籍出版社2018年版，第806页。

③　张四维：《张四维集·条麓堂集》卷28《毅斋沈公暨配孺人张氏合葬墓志铭》，张志江点校，上海古籍出版社2018年版，第758页。

④　张四维：《张四维集·条麓堂集》卷28《义官南桥韩公暨配薛孺人合葬墓志铭》，张志江点校，上海古籍出版社2018年版，第761~762页。

⑤　张四维：《张四维集·条麓堂集》卷30《先母王孺人行略》，张志江点校，上海古籍出版社2018年版，第809页。

榆方言考》一卷，考证精辟，迈宁人而逾太炎。肆力诗文，兼通骚赋，于经史、诸子、校勘、目录、考据、金石、文字诸学无不精，著述甚多。在京时，与叶公绰、吕复、邓实相友。叶氏谓公道德文章，可与乡贤司马温公先后相媲美。在太原与郭象升、贾煜如、冀贡泉，论学酬诗，极一时三晋文坛之盛也。

公藏书甚富，早年曾以家藏经史子集全书捐公，又购置大量书册，分存于省图书馆、榆次县教育会及本村小学校等处，以供学者阅览。寄赠于省图书馆之四部丛书、方志等巨著，有二万余册。尝曰："今日道丧文弊，使读书种子不绝于人寰，亦云幸矣。"①

遗著除主持编纂《山西献征》八卷传世，《榆次县志》亦刊行。学术专著有《尚书讲义》《毛诗讲义》《诗传集例》《毛诗雅故集》，文集有《慭好编》五卷，诗稿四卷。此外，《晋币存征》、大学教材、报刊登载之论著极多，亟待整理。②

---

① 武晋煊：《常赞春先生传》，载常氏后人：《常子襄国学文编》卷一，非正式出版，2006 年第 548~549 页。

② 武晋煊：《常赞春先生传》，载常氏后人：《常子襄国学文编》卷一，非正式出版，2006 年第 550 页。

结　　语

　　自明后期至中华人民共和国成立初期的五百年间，三晋大地上的蒲州张氏、代州冯氏、高平张氏、灵石何氏、祁县渠氏、太谷赵氏、榆次常氏、祁县何氏、祁县乔氏、灵石杨氏和灵石王氏等一系列在商业舞台上影响卓著的商人家族，在经营贸易、金融等业务之余，致力于藏书、读书与刻书等文化实践，形成了"儒贾兼通"的社会群像。我们选择私家藏书的研究切入点，希望梳理清楚山西商人聚书、读书、刻书等文化活动的历史事实，考察山西商人藏书的数量规模和版本价值，并在此基础上着重剖析山西商人群体参与藏书活动的实践逻辑，以及他们的藏书活动与学者士人藏书活动之异同。

　　本课题的研究，可以视为对既有藏书史研究领域的一种拓展。在重视藏书的中国古代历史上，商人出身的藏书家出现并具备一定的影响力，是明清之后才出现的，这一变化打破之前的传统局面，让藏书家的职业身份变得更加多元。遗憾的是，作为传统藏书时代相对边缘的一个群体，山西商人藏书家并未得到历史文献学者的青睐。当然这一局面的出现，很大程度上是由山西商人藏书家在藏书领域的地位决定的。山西商人藏书家最为活跃的时期是清代，清代初年、清代中期和清代末期涌现出来的知名藏书家群星璀璨，① 无论是藏书数量、藏本价值还是藏家学识，江南、北京等地的藏书家均要胜出山西商人藏书家甚多。但是，山西商人藏书家的职业特色，以及地域社会视角下他们的藏书价值和历史贡献，让本课题的研究仍然具备一定的必要性。

　　本课题研究过程中的主要困难在于文献资料的不足。官方文献对明清民国时期山西商人私家藏书、刻书缺少史料记载，故对于此类课题的考察，急需对地方民间文献的收集整理和运用。在本课题的研究过程中，我们所运用的文献主要是

---

① 丁延峰：《海源阁藏书研究》，商务印书馆 2012 年版，第 558 页。

明清民国时期的山西地方民间文献，主要包括方志、墓志、文集、日记、年谱、谱牒等。在此类文献中，需要格外重视的是民间文献，我们在祁县发现的20世纪50年代手抄本古籍登记册，就是对山西商人私家藏书资料的一大有力补充。目前，此类地方民间文献的挖掘远未停止，比如清末民初山西商人子弟编写的藏书书目、诗文著述等大多无缘得见，相信随着山西商人藏书、刻书和著书等文献挖掘的进步，我们对于山西商人藏书活动的认识会更加深入和细致。

山西商人藏书家的一大动力是文化资本的积累，他们希望凭借私家藏书获取文化素养、社会声望和科举功名。在这一过程中，山西商人藏书家拥有足够的经济资本可以进行资本转化，他们斥巨资购买古籍的记载见诸史册，兴建的藏书楼至今屹立在祁县、榆次等地晋商大院中。在商人出身的山西藏书家中，涌现出何绍庭、赵云山、渠仁甫等爱书如命、重视藏书保藏的藏书家。与其他藏家不同的是，山西商人藏书家对文化资本的追求更加多元。

山西商人藏书家聚书之时，并非局限于经史子集等传统经典古籍，这一差异出现的背景是商人家族注重对晋商子弟进行商业教育。商业教育内容包含文化教育和技能教育，前者需要各种儒学经典等藏书，后者则需要方志、算学、书帖和商业类书等藏书，以上均是山西商人图书收藏的重要内容。因此，"藏以致用"的藏书思想在山西商人藏书家群体中十分常见。总之，精英再生产是山西商人私家藏书的出发点之一，精英可以是商业精英，也可是文化精英，但是无论哪种精英的生产和养成，均离不开文化载体——图书的收藏、使用与阅读。

参 考 文 献

一、古籍文献

1. 冯曦纂修：《代州冯氏族谱》，民国二十二年(1933)印本。

2. 李凯明修、耿步蟾纂：《灵石县志》，台北成文出版社1968年版。

3. 刘玉瓒、仇曾祜修、胡万凝纂：《太谷县志》，台北成文出版社1976年版。

4. 张敬颢修、常麟书纂：《榆次县志》，范华印刷厂民国二十九年(1940)铅印本。

5. 赵昌燮：《仲兄云山先生年谱》，太谷平民工厂民国十二年(1923)石印本。

6. 乔超五：《有融斋遗稿》，清光绪十七年(1891)刻本。

7. 何绍庭：《四库全书目录》，清光绪十二年(1886)何氏对蒙轩刻本。

8. 耿文光：《苏溪渔隐读书谱》，清光绪刻本。

9. 常赞春等：《山西献征》，董润泽点校，三晋出版社2017年版。

10. 常赞春等：《常氏家乘》，太原范华印刷厂民国十三年(1924)印本。

11. 张四维：《张四维集》，张志江点校，上海古籍出版社2018年版。

12. 曹于汴：《仰节堂集》，上海古籍出版社2018年版。

13. 王家屏：《复宿山房集》，明万历刻本。

14. 许隽超、王国明：《何道生集》，人民文学出版社2019年版。

二、研究著作

1. 曹煜：《祁县老照片》，山西人民出版社2004年版。

2. 畅显明、范维令：《渠本翘史传》，山西人民出版社2018年版。

3. 陈先行等：《明清稿抄校本鉴定》，上海古籍出版社2009年版。

4. 陈学文：《明清时期商业书及商人书之研究》，台北洪业文化公司1997年版。

5. 程光、盖强：《晋商十大家族》，山西经济出版社 2008 年版。

6. 程光、梅生：《儒商常家》，山西经济出版社 2004 年版。

7. 丁延峰：《海源阁藏书研究》，商务印书馆 2012 年版。

8. 杜泽逊：《文献学概要》，中华书局 2008 年版。

9. 范维令：《晋商巨族：祁县何氏家族》，中国社会科学出版社 2010 年版。

10. 陈清义：《聊城运河文化研究》，山东画报出版社 2013 年版。

11. 宫留记：《资本：社会实践工具——布尔迪厄的资本理论》，河南大学出版社 2010 年版。

12. 郭齐文：《铁笔松风赵铁山》，山西古籍出版社 2008 年版。

13. 郭齐文：《书法家赵铁山》，山西人民出版社 1987 年版。

14. 郭三娟：《晋商五百年·崇儒重教》，山西教育出版社 2014 年版。

15. 黄永年：《古籍整理概论》，上海书店出版社 2001 年版。

16. 黄鉴晖：《明清山西商人研究》，山西经济出版社 2002 年版。

17. 李毅峰：《中国篆刻大辞典》，河南美术出版社 1997 年版。

18. 李晋林、畅引婷：《山西古籍出版印刷史志》，中央编译出版社 2000 年版。

19. 刘纬毅：《山西文献总目提要》，山西人民出版社 1998 年版。

20. 刘大鹏：《退想斋日记》，乔志强标注，山西人民出版社 1990 年版。

21. 乔俊海：《明清晋商人物·祁县帮》，三晋出版社 2013 年版。

22. 秦宗财：《明清文化传播与商业互动研究——以徽州出版与徽商为中心》，学习出版社 2015 年版。

23. 山西省出版志编纂委员会：《986—1986：千年晋版书目》，山西人民出版社 1987 年版。

24. 山西省史志研究院：《山西通志》，中华书局 2002 年版。

25. 山西省图书馆：《山西图书馆史料汇编》，山西人民出版社 2003 年版。

26. 山西省晋商文化基金会：《渠仁甫备忘录》，中华书局 2013 年版。

27. 苏华：《清代两渡何家——一个文化世族的递进史》，三晋出版社 2016 年版。

28. 万明：《晚明社会变迁：问题与研究》，商务印书馆 2005 年版。

29. 王振忠：《明清以来徽州村落社会史研究——以新发现的民间珍稀文献为中心》，上海人民出版社 2011 年版。

30. 武殿琦、渠荣录：《渠仁甫传》，三晋出版社 2009 年版。

31. 徐珂：《清稗类钞》，中华书局 1984 年版。

32. 薛愈：《山西藏书家传略》，山西古籍出版社 1996 年版。

33. 薛勇民：《走向晋商文化的深处：晋商伦理的当代阐释》，人民出版社 2013 年版。

34. 杨丽莹：《清末民初的石印术与石印本研究》，上海古籍出版社 2018 年版。

35. 尤陈俊：《法律知识的文字传播：明清日用类书与社会日常生活》，上海人民出版社 2013 年版。

36. 殷俊玲：《晋商与晋中社会》，人民出版社 2006 年版。

37. 张明富：《明清商人文化研究》，西南师范大学出版社 1998 年版。

38. 张海英：《走向大众的"计然之术"：明清时期的商书研究》，中华书局 2019 年版。

39. 张亚兰：《〈行商遗要〉释读与研究》，山西经济出版社 2018 年版。

40. 张桂萍：《山西票号经营管理体制研究》，中国经济出版社 2005 年版。

41. 张正明：《晋商兴衰史》，山西古籍出版社 1995 年版。

42. 张正明：《明清晋商及民风》，人民出版社 2003 年版。

43. 赵望进：《山西书法论文集》，山西人民出版社 2009 年版。

44. 张正明：《晋商与经营文化》，世界图书出版公司上海分公司 1998 年版。

45. 寺田隆信：《山西商人研究》，张正明等译，山西人民出版社 1986 年版。

46. Richard John Lufrano：*Honorable merchants：commerce and self-cultivation in late imperial China*，University of Hawaii Press，1997。

47. 周绍明：《书籍的社会史：中华帝国晚期的书籍与士人文化》，何朝晖译，北京大学出版社 2009 年版。

三、研究论文

1. 毕苑：《晋中商人的角色特征与阶层流动分析》，《清史研究》2002 年第 2 期。

2. 曹晶晶、万安伦：《"技术决定"还是"内容导引"——中国出版业近代转型动因新探》，《出版发行研究》2018 年第 11 期。

3. 褚金勇：《作为变革动因的印刷机：中国近代文人著述出版的观念转型》，《出版发行研究》2019 年第 8 期。

4. 崔俊霞：《明清晋商"学而优则贾"价值取向探析》，《经济问题》2014 年第 11 期。

5. 杜正贞、赵世瑜：《区域社会史视野下的明清泽潞商人》，《史学月刊》2006 年第 9 期。

6. 郭娟娟、张喜琴：《清代晋商家族代际流动分析——以山西榆次常氏为中心的考察》，《安徽史学》2014 年第 4 期。

7. 郭丽萍：《〈连筠簃丛书〉刊印始末》，《晋阳学刊》2012 年第 2 期。

8. 韩丽花：《晋商中的藏书家——以晋中地区为例》，《晋图学刊》2014 年第 6 期。

9. 韩丽花：《山西省祁县图书馆古籍述略》，《山西档案》2016 年第 2 期。

10. 赖惠敏：《山西常氏在恰克图的茶叶贸易》，《史学集刊》2012 年第 6 期。

11. 李晋林：《金元时期平水刻版印刷考述(上)》，《文献》2001 年第 2 期。

12. 李晋林：《金元时期平水刻版印刷考述(下)》，《文献》2001 年第 3 期。

13. 李琳琦：《从谱牒和商业书看明清徽州的商业教育》，《中国文化研究》1998 年第 3 期。

14. 李豫：《杨昉与〈朗山杂记〉手稿》，《文献》1995 年第 4 期。

15. 李永福：《山西票号人力资源管理》，《太原理工大学学报(社会科学版)》2005 年第 1 期。

16. 李伟志：《方志所见明清时期山西商人休闲娱乐生活研究》，西南大学 2017 年硕士学位论文。

17. 廖启云、周玉萍：《晋商商业道德的内涵》，《道德与文明》2003 年第 4 期。

18. 林丽：《杨氏海源阁藏书资金来源探微》，《图书馆工作与研究》2013 年第 6 期。

19. 刘建生、燕红忠：《晋商与传统文化》，《晋阳学刊》2002 年第 4 期。

20. 刘希伟：《清代科举考试中的"商籍"考论——一种制度史的视野》，《清史研究》2010 年第 3 期。

21. 刘鹏：《清藏书家顾之逵藏书、校书、刻书活动述略》，《国家图书馆学刊》2012 年第 6 期。

22. 聂光甫：《山西藏书考》，《中华图书馆协会会报》1928 年第 6 期。

23. 祁县图书馆善本组：《山西祁县图书馆发现宋版〈昌黎先生集考异〉》，《文物》1979 年第 11 期。

24. 申亚雪、贺天平：《〈连筠簃丛书〉研究——兼述士林交游与道咸学风之变》，《山西大学学报(哲学社会科学版)》2019 年第 2 期。

25. 桑良之：《十大商帮与藏书文化》，《黄山高等专科学校学报》2001 年第 1 期。

26. 师冰洁：《明代晋商与乡村社会变迁——以晋南地区为中心的考察》，西南大学 2008 年硕士学位论文。

27. 孙文杰：《清代图书价格的比较及特点》，《图书馆理论与实践》2013 年第 8 期。

28. 王桂平：《论明代苏州府藏书家的藏书风气和刻书风尚》，《出版科学》2014 年第 6 期。

29. 王新田：《明清徽商藏书事业述析》，《图书馆杂志》2002 年第 4 期。

30. 王蕾：《清代时期藏书楼建筑保护思想研究》，《图书馆工作与研究》2013 年第 1 期。

31. 王秀玲、万强：《明清时期晋商家族教育浅析》，《历史教学(高校版)》2007 年第 4 期。

32. 武占江、晋晶娜：《儒家伦理与近代商人行为准则——以晋商商书为中心的考察》，《河北经贸大学学报》2018 年第 6 期。

33. 肖东发：《中国出版史研究的领域、方法及价值——〈明清文化传播与商业互动研究〉序》，《现代出版》2016 年第 3 期。

34. 徐雁：《80 年代以来中国历史藏书的研讨成果概述》，《中国史研究动态》1999 年第 4 期。

35. 薛勇民、王晋丽：《儒家伦理文化与晋商伦理》，《甘肃社会科学》2016 年第 4 期。

36. 殷俊玲：《晋商商业文化的新解读——新发现的〈生意论〉介绍及研究》，《历史档案》2005 年第 4 期。

37. 阴耀耀：《从山西大院砖雕书法看明清时期晋商书法观念》，《中国书法》2019 年第 10 期。

38. 张献忠：《日用类书的出版与晚明商业社会的呈现》，《江西社会科学》2013年第12期。

39. 张小明：《明清晋商商业教育研究述略》，《中北大学学报（社会科学版）》2009年第2期。

40. 张或定等：《清代山西祁邑"义隆号"商号钱票——山西最早的清代石印纸币》，《江苏钱币》2014年第3期。

41. 张明富：《"贾而好儒"并非徽商特色——以明清江浙、山西、广东商人为中心的考察》，《中国社会经济史研究》2002年第4期。

42. 张海英：《明中叶以后"士商渗透"的制度环境——以政府的政策变化为视角》，《中国经济史研究》2005年第4期。

43. 张实龙：《商人与儒学——以明清甬商、徽商、晋商为例》，《宁波大学学报（人文科学版）》2009年第6期。

44. 曾抗美：《〈昌黎先生集考异〉成书与版本线索述原》，《华东师范大学学报》1998年第4期。

45. 郑梅玲、武荣瑞：《山西省祁县图书馆的古籍保护工作》，《晋图学刊》2016年第2期。

四、史料汇编

1.《山西票号史料》编写组：《山西票号史料（增订本）》，山西经济出版社2002年版。

2. 高春平：《国外珍藏晋商资料汇编》，商务印书馆2013年版。

3. 史若民：《平、祁、太经济社会史料与研究》，山西古籍出版社2002年版。

4. 山西省政协《晋商史料全览》编辑委员会：《晋商史料全览》，山西人民出版社2007年版。

5. 张正明：《明清晋商商业资料选编》，山西经济出版社2017年版。

6. 张正明等：《明清山西碑刻资料选·续一》，山西古籍出版社2007年版。

7. 祁县人民文化馆：《祁县人民文化馆收藏古书登记册》，手抄本，1955年。

后　记

2016 年秋，我入职山西财经大学晋商研究院，新的工作岗位促使我探索新的研究主题。在翻阅学院资料室藏书的过程中，我发现了明清时期晋商家族购买、收藏珍稀善本图书的记载，对于就读历史专业、平素爱逛旧书市场的我而言，这个主题较好地契合我的知识结构、个人兴趣和工作任务，因此我遍翻学院所藏晋商研究论著，抄录四五万字的文献资料，并将一得之见与学院同事进行交流。

2016 年年底，在张亚兰教授的介绍下，我赴祁县进行晋商藏书的社会调查，拜访祁县晋商文化研究所的范维令先生。范先生热情地带我至祁县图书馆——20 世纪 50 年代接收祁县晋商家族所捐数万册古籍藏书的国家一级图书馆，在杨文龙馆长、武荣瑞主任和王书豪兄介绍下了解馆藏情况，有幸在馆内见到海内外孤本的宋版《昌黎先生集考异》。之后我在祁县晋商文化研究所遇到乔超五后人乔新士，向其就晋商乔氏藏书的流散问题展开口述采访，并从范维令先生处借到手抄本《祁县人民文化馆收藏古书登记册》。

2017 年上半年，我全力整理晋商藏书资料，并撰写三篇论文初稿，其中一篇有幸被刊登在《国家图书馆学刊》。在整理文献资料和发表研究成果基础上，2018 年，我以《明清民国时期晋商私家藏书史料整理与研究》为题申报教育部青年课题并获批立项。之后两年，课题论文与著作初稿进入撰写阶段，部分论文目前已被《图书馆建设》《图书馆》《太原理工大学学报(社会科学版)》等期刊公开发表。课题研究已经进入尾声，遗憾的是，晋商私家藏书的研究并没有达到预期的高度。

关于本课题的研究缺憾，从论述时段来看，研究成果集中于清代，明代和民国相对薄弱；从论述区域而言，研究成果集中于晋中，晋南、晋北地区相对缺失；从论述内容来说，关注焦点集中于图书聚散、整理、利用及其影响，对珍善古籍文献本身的研究严重不足。造成这一研究状况的原因较为复杂，一部分是由于文献遗存的约束，一部分是研究倾向的选择结果，但更多的是研究者个人能力和知识结构的不足与限制。比如祁县图书馆收藏的数万册晋商所藏珍善本古籍，除了部分极其典型、珍贵的古籍被人熟知，大多数古籍仍被默默无闻地保藏在书柜中，除了祁县图书馆志愿者王书豪兄撰写的部分叙录提要（参见祁县图书馆网站），其他古籍善本的介绍和研究几乎未见，笔者曾经一度计划聚焦于此，但是限于自身古籍文献版本学知识的匮乏，只能有待来者继续研究。

作为一位在晋数年的外地人，我切实地发觉山西文化资源丰富，民间文化研究氛围十分浓厚。比如山西省祁县晋商文化研究所，扎根于晋商故里，挖掘晋商文化历史文献，其工作成果、研究精神令人钦佩。前任所长范维令先生热心助我搜集文献、校正文章，至今心存感激。祁县图书馆志愿者王书豪兄醉心文献古籍和传统文化，在祁县、太谷和灵石等地从事晋商藏书、刻书历史的挖掘和传播，志愿整理保护祁县馆藏古籍藏品的举动更是令人钦佩。2019 年年底，负责山西晋商博物院藏品陈设工作的耿彦波先生，找到笔者聊到晋商藏书历史，方知《国家图书馆学刊》所刊笔者论文被其阅读。笔者从事冷门的历史文献研究，可以对晋商历史文化的传承带来实效，令人感到欣慰。2021 年暑期，笔者再赴祁县、太谷查阅清代民国时期山西商人的藏书和著述，荣幸得到祁县图书馆杨馆长、武主任、王书豪兄和太谷图书馆程秀珍女士的热情帮助。

明清民国时期晋商私家藏书资料的整理和研究，是我踏上山西地方历史文化研究之路的第一步。第一步往往是艰难的，在这一过程中，有幸得到多位同事、朋友的支持与学生的帮助，让我的研究得以有序进行。同时，我的家人在多方面给予帮助和支持，使我拥有一定的时间从事课题研究。在此，我要向他们致以诚挚的谢意！感谢两位小朋友，他们的日常嬉闹为生活增添了许多欢乐！

卢厚杰

2021 年 11 月 17 日于太原

2022 年 8 月 17 日修改